어느 정형외과 의사가 바라본
몸과 마음 그리고 운명

어느 정형외과 의사가 바라본
몸과 마음 그리고 운명

초판 1쇄 인쇄　2012년 10월 19일
초판 1쇄 발행　2012년 10월 26일

지은이	고 태 홍
펴낸이	손 형 국
펴낸곳	(주)북랩
출판등록	2004. 12. 1(제2012-000051호)
주소	153-786 서울시 금천구 가산디지털 1로 168, 우림라이온스밸리 B동 B113, 114호
홈페이지	www.book.co.kr
전화번호	(02)2026-5777
팩스	(02)2026-5747

ISBN 978-89-98268-10-7 03510

이 책의 판권은 지은이와 **(주)북랩**에 있습니다.
내용의 일부와 전부를 무단 전재하거나 복제를 금합니다.

어느 정형외과 의사가 바라본
몸과 마음 그리고 운명

의　　　도　　　복
Medicine　Way　Change
醫　　　道　　　卜

고 태 홍 지음

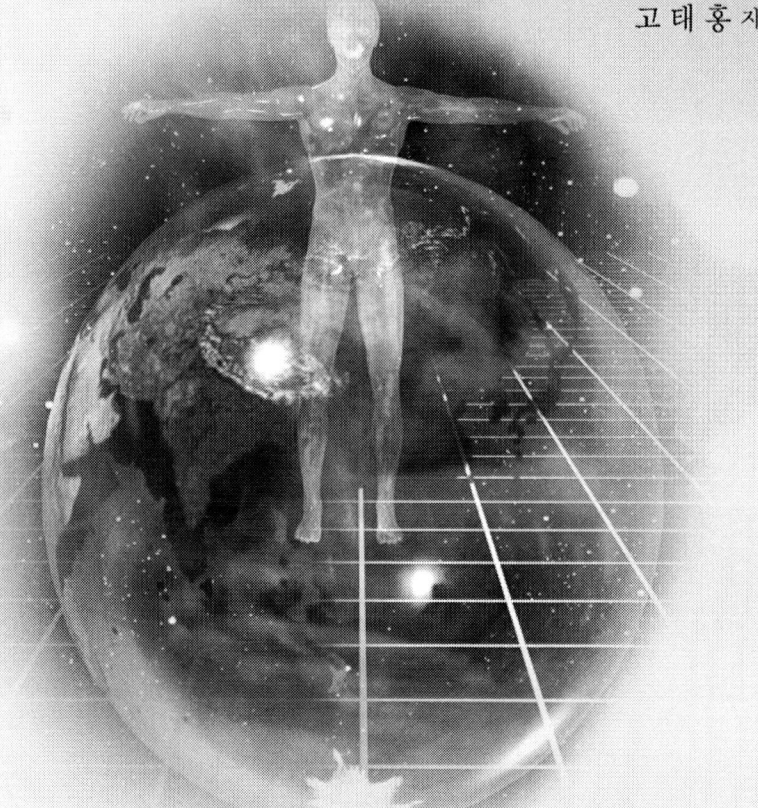

book Lab

추천사

　의학을 공부하고 평생 환자를 돌본 자연 과학도로서 「어느 정형외과 의사가 바라본 몸과 마음 그리고 운명」처럼 한꺼번에 체계적으로 접근하고 연구한 것을 일찍이 본적이 없다.

　인간의 체질이라고 하는 것은 우리 생김새만큼이나 다양하고 복잡하다. 인류의 역사만큼이나 다양하고 긴 역사를 가진 질병에 대한 주술이나 치료 의학은 길고도 긴 여정 속에서 무한히 분열하고 깊은 차이점을 가지고 발전해 왔다.

　고태홍 박사는 오랫동안 실제 수련을 했고 고도로 발전한 현대 의학의 의사로 진료를 해왔다. 그가 수행을 통해 몸과 마음을 세밀하게 관찰하고 변함없는 고요함을 찾아 우주생성 원리에 접목하고 발전시켰다는 것은 놀라운 일이다. 사주팔자와 건강, 오행과 건강을 현대적 감각으로 연구한 업적이 결코 작다고 할 수 없다.

　운명이란 알면 쉬운 것이요, 일단 알고 나면 변할 줄 알아야 한다고 저자가 말하듯이, 동서 의학의 과학적 접근을 필요로 하는 우리에게 큰 길잡이가 될 것이다.

이 책은 의학에 전혀 관심 없는 일반인에서부터 깊은 도의 경지에 들어선 전문가에 이르기까지 훌륭한 지침서가 될 것을 확신한다. 더 깊고 심오한 몸과 마음 그리고 운명이 발전되기를 추천의 말로 쓸 수 있는 것을 감사드린다.

2012년 10월 10일
의학 박사 김 규 문

머리말

사람은 누구나 몸과 마음이 건강하고 인생에서 자신이 뜻한 것을 이루어 행복해 지고 싶다. 행복을 내 나름대로 정의한다면 '편안함'이라 말하고 싶다. 몸도 편안하고, 마음도 편안하고, 하는 일도 편안하고, 만나는 사람들도 나에게 편안한 느낌을 준다면 그것이 곧 행복이 아니겠는가.

어떻게 보면 간단한 듯 보여도 막상 현실 속에서는 그것이 매우 힘들게 느껴질 때가 많다. 그러나 진리는 원래 쉽고도 간단하다.

의학이나 심신수련이나 역易을 공부해보면 처음에는 너무나 분량이 방대하고 내용이 어렵다는 생각이 들지만 3년, 6년… 이렇게 꾸준히 공부하고 부딪쳐 보면 결국엔 어떤 대략적인 큰 그림이 그려지고 그 많은 시간동안 투자한 것들이 간략하게 정리되어 개념화되기 시작한다.

결국 진리는 역易이란 글자에서 말하는 '쉽다'는 것으로 요약된다. 그러나 세상엔 간단한 진리를 복잡하게 설명하고 어려운 단어를 써가며 왜곡시키는 사람들이 더 많은 것 같고, 그런 분위기 속에서 교육받고 살다 보면 정말 간단한 진리를 놓치는 것이 우리의 현실이 아닌가 생각한다.

몸과 마음의 건강법은 잘 먹고, 잘 자고, 잘 놀면 된다. 인생의 성공 방법은 자기 자신의 그릇 모양이나 크기를 잘 아는 것에서 해답을 찾을 수 있다. 알고 나면 간단한데 처음에 길을 잘못 선택하여 건강과 성공에서 영영 멀어지는 것이 우리의 현실이다.

잘 먹는다는 것은 자신의 체질에 따라 균형 있는 음식을 조화롭게 먹으면 되고, 잘 논다는 것 역시 자신의 체형이나 체질에 따라 필요한 운동을 조화롭게 하면 되고, 잘 잔다는 것은 잘 먹고 잘 놀다 보면 저절로 스트레스는 해소되고 마음도 편안해지니 저절로 잘 자게 된다.

그 나머지 인생에서의 성공 역시 개개인의 장단점과 특성을 알아 적절하게 대처하고, 과욕을 버린다면 삶에 대한 만족도가 높아져 달성하기 더욱 쉬워진다. 또한 이 우주상에 있는 모든 생명체나 사물은 자신의 의지와 관계없이 어떤 흐름을 따라가게 되며, 시간의 흐름 속에 변하지 않는 것은 아무것도 없다는 것을 알면 자신을 더 정확하게 보게 되고 그러다 보면 세상을 살아가기가 많이 편해진다는 것이다.

그런데 우리의 교육과 사회 환경은 지금 언급한 것과는 정 반대로 가고 있다. 우리 선조들 역시 똑같은 문제점을 해결하기 위하여 많은 노력을 하였고 그에 대한 해답을 성인군자나 신선들이 이미 이 세상에 다 알려주었다. 다만 후세인들이 그것을 외면하고 따르지 않는 것이 문제라 생각한다.

아무리 현대과학이 발달하고 변화무쌍한 세상일지라도 변하지 않는 진리가 있다. 시시각각 지구가 움직이고 있지만 결국 1년 365일이라는 틀은 한 치의 오차도 없이 다시 오는 것과도 같은 것이다.

개인적으로는 1984년 의사면허를 취득하고 환자진료를 시작한지도 내년이면 30년이 되는데 그동안 다양한 형태의 질병을 접해보았고, 그동안 나 자신의 건강문제나 심적 갈등, 인생에 대한 여러 가지 생각들을 틈나는 대로 몇 글자씩 적어놓은 것이 어느 정도의 분량이 되었다.

내 몸이 아프고, 내 인생에 대한 의혹이 생길 때마다 그 해답을 찾으려다 보니 기존에 몰랐던 새로운 지식에 대한 공부를 하게 되었다. 그러다 보니 하나씩 하나씩 아! 이런 게 있었구나, 이런 방법을 해보면 좋겠구나 하는 느낌을 받았고 그럴 때마다 즉각적으로 내 몸에 시술도 해보고 반응이 좋으면 주변의 친지나 환자에게도 적용해보았다. 그러면서 노하우가 점점 쌓이기 시작하여 이제는 나름대로 정리되고 개념화가 조금씩 이루어진 것 같다.

물론 아직도 멀었다는 것을 인정하지만 내 인생을 90세에서 100세라 한다면 전반전을 넘어선 이 시점에서 한번은 정리해 보는 것도 좋겠다 싶어 부끄럽지만 이렇게 출간을 결심하게 되었다.

　심신건강의 문제나 인생항로의 어려움을 겪고 있는 사람들에게 50여년 살아온 나의 작은 경험이 조금이나마 도움이 되었으면 하는 바람이고 이 세상 모든 사람들이 건강하고 편안한 삶을 누리기를 바랄 뿐이다.

2012. 8. 26(壬辰年 戊申月 己未日)

고 태 홍

목차

추천사 04
머리말 06

CHAPTER 01　몸(Medicine, 醫) · 15

1. 현재의 의료계를 바라보는 시각　16
2. 현대의학과 동양의학은 상호 보완관계다　22
3. 건강과 질병은 시소놀이와 같다　27
4. 건강해지면 질병을 어떻게 이겨낼까?　33
5. 건강을 증진하는 방법들이 제도권 안에 들어오지 못하는 이유　37
6. 평균수명과 건강수명　41
7. 이제는 100세를 준비해야 한다　47
8. 서구문명은 의학적인 면에서 실패한 문명이다　52
9. 우리 몸의 구조, 척추의 중요성　57
10. 우리 몸의 의학적 평가방법　63
11. 건강상태 자가진단 방법　67
12. 기(氣, Energy)의 관점에서 보는 척추의 중요성　70
13. 인체에 질병이 생기는 과정: 척추중심으로 접근　76
14. 이제는 부교감신경을 살려야 건강해진다　80
15. 기氣의 실체가 밝혀진다면?　85
16. 우리 인체는 몇 차원의 구조물일까?　89
17. 인간의 기氣 측정법이 이 세상에 나온다면?　90
18. 잘못된 건강정보(진료실에서 자주 접하는 질문들)　93

19. 검사결과와 증상은 일치하지 않는다	104
20. 현대의학의 한계를 보여주는 또 다른 증례	108
21. 과연 체질이란 무엇이고, 있기는 있는 것인가?(25체질)	111
22. 무병장수 비결은 없는가?	116
23. 인체는 나무와 같다	124
24. 인생과 건강은 계절과 같다	125
25. 나의 유언은?	129
26. 편작의 이야기	129
27. 컴퓨터가 의사들을 먹여 살리는 시대	130
28. 노화방지법	133
29. 뼈가 튼튼해지려면 어떤 음식이 좋을까?	137
30. 몸의 균형을 유지하며 근력을 기르는 이상적인 운동법	138
31. 슬관절 통증에 유익한 운동	143
32. 신체 관절을 부드럽게 풀어주는 준비운동(유연공)	148
33. 음식과 건강	152
34. 질병의 원인을 간단히 요약하면	160
35. 건강해지는 운동법을 간략히 요약하면	162
36. 정형외과 의사가 경험한 근육내 신경자극술 IMNS	163
37. 태반치료에 관하여	168
38. 도인법導引法: 좌식팔단금座式八段錦	170

CHAPTER 02 마음(Way, 道) · 175

1. 마음을 다스리는 선관무를 접하고 … 176
2. 몸과 마음을 바르게 하는 선관무禪觀武 … 179
3. 세상은 바뀌지 않는다 … 184
4. 명상경험 … 189
5. 수행과 현세와의 갈등 … 193
6. 희망과 불만족 … 195
7. 행복이란? … 198
8. 열복과 청복 … 200
9. 내 마음을 보는 제3의 마음을 길러야 한다 … 202
10. 몸과 마음은 하나일까? 둘일까? … 204
11. 늘 깨어있으라! … 208
12. 도道를 닦는 주체는 무엇인가? … 209
13. 번뇌라는 것은 어떤 과정을 거쳐 생기는가? … 212
14. 초보자를 위한 명상Meditation 요령 … 214
15. 명상Meditation의 의학적 효과 … 216
16. 호흡의 종류 … 218
17. 명상을 좀 더 쉽게 하는 요령 … 222
18. 나라는 존재 의식 … 225
19. 자연법칙의 관점에서 바라 본 불편함과 편안함 … 226
20. 수행지침 … 229
21. 천도天道의 대의大義는 생육生育에 있다 … 231
22. 천하를 통일하려면 … 232
23. 사주팔자와 수행, 어떤 것을 선택할 것인가? … 235
24. 금강승金剛乘 선관무禪觀武 유연공의 의학적 고찰 … 238
25. 금강승 선관무에서 착안한 척추교정 운동법 … 244
26. 마음 챙김의 거처 … 250
27. 안반수의(安般守意) Anapanasati … 257
28. 호흡과 명상수련의 방해물 18가지 … 264

29. 호흡과 마음을 조절하는 방법 6가지 266
30. 젊은이들에게 결혼에 대해 말한다면 267

CHAPTER 03 운명(Change, 卜) · 277

1. 역易이란? 278
2. 운명을 알면 변해야 하는 이유 281
3. 의사가 왜 역학을? 283
4. 의사와 역술가는 종이 한 장 차이? 285
5. 남녀궁합에 대한 고찰 288
6. 남녀궁합(2) 292
7. 가족제도와 궁합 296
8. 부귀富貴에 대하여 297
9. 사주가 같으면 똑같은 인생을 사나요? 301
10. 사주팔자와 건강 303
11. 운명을 바꾸는 법(개운법開運法) 308
12. 음식으로 운명을 바꾸는 법(개운법 2) 310
13. 사주팔자는 전생의 씨앗이다 314
14. 사주팔자는 마음이요, 기운氣運이다 315
15. S-Line에 대 자연의 이치가 있다 318
16. 우리가 받은 교육의 문제점 321
17. 주역周易 계사하전繫辭下傳(오장五章)에서 말하는 소인小人과 군자君子 324
18. 주역의 괘로 설명한 인간의 성장과 죽음의 과정 328
19. 주역으로 보는 도道 335
20. 주역으로 보는 색즉시공 공즉시생 337

맺는 말 341
도움을 준 책들 342

CHAPTER 01

진정한 의술은 사람의 신체뿐만 아니라 마음과 인생 항로까지 두루 살필 줄 알아야 한다.

몸과 마음 그리고 운명

몸(Medicine, 醫藥)

① 현재 의료계를 바라보는 시각

내가 의료계에 몸 담은지도 어느새 30년이 다 되어가는 이 시점에서 바라보는 현재의 의학은 어느 단계일까? 우선 의학뿐 아니라 종교, 철학, 역학 이 모든 분야에 적용되는 관점을 우선 말하고 싶다. 현재 우리가 보고 느끼고 알고 생각하는 이 세상은 과연 우리가 학교에서 배웠던 이론이나 지식이 얼마나 적용되는가 하는 문제다.

결론부터 말하면 우리는 현재 50%의 시각으로 세상을 살아가고 있다는 것이다. 다시 말하면 미완성의 지식을 완성된 지식이라고 믿고 싶어 하는 것이다.

세분화하면 흔히들 빅뱅이라고 하는 우주의 창조시점에 음과 양의 물질로 나누어지고 그중에 절반인 양陽의 세계가 눈앞에 보이고 나머지 음陰의 세계는 모습을 감추었다고 한다.

물론 없어진 건 아니다. 다만 우리 눈이나 현대 과학으로 밝혀내지 못한 것일 뿐이다. 얼마 전 신문에서 미세소립자에 대한 물리학자들의 연구가 활발한데 음의 물질 중에 약 3% 정도만 현재 밝혀내고 나머지는 연구 중이라 하고, 힉스입자나 웜프라는 단어가 등장하는 것을 보고 매우 긍정적이고 앞으로 세상이 한번 크게 바뀌겠구나 하는 생각을 한 적이 있다.

보도 상에서도 이러한 반反물질의 존재가 밝혀지면 교과서가 다 바뀔지도 모른다고 했고 실제로도 그렇게 되리라 본다. 마치 400여 년 전 갈릴레오가 지구가 둥글고 태양을 중심으로 움직인다고 했을 때 교황청으로부터 얼마나 큰 압력을 받았고 사형까지 당할 뻔했다는 것은 대부분 다 아는 사실이다.

그러나 현세에 사는 사람은 지구가 편평하다고 아는 사람은 아마도 없을 것이다. 그렇다면 우리가 지금 진실이라고 믿고 따르는 개념들이 얼마나 정말로 진실일까 하는 의문이 들 것이다.

이렇게 거창하게 말하지 않고도 내가 경험한 의료계의 현실을 예로 들어보면, 정형외과 초년 시절 어떤 수술방법이 등장하면 세계 유명병원에 있는 의사들이 서로 앞 다투어 그 수술 방법을 시술하려고 안달하고 그 술기를 하지 못하는 의사는 마치 뒤처지고 무식한 대접을 받았다. 그러다가 또 새로운 술기가 나오면 3~4년 전에 하던 수술을 하는 의사는 마치 시대에 뒤떨어진 의사가 되곤 한다. 수술 기법뿐 아니라 의약품도 같은 실정이다. 신약이 나오고 한바탕 유행을 하다가 치명적인 문제점이 밝혀지면 그 약은 사장되는 사례들은 많이 경험하는 일이다.

그렇다면 문제 있는 수술이나 약으로 인해 희생당한 사람의 입장은 어떤가? 시대를 잘못 만난 탓으로 돌릴 수밖에 없다. 그렇다고 오래된 것이 전부 다 잘못되었느냐 하면 그건 또 아니다. 전통적으로 오래 지속되어 온 술기나 약품들도 많이 있다.

결론을 다시 말하면 지금의 과학이나 의학은 미완성이라는 견해를 의료인이나 환자들은 항상 마음에 새기고 받아 들여야 한다. 교육도 마찬가지다. 교사들이 학생들에게 가르칠 때 지금 내가 강의하는 내용은 현재까지 밝혀진 바에 의한 것이지 앞으로 어떻게 바뀔지 모른다는 대 전제를 항상 가르쳐야 하는 것이다.

역易을 공부하다보면 과연 우리가 사는 이 세상은 몇 차원일까 하는 의문이 든다. 간단히 눈에 띄는 것만 보아도 공간은 3차원이고 그것에다 시간이라는 또 다른 차원이 있을 것이고… 미세 소립자나 반물질 등, 보이지 않는 세계까지 포함하면 6차원 내지는 8차원, 아니 10차원이 될 수도 있는 것이다.

앞으로 편의 상 눈에 보이는 3차원 더하기 안 보이는 3차원 해서 6차원이라고 하자. 6차원의 세계가 다 밝혀지기까지는 과학이나 의학은 한계점에 항상 부딪힐 수밖에 없다는 전제하에 이글을 읽어 주면 좋겠다.

현재 의학은 몇 가지 문제점이 있다.

첫째, 질병의 중간 단계를 밝혀내지 못한다. 현대 의학은 건강한 상태에서 질병으로 발전하는 중간 과정보다는 질병이 어느 정도 진행한 뒤에야 그것을 발견한다. 다시 말하면 병원에서 행해지는 대부분의 검사는 1차원 식 진단법이기 때문에 즉 흑백논리 구조로 정상이냐 비정상이냐 하는 식이다.

만약 정상 범위가 50~100점이라면 55점이라는 결과가 나와도 정상이라고 판단한다는 뜻이다. 영상검사 역시 2차원이나 3차원검사에 불과한 게 현실이라 복잡한 6차원인 인체의 현상을 진단하는 데는 한계가 있을 수밖에 없다.

또 예를 들면 어느 봄에 건강진단을 받을 때 정상이라고 진단 받았던 환자가 그해 말에 가서 암 말기 선언을 받은 경우를 종종 들었을 것이다. 또 스스로 자신의 몸이 정상 같지 않은데 피검사해보면 정상이라는 경우를 체험한 사람들도 꽤 있을 것이다.

즉, 병이 어느 정도 진행되어야 병명을 붙이고 치료를 시작하게 된다. 또한 가벼운 증상을 보일 때, 앞으로 어떤 양상으로 병이 진행될지도 알지 못하는 경향이 있는 것도 사실이다. 물론 더 정밀하고 예민한 검사방법들도 있겠지만 대체로 그렇다는 말이다.

따라서 가벼운 무력증, 불면증, 가벼운 두통, 소화가 안 되거나 피로감이 들거나 근육통이나 신경통이 지속될 때는 이미 건강상에 문제가 생긴 것이라 보고 그 원인을 찾아 고치거나, 만약 찾지 못한다면 휴식과 섭생을 통해서라도 증상을 호전시켜야 더 큰 질병으로 진행하는 것을 막을 수 있는 것이다.

둘째, 개인차를 밝혀내지 못한다. 현대의학의 가장 큰 딜레마라고도 할 수 있는 문제인데, 개인마다 다른 체질이나 성격을 가지고 있는데 이것을 밝혀내려 하지도 않고 아직은 밝혀낼 방법도 없는 것이 현실이다.

따라서 어떤 질병이나 증상이 나오면 거의 획일적인 진료가 이루어지고 있다. 즉 어떤 사람은 금방 호전 되는데 어떤 사람은 아무리 치료하여도 좋아지지 않거나 오히려 부작용이 나오는 사례는 현장에서 무수히 경험하는 일이다.

그나마 한방에서는 체질에 관심이 있기는 하지만 역易을 모르고 동양의학을 접한 한의사들 역시 체질을 알 수가 없는 게 안타까운 현실이다. 70~80% 범주 밖에 드는 사람은 단순히 특이 체질이구나 정도로 넘어가지만 의사 입장이나 환자입장에서 모두 답답하기는 마찬가지다.

성격이 꼼꼼하고 정확하고 치밀하고 계산적이고 내향적인 성격을 가진 사람이 병 든 경우와 즉흥적이고 외향적이고 풍류를 즐기는 사람이 병 든 경우는 그 예후가 완전히 다르다.

전자는 명리적으로는 정관 정재 정인의 성격이 강한 사람이고, 후자는 편재 편관의 성격이 강한 사람이다. 또한 기능이 강한 장기를 너무 무리하게 써서 병이 걸린 경우와 특정 장기의 기능이 선천적으로 저하되어 병에 걸린 경우가 있는데 그런 경우에도 획일한 처방을 할 수밖에 없는 게 현실이다.(실한 사람과 허한 사람과의 차이가 있다는 뜻임.)

오행적으로는 목화木火가 왕한 사람과 금수金水가 왕한 사람은 성격이나 장기의 특성 또한 차이가 많은데 이 또한 획일적인 처방을 할 수밖에 없는 것도 지금의 현실인 것이다. 체질을 알면 체질별 음식처방이나 운동처방이 달라지고 간단한 음식처방으로도 고치기 힘든 질병을 고치는 사례를 흔히 접할 수 있는데 안타까울 때가 많다.

음식이란 골고루 먹어야하며 체질에 따라 어떤 성분은 좀 더 보충해줘야 하는 체질이 있는데, 짜고 단 음식은 무조건 나쁘다는 의식이 깔려있어 이런 일방적이고 잘못된 처방이 얼마나 많은 환자들을 질병의 고통 속에서 헤매고 고생하게 하는지를 알면 끔찍할 때가 많다.

현대의학은 이러한 개인별 성향을 판단할 방법도 관심도 없다는 게 안타까운 현실이고 앞으로 풀어나가야 할 큰 숙제인 것이다.

셋째, 인체를 전반적으로 파악하지 못한다. 현대의학은 점차 세분화되다 보니 그 근본 뿌리를 잊어버리는 경우가 허다한 게 현실이다. 심장 전문의는 심장만 진료하고, 호흡기 전문의는 호흡기만 진료하고, 무릎전공한 의사는 무릎만 수술하고, 어깨를 전공한 사람은 어깨만 수술하다보니 각 기관별 해부학적 연관관계는 소홀히 하게 되고 시간이 지나다 보면 아예 보려하지도 않게 되는 게 지금의 현실이다.

이렇게 인체를 토막 내어 진료하다 보면 병이 어디서 비롯됐는지 어디로 진행하는지에 점차 관심이 없어지게 된다. 예를 들어 흉추가 비틀어지거나 휘게 되면 흉추의 신경기능이 떨어져 흉추신경이 지배하는 폐, 심장, 간, 위 등 내부 장기의 기능이 감소하는데 이럴 때 흉추를 교정하는 운동법이나 음식처방, 마음수련법으로 기능을 향상시킬 수 있다.

이렇게 간단한 해부학적 접근은 망각하고 증상에 따른 약을 쓰는데 급급하니 참으로 안타까울 뿐이다. 아무리 근본적인 접근을 말하여도 의사들의 고정관념은 좀처럼 바뀌지 않는다. 왜 그럴까? 이렇게 쉽고도 간단한 접근법을 쓰게 되면 그동안 습득하고 익혔던 지식들과 갈등이 생길 것이고, 지금까지 쌓아온 자신의 입지가 흔들리게 될 것도 걱정스러울 것이고, 그도 아니면 지금까지 해온 방법론으로도 충분히 생활을 영위하는데 문제가 없어서 변해야 할 필요성을 느끼지 못할 수도 있을 것이다.

물론 환자들의 책임도 있다. 근본적인 치료는 번거롭고 귀찮으니 무조건 안 아프게만 해달라는 환자들도 많은 게 현실이다. 그러다 보면 자세나 운동, 섭생처방은 점점 멀리하고 진통제나 증상을 일시적으로 감소시키는 약을 쓰거나 수술이 남용되는 것도 현실적인 문제다.

그래도 환자보다는 의료인이나 의료정책을 펴는 관료들의 책임이 더 크다 할 수 있다. 서두에서 언급했듯이 인체의 구조는 3차원이 아니다. 적어도 6차원이라는 개념을 가져야하며, 1차원 2차원식의 검사 방법으로 오진하여 환자를 고통스럽게 해서는 안 된다고 생각한다.

그러나 아주 희망적인 분위기가 점차 조성되고 있다. 물질만능주의에 회의를 느끼고 힐링을 찾는 이가 점차 늘어나고, 눈에 보이지 않는 또 다른 3차원의 세계가 규명된다면 지금 지적한 문제들은 저절로 소멸될 것이라고 믿는다.

② 현대의학과 동양의학은 상호 보완관계다

현대의학과 동양의학.

이 부분은 당사자들에겐 아주 예민한 문제이지만 환자입장이나 국가 경제차원에서 보면 반드시 조속한 시일 내에 의료계가 합심하여 풀어야 할 과제다.

잊어버릴만하면 가끔씩 의료 일원화란 문제가 대두되는데, 일반인들에게는 의료일원화가 무슨 말인지도 잘 모르는 생소한 단어다.

무슨 말인가 하면 약 100년 전 조선시대까지는 전 세계의 의료는 각자의 전통의학으로 의료행위가 이루어졌는데, 그 뒤로 미국이 앞장서서 과학화 되면서 가시적 증거에 근거한 현대의학이 발달하게 되었다. 즉 생약이나 약초에 의존하지 않고 과학화된 제약회사 공장을 통해 의약품이 공급되고 진단장비들이 개발된 것이다.

전 세계의 모든 나라들이 과학화 이전의 전통의학과 현대의학을 같이 병용하는데, 유독 우리나라만 한의사와 양의사란 두 가지 의사 면허제도가 아직까지도 존재하여 국민들을 혼동시키고 양한방 의사들 간의 신경전이 일어나고 있는 것이다.

세계적으로는 미국의학을 현대의학이라 하고(미국은 역사가 얼마 되지 않기 때문이다) 그 나머지 전통의학을 대체의학이라고 한다. 유럽에서는 미국의학과 자기네 고유의 전통의학을 병용하고 하물며 일본과 중국에서도 병용하는데 오직 한국만이 두 가지 의료제도를 합법화시킴으로써 국민들에게도 엄청난 의료비 지출을 하게하고, 국가경제에도 어마어마한 의료비 재정지출을 부담시키고 있다.

일반 의과대학에서는 전혀 한의학을 가르치지 않지만(최근에는 간혹 아주 조금 강의하는 곳도 있다고 한다), 한의과대학에서는 전체 강의 중에 기초의학을 포함한 상당부분이 서양의학이 차지한다고 한다. 다시 말해 우리나라 한의사들은 언제든지 서양의학을 다룰 준비가 되어있다는 뜻이고, 서양의사들은 전혀 무방비상태라 할 수 있다.

그럼에도 불구하고 양의사들은 무조건 한의학은 비과학적이라고 비난만하고 서로의 장점을 보완하는 세계 유일의 의학을 창출하는 데는 전혀 관심이 없는 게 현실이다. 나 역시 10년 전까지만 해도 지금의 양의사들과 같이 한의학은 아주 쓸모없는 비과학적인 학문이라 생각했었다.

그러나 지금은 한의학과 현대의학은 상호보완관계가 유지되어 또 다른 우리나라만의 독자적인 세계 유일무이의 의학을 만들어 낼 수 있다는 입장이다. 물론 한의학을 공부하는 한의사들에게 문제가 없는 것은 아니다.

속사정을 살펴보면 한의학이란 원래 동양 음양오행학에 기초를 둔 학문인데, 이 음양오행학이란 것이 공부해보면 하루아침에 머릿속에 들어오질 않는 학문이다. 역易을 모르면 의학을 논하지 말라고 할 정도로 역학은 동양의학의 필수적 요소이다. 그러나 음양오행학을 공부하는데도 10년이란 세월로도 부족한 게 많은데 언제 음양오행학을 공부하고 한의학을 또 공부할 수 있겠느냐 하는 문제가 도사리고 있는 것이 현재의 실정인 것이다.

왜냐하면 음양오행학은 앞서 말한 또 다른 3차원의 세계를 이해해야 하는, 어떻게 보면 추상적이고 개념적인 학문이기 때문에 공부하기가 그리 만만치가 않다.

즉, 서양의사는 반쪽짜리 현대의학을 완전한 의학이라고 믿고 있는 것이 문제이며, 한의사는 자신들의 의학마저 제대로 꿰고 있지 못하는 게 양쪽의 문제라 지적하고 싶다. 우리의 인체는 단순 3차원 구조물이 아니라는 것을 안다면 반드시 지금은 밝혀지지 않은 또 다른 3차원 학문을 결합해야만 완전한 의학이 창출될 수 있다는 게 나의 입장인 것이다.

지금의 실정을 살펴보면 정말 한심하다 못해 머리가 아플 지경이다. 예를 들면 국가에서는 작년부터 한의원에서 한의사들에게 한방 병명을 사용하지 못하게 하였다. 그 이유는 질병통계를 내는데 방해가 되므로 국제화된 코드로 통일하기 위한 것이라 한다.

내가 아는 바로는 전통 한의학은 과학화된 기술이 없을 때 만들어진 학문으로 앞서 말한 눈에 보이지 않는 3차원의 개념을 사물이나 인체나 동식물에 대입하여 이루어낸 우리 조상들의 위대한 업적인 것이다. 그것을 눈에 보이는 3차원 개념으로 진단명을 전환한다는 게 제대로 가능할 거라 생각하는가? 다시 말해 진단방법에서는 크나큰 개념의 차이가 존재한다는 것이다.

그러나 치료방법에 있어서는 현대의학과 그리 큰 차이가 없다. 약초를 사용하고, 침으로 경혈을 자극하는 것은 양의사가 약을 투여하고 전기 자극을 이용해 자극하는 것과 거의 유사하다 볼 수 있기 때문이다.

또, 모든 의약품이란 것이 자연의 식물이나 동물에서 일정 성분을 추출하여 만든 것인데, 예를 들어 약초를 한의원에서 사용하면 한약이 되고, 그것을 추출하여 캡슐이나 알약으로 만들면 양약이 되는 게 지금의 현실이다. 애들 장난 같지 않은가?

얼마 전 신문에서 토끼에서 경락을 특수염색법을 이용하여 밝혀냈다는 기사를 본 적이 있다. 그 기사를 보고 머지않아 그렇게도 양의사들이 비과학적이라 비웃던 경락의 실체가 밝혀지겠구나 한 적이 있다.

역易을 10년 정도 공부하다 보니 역학이란 원래 우주 대자연의 이치를 탐구하는 학문인데 결국 인간도 우주의 하나의 구성요소에 불과하다는 걸 알게 되었고, 우리 인간도 음양오행학적으로 체질분석도 가능하고 그것을 근거로 하여 음식처방으로 희귀 질병도 고칠 수 있다는 가능성을 여러 번 경험하게 되었다.

개인적으로 신경통이나 혈액순환 장애, 여드름, 아토피, 감기 등에서는 효과를 경험하였고, 아직은 초보단계이지만 좀 더 체계적인 접근을 한다면 여러 난치병도 음식으로 치료가 가능하겠구나 하는 생각이 든다.

그렇다면 경락과 경혈을 어떻게 현대의학과 결부할 것인가? 현대 과학에서는 신경, 혈관, 림프계는 이미 밝혀내었고 각 기관과의 해부학적 특성이나 연관성을 밝혀내었다.

나는 경락이나 경혈은 신경계를 보좌하는 또 다른 인체의 구조물이라 생각한다. 인간을 창조하신 조물주는 신경 하나만 만들지는 않았을 것이다.

왜 그런 생각을 했을까? 역학을 공부하다 보면 음과 양을 공부하는데 신경계가 양陽이라면 경락계는 음陰이라 생각한다.

아인슈타인이 주역을 공부하면서 1916년 상대성이론을 발표했다는 사실을 알게 되면서 인체 내에서도 양의 작용을 하는 기관이 있다면 반드시 음의 작용을 하는 또 다른 기관이 있을 것이라는 생각이 들었기 때문이다.

과학이란 신비롭고 보통 비과학적이라고 하는 현상의 근거를 밝혀내는 것인데, 이 과정에는 두 가지가 있다.

하나는 연구 과정 중에 우연히 발견되는 현상을 과학화하는 것이고, 또 다른 방법은 개념적으로 이미 그럴 것이라는 결론을 먼저 내리고 접근하는 것이 있다. 그렇다면 신경계에도 음양이 존재한다고 먼저 결론을 내 놓고 음의 실체를 접근하는 것도 과학의 한 방법이라고 생각한다.

결론내리자면 현대의학에 더하여 진단방법에 있어서도 한의학 이론을 같이 사용하고, 치료방법에 있어서도 경락을 같이 사용한다면 유일무이의 세계적인 우리나라만의 의학이 창출될 것이라 확신하는 바이다.

그러나 문제가 많다. 양의사와 한의사는 이러한 개념 없이 일원화를 하자고 하는 사람도 있고, 쓸데없이 그런 걸 왜 하냐는 사람들도 있기 때문이다. 이제는 이 글을 읽는 독자들이 나서야 한다고 생각한다. 왜냐하면 우리의 건강은 우리가 지켜야 하기 때문이다.

③ 건강과 질병은 시소놀이와 같다

이 세상에서 가장 중요한 것이 무엇이냐고 물어보면 누구나 건강이라고 말한다. 그런데 실제로 건강을 유지하기 위해 무엇을 하냐고 물어보면 그나마 좀 관리한다고 하는 사람들은 영양제 먹고, 헬스나 걷기운동…, 그 정도가 대부분이다. 물론 삶에 지쳐 내 몸에 전혀 신경 쓰지 못하는 사람들도 많이 있지만….

병원에 진료 받으러 오는 환자들도 마찬가지다. 절반은 몸 관리 하나도 안 하는 그룹이고, 절반은 헬스, 골프, 걷기, 등산, 테니스, 요가, 스포츠 댄스… 등 나름대로는 관리를 하는 그룹이다.

관리를 한다고 하는 그룹에서도 새로운 질병이 생기거나, 질병에 걸려도 치료되지 않는 경우가 대부분이다. 왜 그럴까?

당뇨나 고혈압, 관절염 같이 흔히 말하는 만성질환 등은 조절하는 약을 평생 먹으며 '이 병은 원래 이런 거야'라고 생각하는 사람들이 대부분이기 때문이다.

왜들 자신의 질병을 고치려 하지 않을까? 질병과 건강과의 상관관계를 모르기 때문이다.

첫째, 질병과 건강은 시소와 같은 것이다. 질병과 건강은 항상 음양의 이치처럼 서로 대립관계가 된다. 즉, 건강해지면 질병은 물러나고, 건강상태가 나빠지면 질병은 언제든지 우리 몸을 망가트리기 때문이다.

질병을 고치면 건강해질까? 아니면 건강해져야 질병이 치료될까? 마치 닭과 달걀의 관계처럼 들릴 수 있으나, 내가 30년간 경험한 바로는 건강해져야 질병을 이겨낼 수 있다.

어떤 사람들은 질병을 고치면 건강해 진다라고 생각하는 사람들도 있다. 왜 그런 사고방식을 가지게 되었을까? 그 책임은 전적으로 의사들에게 있다고 생각한다.

감기환자가 오면 증상에 따라 증상 억제하는 약을 처방하고, 고혈압 환자에게는 혈압강하제를, 당뇨환자에게는 혈당강하제를, 암환자는 병소를 절제하는 시술이나 처방을 하고 병을 고쳤다고 스스로 생각하기 때문이다.

암환자가 암에 걸린 부위를 절제하는 순간 그 사람은 장애인이 된 것이지 치료된 것이 아니다. 담낭을 없애면 쓸개 빠진 놈이 되고, 갑상선을 없애면 엔진은 있는데 시동장치가 없는 자동차와 같은 것이다. 조물주가 우리 인체를 만들 때는 모든 게 필요해서 만든 것이지 괜히 만든 건 아니라고 난 생각하고 있다.

의사가 되는 과정인 의과대학이나 수련의 과정 중에도 질병에 걸린 사람의 병리기전이나 증상 치료과정만 공부하지, 정상인이 처한 환경에 따라 어떻게 질병이 발생되는지는 공부하지 않는다. 다시 말해 독감 바이러스에 대해 공부는 하는데, 누구는 독감에 걸리고 누구는 걸리지 않는 것에 대해서는 공부하지 않는 것이다.

담배를 엄청 피우는데 누구는 폐암에 걸리지 않고 누구는 담배를 피우지 않는데도 폐암에 걸리는 이유에 대하여 공부하지 않는 것이다. 자신들이 공부하는 의학이 과학적이라 말하면서 실제로 들여다보면 비과학적이라고 하는 운에 맡기는 게 현실인 것이다.

그냥 특이 체질이라고 한다거나…, 원인을 모르는 경우라 하거나…, 이 세상에 원인 없는 결과는 없는데 참으로 모순이 많다. 물론 언젠가는 밝혀지겠지만, 그렇다면 밝혀지지 않은 것에 대해 무조건 비과학적이라고 말하는 생각이라도 고쳐야 할 텐데…. 앞서 지적하였듯이 현대과학은 50점짜리에 불과한데도 자신이 알고 있는 지식이 다 옳은 줄만 아는 우물 안 개구리 같다.

우리는 너무나 오랜 시간 이렇게 잘못된 개념 속에 노출되어 왔고 이것이 우리의 현실이다. 마치 자동차의 어떤 부속이 고장 났을 때 그 부속만 바꾸면 다 고친 것이라고 생각하는 것과 같다.

우리가 사용하는 기계란 우리의 인체를 모방하거나 아이디어를 얻어 개발 한 것이 많지만, 우리 인체는 스스로 재생하고 방어하는 조율장치가 있는 것이 기계와 다른 점이다. 자율신경이나, 각종 호르몬이 그때그때 상황에 따라 우리 몸을 조절 하는데 이런 자율 조정시스템에 문제가 생기면 건강에 문제가 발생하게 된다. 반대로 인체의 모든 장기가 조화롭게 작동하면 어떤 질병도 침범할 수 없게 된다.

병원에서 암 말기 사형선고를 받고 모든 걸 포기하고 자연 속에서 암을 치료했다는 사례를 우리는 종종 접하게 되는데, 암 전공 의사들은 그 이유를 알지 못한다. 건강해지면 모든 병이 치료될 수 있다는 개념을 갖고 있지 않기 때문이다. 암세포도 자신이 거처할 환경이 나빠지면 스스로 괴멸하게 되어있다. 열악한 환경은 그대로 놔두고 암세포만 공격하는 치료법을 사용하니 암세포가 물러날 리가 있겠는가? 이렇게 잘못된 개념이 이 세상을 지배하고 있는 한 환자들이 병을 고치기란 여간 힘든 게 아니다.

나는 아직 내과의사가 고혈압이나 당뇨병을 고쳤다는 말을 들은 적이 없다. 동료 의사에게 너를 찾아온 환자의 병을 고친 적이 있냐고 물었더니, 수십 년간 진료한 환자가 몇 명인데… 한다.

다시 물었다. 약을 먹지 않고도 건강해진 환자가 있느냐고? 그랬더니 없다고 한다. 왜 그럴까? 다시 강조하지만 의료인들이 행하는 진료는 증상만을 완화시키는 진료를 하지, 건강해지는 진료는 관심도 없고 할 줄도 모르기 때문이다.

어떤 병원에서는 척추에 문제가 생겨 디스크라고 불리는 추간판탈출증 환자가 오면 방사선사진, MRI 사진을 찍고 디스크가 터졌거나 밀려나와 있으니 수술해야 한다고 한다. 그러나 우리 몸은 2차원 검사만으로 알 수 있는 그리 간단한 구조물이 아니다.

사진 상으로는 걷지도 못할 것 같은 사람도 별다른 증상 없이 운동도 하고 일상생활을 하는 사람이 더 많다. 그건 어떻게 설명할 것인가? 우리 인체는 겉으로는 3차원이지만 눈에 보이지 않는 또 다른 3차원의 구조가 존재하기 때문이다.

나 역시 허리 디스크, 목 디스크를 다 걸려보았고 증상이 없어진 지금에도 사진을 찍어보면 디스크 간격이 많이 좁아진 상태로 보인다. 그래서 나는 관절이 손상된 나의 척추 사진을 진료실에 걸어놓고 환자들에게 보여주고 있다. 관절이 다 망가진 것 같아도 좋은 운동을 하고 자세를 바르게 하면 증상 없이 살 수 있다고 설명한다. 실제로도 금방 수술해야 한다고 하는 환자도 몇 가지 치료와 운동법으로 호전되는 경우가 엄청 많다.

결코 의료인을 폄하하려는 의도는 눈곱만큼도 없다. 단지 앞으로 더 나은 세상으로 가기 위해 의식전환을 강조하고 싶은 것이다.

최근에 골수이식이나 줄기세포 이식술, 연골세포 이식술, 태반주사요법, 영양제 주사같이 정상조직을 주입하거나 활성화 시키는 치료들이 시행되는데 이런 것들이 모두 질병을 공략하는 것이 아니고 건강상태를 증진하는 방법들의 범주로 보면 된다.

둘째, 건강상태를 증진하기 위해서는 질병이 완전히 자리 잡기 이전에 발견하는 것이 중요하다. 앞서 언급했듯이 자신의 몸에 자그마한 이상이 있으면 비록 검사 상 정상이라는 결과를 받더라도 질병의 중간단계라는 인식을 가지고 몸 관리에 신경 쓰고 투자를 해야 할 것이다. 검사 몇 가지가 우리 인체의 모든 것을 다 알아낼 수는 없기 때문이다.

세 번째로 사람마다 각각의 체질이 존재한다. 전통의학에서는 체질론이고, 현대의학에서는 유전자 배열이 그것에 해당한다.

그러나 전통의학을 공부하는 사람들이 음양오행의 이치를 모르면 그들이 말하는 체질을 알 수 없으며, 현재의 유전자 검사만으로는 전반적인 체질을 다 밝혀내기가 힘든 것이 지금의 현실이다.

개인적으로는 출생 시점의 연월일시를 보고 그 사람의 체질을 분류하여 질병 양상을 예측도 하고 음식과 운동 처방을 하고 있는데 많은 효과를 경험하고 있다.

마지막으로, 우리의 인체는 머리끝부터 발끝까지 서로 연결되어 있으며 서로 상호 보완 작용을 한다. 누구나 상식적으로는 다 아는 말이지만, 지금의 현실은 각각의 장부를 따로 따로 공부하고 치료하는 게 현실이다. 같은 내과 의사라도 호흡기를 전공한 사람은 소화기나 심혈관계, 내분비 계통의 질병과 연관 지어 치료하지 않는다. 고혈압 환자에게 짠 음식을 먹지 말라고 하지만, 너무 싱겁게 먹으면 신장계통이나 또 다른 계통의 질병이 발생하게 된다. 다시 말해 하나만 생각하고 다른 연관성을 고려하지 못하는 경향이 있기 때문이다.

노인성 관절염 환자에게 아쿠아로빅처럼 물속에서 운동을 권하는 의사가 있는데, 물의 부력에 의해 무릎관절에 체중이 덜 실리는 것만 생각했지, 물속에서 에너지를 씀에 따라 기력이 소진되는 것을 고려하지 않은 것이다. 노인이고 아이고 할 것 없이 기력이 소진되면 모든 통증이 치료될 수 없을 뿐 아니라 다른 질병이 또 침투하기 마련이다.

우리 몸은 단순 1차원 구조가 아니고 최소한 6차원 이상의 아주 복잡한 구조물이라는 것을 알고 다 방면으로 관찰하는 안목을 가져야만 단순 논리로 오진하고 잘못 처방하는 것을 줄일 수 있다. 마치 주사위의 한 면만 보는 우를 범하지 말아야한다.

그렇다면 건강상태를 어떻게 유지할 것인가라는 문제가 나온다. 스트레스를 최소화하고, 전신 근육을 골고루 사용하는 운동을 규칙적으로 하며, 각각의 체질에 따른 음식을 잘 섭취한다면 가능하다고 말하고 싶다. 세세한 이야기는 뒤에 다시 언급될 것이다.

결론내리면 자신의 체질을 정확히 알고 그에 따라 적절한 운동, 식사습관, 스트레스를 최소화하는 생활습관을 유지하여 건강 상태를 유지한다면, 어떠한 질병도 침범하지 못하며 설사 질병에 노출되어도 치료할 수 있다고 감히 말하고 싶다.

④ 건강해지면 질병을 어떻게 이겨낼까?

우선 건강한 상태에 대해 정의를 내려야할 것 같다. 흔히들 시행하는 건강검진에서 말하는 건강한 상태란 각종 혈액검사에서 정상범주 안에 들고, 각종 초음파나 내시경, CT, MRI, 방사선 촬영 상 비정상적인 소견이 없을 때 건강이 양호하다고 판정한다.

과연 그럴까? 검진 상 건강하다는 것은 특이한 질병에 노출되지 않았다는 것이지 건강하다는 것은 아니다. 처음에 말했듯이 여기에 허점이 있는 것이다. 검진 상 정상이더라도 인체의 모든 장기와 신경계, 혈관계, 근골격계의 기능이 원활하다고 볼 수는 없는 것이다.

예를 들어 잦은 호흡기 질환, 만성 피로증후군, 신경 예민 혹은 가벼운 우울증, 각종 근골격계 질환이나, 신경통, 두통, 소화불량, 손발이 차고 시리거나, 피부질환 등등 크고 작은 증상으로 고통 받는 1차 의료기관을 방문하는 환자들의 숫자를 보면 실로 엄청나다. 그러나 대부분 자신들은 좀 불편할 뿐이지 자신은 건강하다고 생각하고 살아간다. 물론 이런 환자들에게 초정밀 검사를 시행해 보면 문제점을 발견할 수 있을 것이다.

엄밀히 말하면 가벼운 증상을 너무 소홀히 생각하는 경향이 많은 게 문제다. 중병이란 가벼운 기능 이상이 누적되어 발전하는 것인데…, 여기서 현재의 의료행위와 정책에 문제가 있는 것이다.

코감기엔 항히스타민, 목감기엔 항생제, 몸살감기엔 진통해열제를 처방하고, 어깨나 허리 등 근골격계 질환 환자가 오면 거의 모든 의료기관에서 진통소염제를 처방한다. 그나마 그 정도면 다행이다. 항암제까지 관절염환자에 투약하는 경우도 매우 흔하게 볼 수 있다. 즉, 병에 걸리지 않게 하거나 병을 이겨내는 처방이 아니고, 증상만 경감 시키는 처방을 하는 것이다.

잠시 이야기가 딴 곳으로 흘러갔다. 내가 말하는 건강한 상태란 글자 그대로 일반 전신상태가 양호한 것을 말한다. 즉 1.정신적 스트레스 관리를 잘 하여 항상 편안한 마음을 유지하고, 2.적절한 섭생으로 영양소 섭취를 조화롭게 잘 하여 오장육부의 기능이 원활하고, 3.자세도 바르고 전신 근육을 골고루 사용하는 운동을 조화롭고 규칙적으로 하여 적당한 유연성과 근력을 유지하는 상태를 뜻하는 것이다.

물론 이 세상을 살면서 완벽한 건강상태를 유지한다는 것은 불가능하다. 그러나 내가 강조하고자 하는 것은 최소한 우리 국민 모두가 자신의 건강을 관리하는 방법이라도 알게 하자는 것이다.

예를 들면 1.음식은 시고 쓰고 떫고 달고 맵고 짠맛이 나는 음식을 골고루 섭취해야 한다는 것, 2.운동은 격렬한 유산소 운동이나 다리 근육이나 팔 근육을 편중되게 사용하는 스포츠보다는 전신근육을 골고루 사용하는 건강기공운동이 건강에는 더 도움이 된다는 것, 3.스트레스를 관리하고 마음의 평온을 위해서는 차분하게 자신을 돌아볼 수 있는 간단한 명상이 도움이 된다든가… 이런 것 등이다.

음식의 예를 들어보면 매운맛 나는 것을 먹지 못하는 사람이 있다고 하자. 그런 사람에게는 어떤 질병이 잘 생길까? 기관지 천식이나 기흉, 코감기 같이 호흡기 질환에 잘 걸리며, 아토피, 여드름 같은 각종 피부질환이나 과민성 대장염 같은 대장기능이 저하되기 쉽고 또한 첫 번째 두 번째 손가락이나 어깨 관절에 신경통이나 관절염이 잘 걸리게 된다.

왜 그럴까? 지금 언급한 내용은 현대과학에서 아직 밝혀내지 못하는 내용이다. 왜냐하면 아까 말했듯이 현대과학은 50점짜리에 불과하기 때문이다. 여기서는 이정도만 하자.

건강을 유지하는 건 그리 복잡하지 않다. 단지 왜곡된 정보와 지식이 병을 키우고 일단 병에 걸리면 증상을 완화하기 위하여 진통제나 항생제를 남용하고 불필요한 수술을 남용하는 것이 문제다.

태반주사나 비타민요법, 음식요법, 건강기공이나 명상치료 같은 전신 상태를 증진시키는 치료를 불신하는 의사들은 병이 좋아지는 기전을 밝히라고 한다.

하나의 예를 들어보자. 보통 통증이 있을 때 사용하는 진통소염제의 작용 기전을 살펴보면 정상적인 경우에는 A라는 화학 물질이 B라는 효소에 의해 C라는 또 다른 화학물질로 변하고 이런 정상적인 변화를 거쳐 몸의 대사 작용이 이루어지고, 질병상태에 노출이 되면

D라는 비정상적인 효소가 작용하여 F라는 비정상 물질이 생겨 통증의 원인이 된다고 가정하자. 대부분의 약물은 비정상적인 D, F를 억제하거나 공격하는 약들을 사용하게 된다.

만약 건강상태를 증진시킨다면 A-B-C의 정상과정이 저절로 회복되고, 할 일이 없는 D, F는 저절로 모습을 감추게 된다는 게 나의 이론이다. 즉 항암제로 치료가 안 된 사람이 좋은 환경에서 좋은 섭생을 하면 저절로 암세포가 자멸하는 것과도 같은 이론이다.

더 쉽게 말하면 범죄자를 아무리 잡아들이고 처벌하여도 범죄가 끊이지 않는 것은 환경이 개선되지 않았기 때문인 것과 같은 이치인 것이다. 범죄를 범할 이유가 없어진다면 이 세상은 평화로운 세상이 될 것이다.

우리 몸도 마찬가지다. 모든 신진대사과정이 정상적으로 이루어지는데 비정상적인 화학물질이나 세균 등이 우리 몸에 어떻게 존재할 수 있겠는가?

가장 흔한 감기를 예로 들면, 감기는 감기약으로 낫는 것이 아니고 일정시간이 지나면 우리 몸이 알아서 감기 바이러스를 물리치고 회복하게 되는 것이다. 면역력이 좋은 사람이란 바로 정상적인 신진대사가 이루어지는 사람을 뜻하는 것이다. 그래서 건강한 사람은 감기도 잘 걸리지 않으며, 아무거나 먹어도 소화도 잘 시킨다.

건강해지면 통증이나 질병이 저절로 없어지는데 거기에 무슨 기전을 밝히라는 건지…, 참으로 안타까울 때가 많다.

어깨가 무겁고 빠지는 것 같아 물리치료에 진통소염제를 아무리 써도 낫지 않던 사람에게 마음 맞는 사람들과 지리산이나 설악산 계곡에 가서 하루 이틀만 쉬다 오라고 해봐라… 아마도 버스에서 내려 좋은 공기를 마시고 기분전환이 되는 순간 지긋지긋한 통증이 사라지는 것을 경험할 것이다.

건강을 증진시키는 것이 더 좋은 치료방법인지, 증상만을 감소시키고 병의 뿌리를 뽑지 못하는 치료가 더 좋은지는 각자가 선택할 문제다.

⑤ 건강을 증진하는 방법들이 제도권 안에 들어오지 못하는 이유

결론부터 말하면 너무 편협한 사고방식, 자신만의 이익을 추구하는 집단 이기주의, 잘못된 정책 때문이다.

1) 편협한 사고방식

하나만 알고 둘은 모르는 것이다. 오로지 주사위의 한 면만을 보고 다른 면은 보려고 노력도 안하는 것이다. 왜 그렇게 됐을까? 답은 교육에 있다. 즉 흑백 논리의 1차원 식 교육이 문제다.

문명과 과학은 끊임없이 변화하고 발달하는데 지금까지 증거와 과학이란 명분아래 밝혀진 것만 옳고 밝히지 못한 것은 무조건 비과학적이라 몰아세우는데 있다.

과학이 발전하면 할수록 신비롭고 몰랐던 것을 얼마든지 밝혀낼 수 있다는 가능성을 항상 염두에 두고 가르치고 강조해야 하는데…, 우리는 학교를 다니며 10년 이상을 정답이냐 오답이냐에 목숨을 걸었다 해도 과언이 아닐 것이다.

또한 보는 시각이 너무 단편적이다. 이미 수천 년 전에 만들어진 역易에서는 여러 관점에서 세상을 보는 것을 강조했는데, 불과 100년 정도의 현대과학은 자신이 보고 듣고 발견하지 않은 것에 대해 틀리다는 생각을 한다면 옛 성인들이 우리를 어찌 보겠는가? 물론 소수의 과학자들은 신비로운 현상을 과학적으로 입증하려고 지금도 애쓴다는 것은 물론 알고 있다.

또 언급하지만 우리가 현재 보고 알고 하는 세상은 3차원 세상이다. 그러나 눈에 보이지 않는, 아니 아직 밝혀내지 못한 또 다른 3차원의 세상이 존재한다는 사실을 항상 염두에 두지 않는다면 지금 우리가 겪고 있는 수많은 기이한 현상에 대해 답을 얻을 수 없을 것이다. 보는 시각을 넓혀야 한다. 최소한 주사위의 3면 정도는 볼 줄 알아야 이 세상을 살아가는데 힘들지 않을 것이다.

2) 집단 이기주의

의료계나 기업체들이 자기들의 자리를 지키기 위한 이기주의라 할 수 있는데, 물론 이것도 잘못된 교육에 그 원인이 있는 것이다. 왜냐하면 의료인이나 기업인들도 사람인데 학교에서 배운 것을 옳다고 믿을 수밖에 없지 않겠는가? 편협한 교육을 받았고 그것을 바탕으로 삶의 기준을 만들어 놓았는데 무조건 그네들을 잘못했다고 할 수는 없는 것이다.

의사들은 의과대학에서 질병에 걸렸다는 전제하에 그 질병의 원인과 치료법에 대해 공부를 시작한다. 다시 말해 정상인이 왜 그런 질병에 노출되는지 공부하지 않는다. 단지 면역력이 약해서…, 특발성이라 하여 원인을 딱히 모르는 경우라고만 설명한다. 마치 법과대학에서 범법자에 대한 조사방법이나 처벌법규에 대해서는 공부해도 법 없이도 사회가 돌아가는 연구는 하지 않는 것과 똑같은 말이다.

직설적으로 표현하면 의사들은 병을 요리하는 기술을 배우는 직업학교를 나온 것과 같은 것이고 법률가는 소송이나 분쟁을 요리하는 것을 배우는 직업학교를 나온 것과 같은 말이 된다.

물론 질병의 증상을 완화하고 환자의 불편을 감소시켜주는 학문도 필요하고, 분쟁이나 소송을 잘 중재하는 학문도 꼭 필요하다. 하지만 너무 그쪽에만 치우친 현실을 조금씩이나마 고쳐나가야 한다는 말을 하고 싶은 것이다.

3) 잘못된 정책

원론적인 문제이지만 정책을 펴는 관료 역시 1차원적인 편협한 교육을 받았기 때문에 단편적인 시각으로 정책을 펼 수밖에 없는 것이다. 국가에서 한해에 쏟아 붓는 의료비는 가히 가공할 만한 숫자로 점차 늘어나고 있다. 인간의 수명은 점차 고령화되고 질병의 양상은 상상을 초월한다. 성인병들이 청소년들에게도 나타나고 먹는 음식 습관이 바뀜에 따라 질병의 양상도 틀려지고, 과학의 발달로 점차 복잡해지면서 인간의 체질도 점차 바뀌어져 간다.

사람들의 맥을 진맥을 해보면 정상맥을 가진 사람을 찾기 힘들 정도로 현대인들은 자신도 모르게 체질도 바뀌고 건강도 잃어가고 있다. 그런데 수명은 왜 늘어날까? 현대의학은 건강보다는 사람이 죽지 않을 정도의 증상치료법을 개발하고 시술하기 때문이다.

고혈압 당뇨병환자가 병원에서 주는 약 먹고 병 고쳤다는 사람 들어보았는가? 오로지 증상을 줄이는 치료만 하는 것이 지금의 실정이다. 현재의 의료보험제도는 증상완화 치료에만 적용되지 건강해지는 방법에는 국가적으로 보장하지 않고 있다.

이제부터라도 좀 더 차원 넓은 시각을 가지고 국민건강에 도움이 되는 의료정보를 개발 홍보하고 또 그런 시설을 확장하고 의료행위에 대해서도 정책을 전환하는 노력을 해야 할 때가 왔다고 생각한다. 물론 쉽지 않은 일이다. 왜냐하면 아무리 좋은 방법이 있어도 그것을 검증하기에는 현재의 과학이 너무 뒤처져 있기 때문이다.

예를 들어 기氣 하나만 보아도 현재의 과학은 인체의 기를 직접 측정하는 방법이 없는 실정이다. 지금도 일부 과학자나 의료인들이 기의 실체를 검증하고자 노력하고 있지만….

그렇다고 방법이 전혀 없는 것도 아니다. 가장 안정되고 보편적인 방법부터 찾아내어 홍보하고 제도권 안으로 끌어 들이면 된다.

6 평균수명과 건강수명

현대의학의 눈부신 발전으로 1950년대 초 만해도 평균수명이 50세 정도였는데 2006년 현재 평균수명이 80세가 되었다. 앞으로 10~20년 후에는 90세가 될 것이고 20~30년 후에는 100세가 될 것으로 예상되며, 기氣의 존재를 밝히고 눈에 보이지 않는 미세소립자의 실체가 드러나면 아마도 인간의 수명은 120세가 넘을 것으로 예상한다. 문제는 얼마나 건강을 유지하며 사는 것이지 무작정 오래 사는 게 다 좋은 것은 아니다.

2001년부터 100세 시대가 머지않았다는 말을 주변 사람들에게 많이 한 적이 있었다. 그때만 해도 터무니없다는 표정으로 다들 웃어 넘겼던 말이다. 그러나 2012년 현재 100세 시대는 공공연한 사실로 받아들여지고 있다. 의료계나 국가 복지정책기관 그리고 보험회사에서도 100세를 준비해야 한다고 아우성들이다. 현재 50~60대의 사람들은 남은여생이 40~50년이라는 사실에 준비 안 된 경제적 문제와 건강상 문제로 걱정이 많은 사람들이 속출하고 있는 실정이다.

현재 60세 이상을 대상으로 조사한 바로는 거의 80퍼센트가 1개 이상의 질병을 가지고 있다고 한다. 다시 말해 질병에 노출된 상태로 나머지여생을 살아가야하는 인구가 전체의 2/3를 넘는다는 말이 된다.

그렇다면 건강수명은 얼마나 될까? 기준에 따라 다르겠지만 장기적인 약 복용을 요하는 만성질환을 기준으로 한다면 건강수명은 50세 정도가 될 것이고, 질병 전 단계에 노출된 사람을 기준으로 하면

20세 정도가 될 것이라 본다. 결국 아무리 눈부신 의학의 발전이 있었다고 하지만 건강수명은 옛날이나 지금이나 별 차이가 없는 결과가 된다. 단지 예전에는 병에 걸리면 그냥 죽었지만, 현재는 죽지 않을 정도로만 유지하기에 급급하다고 볼 수 있다.

이 지구상에 있는 수많은 의학자들은 지금까지 무얼 하고 있었을까? 그 해답은 치료에는 증상치료와 원인치료가 있는데 의사의 손에 이루어지는 거의 모든 치료가 증상치료에 초점이 맞추어져 있다는 게 문제다. 여기서 원인치료란 질병에 걸린 원인을 규명하여 그 원인을 제거하도록 유도하는 것을 말하고 또한 질병에 걸리지 않도록 예방하는 것을 의미한다. 즉 진정한 의미의 건강을 찾도록 유도하면 어떤 질병도 이겨내고 예방이 가능하다는 게 나의 입장이다.

그 옛날 고뿔이라고 했던 감기도 현재 치료약이 없어 저절로 앓고 나을 때까지 증상 완화시키는 약만 먹고 기다리는 게 현재의 실정이다. 그러나 감기 역시 우리가 흔히 먹는 음식으로도 그 증상을 부작용 없이 치료하고 몸의 조화를 이루게 할 수 있다.

결국 조화로운 몸을 만들도록 해 주면 저절로 면역력은 증가하게 될 것이고 어떤 질병이 와도 우리 몸이 알아서 이겨낼 수 있다. 따라서 올바른 정보와 지식을 국민에게 전달하기 위한 의학적, 사회적, 정치적 노력이 따르지 않는 한 언제 까지나 질병에 노출 될 수밖에 없는 상황인 것이다.

최근 들어 암환자가 부쩍 증가하는데 암이라는 병도 걸리면 암 덩어리를 제거하고 약물이나, 방사선으로 암세포를 죽이는 데만 급급하지 암세포가 우리 몸에서 존재하지 못하게 하는 방법을 사용하지 않는 게 지금의 현실이고, 정치적 사회적으로 국민의 건강을 증진하는 데는 제도권에서 별 다른 노력을 하지 않고 있다.

또한 시간이 갈수록 당뇨병이나 심혈관질환 같이 만성 성인병이 증가하는데 병원에서는 혈당을 떨어뜨리거나 혈압을 낮추는 약을 평생 동안 복용하라고만 하지 당뇨나 혈압을 근본적으로 이겨내는 방법을 알려주지도 않을 뿐 아니라 방법도 모른다는 게 문제이다.

현대문명의 발달로 활동량이 줄고 자세가 나빠져 10세만 지나면 거의 모든 사람이 척추가 휘거나 삐뚤어져 어깨나 허리에 통증을 느끼고 각종 관절질환 환자가 엄청나게 증가하지만 병원에서는 진통소염제를 처방하거나 진통제나 마취약으로 신경을 둔하게 하는 통증 치료를 하고 그렇게 지내다가 관절이 다 망가지면 인공관절수술을 하거나 척추 수술을 하게 된다. 심지어 최근에는 관절염 환자에게 항암제까지 처방하는 의사가 점차 늘고 있다.

현대의학의 부정적인 면만 지적했지만 그게 우리뿐 아니라 전 세계의 현실이다. 물론 현대의학 덕분에 급성전염병이나 감염으로 사망하는 환자 수는 급격히 감소하였고 만성질환자들도 큰 불편 없이 살아가고 있다. 하지만 약으로 생명만 연장하기보다는 진정한 의미에서 건강한 삶의 기쁨을 누리며 살아간다면 개인에게도 행복이요, 국가적으로도 엄청난 발전을 할 수 있을 것이다. 우리가 어릴 때 체력은 국력이라는 말을 많이 들었는데 새삼 그 말이 생각난다.

질병의 양상은 끝없이 변화하고 다양화된 형태로 우리 인간을 공격하는데 질병의 증상만을 완화하는 치료를 한다면 기하급수적으로 증가하는 엄청난 의료비를 나중에는 감당하지 못하는 상황이 벌어질 것이며 건강 상실은 곧 노동력 상실로 이어져 국가 경제발전에도 치명적이 될 것이다.

앞서 언급한 원인치료가 현재 이루어지지 않는 가장 큰 이유는 앞서 언급한 잘못된 교육으로 인한 의료인이나 정책상의 문제 외에도 자본주위 체제에서 이러한 치료나 예방법이 부가가치가 없고, 국민들 스스로가 해야 한다는 점이 문제다.

만약 음식요법이나 운동요법 그리고 마음수련으로 몸과 마음이 조화로워 진다면 수많은 대형병원과 제약회사들은 문을 닫아야 할 것이다. 국민입장에서는 반겨할 일이지만 의료인 입장에서는 무척이나 부담스러운 내용이 된다.

또한 그냥 약 먹고 물리치료나 하던 사람들이 음식도 조절해야 하고 재미없는 명상이나 건강기공을 해야 하니 이 또한 장애물이 될 수 있다.

비근한 예로 한번 암에 걸리면 병원에서 암 덩어리를 떼어내고 항암제를 투여해서 암세포를 제거한다. 환자들은 그때서야 예방을 위해 건강 체조를 하거나 건강식을 먹고, 신체적 과로나 스트레스를 피하기 위해 노력하게 된다. 만약 그러한 노력을 평상시에 했다면 아마도 암에 걸리지 않았을 것이다. 또한 그러한 예방법도 의사로부터 듣는 것보다 민간요법이나 먼저 경험한 사람들로부터 구전을 통해서 지식을 얻는 것이 훨씬 더 많다는 게 문제다.

원인치료를 위해서는, 우선 면역력을 기르고 영양 상태를 호전시키는 식품영양에 대한 지식을 널리 알려 주어야한다. 다행이도 한 TV 방송국에서 건강 식단에 대한 홍보를 잘 하고 있지만 학교나 병원에서도 보다 적극적인 홍보가 필요하다. 영양상태가 좋아지면 면역성도 생기고 항산화제 섭취로 인한 몸의 해독능력이 증강되어 감염이나 피로누적으로 인한 질병을 예방할 수 있으며 치료에도 도움이 된다.

여기서 한 가지 꼭 집고 넘어 가야할 문제가 있다. 어떤 음식이 건강에 좋다 하면 너나 나나 할 것 없이 다 먹으면 좋은 줄 아는데 그렇지 않다. 홍삼을 먹어 도움이 되는 한습한 체질이 있고 반대로 홍삼을 먹으면 안 되는 조열한 체질이 있기 때문이다.

나중에 언급하겠지만 태어난 사주팔자만 알아도 유전자 검사보다 더 정확하게 자신의 체질을 쉽게 알 수 있다. 따라서 자신의 체질을 정확히 판단한 후에 섭생을 해야 하는 것이 무엇 보다 중요하다고 할 수 있다.

두 번째로 올바르고 규칙적인 운동습관이 중요한데 현재 올바른 운동법을 체계적으로 가르치는 곳이 없고 대부분이 한쪽으로 치우친 운동법만을 가르쳐, 몸의 균형을 유지하면서 근력과 심폐기능을 향상시키는 운동법이 널리 알려져 있지 않은 것이 문제다.

거의 모든 서구운동법(테니스, 탁구, 농구, 골프, 수영, 배드민턴, 볼링 등)은 좌우 중에 어느 한쪽으로만 근육을 사용하여 척추의 회전변형을 일으키게 되고, 또한 걷기운동과 등산을 많은 사람들이 권장하는데 실제로 걸어보면 다리근력과 심폐기능은 좋아지는데 허리와 어깨 골반근육은 뻣뻣해져 걷기 운동 후 오히려 요통과 무릎에 통증을 일으키는 경우가 아주 흔하게 발생한다.

음식도 그 균형이 맞아야 하듯이 운동도 정적인 운동과 동적인 운동이 조화를 이루지 못하면 결국 부작용이 나서 병원신세를 지게 되는 것이다. 또한 예전에는 국민체조라도 있었는데 언제부터인지 학교나 직장에서 체조하는 문화도 없어져 국민건강에 적신호가 되고 있는 것도 지금의 현실이다. 다행히도 우리나라에는 국선도, 단전호흡, 선관무, 기천문 등의 전통기공 체조법이 있고 중국에는 태극권, 인도에는 요가 같은 정적인 운동법이 있어 이를 잘 활성화시키면 정적인 운동과 동적인 운동의 조화를 이룰 수 있는 문화적인 장점을 가지고 있다.

한 가지 집고 넘어가야할 것은 체질에 따라 상체가 발달되어 있는 사람도 있고 하체가 더 발달된 사람도 있다. 따라서 체질에 따른 운동처방 역시 중요하다고 할 수 있다.

셋째, 과로와 스트레스가 만병의 근원이라는 사실은 어느 누구나 다 알지만 복잡한 현실 속에서 피할 수 없는 것이 현실이고, 또한 하루의 스트레스를 풀기위해 노력하는 사람도 거의 없는 것이 현실이다.

물론 현대인으로 살면서 스트레스에서 완전히 벗어나기는 불가능하지만 불필요한 욕심과 집착을 떨쳐버리려는 마음가짐과 조용히 차 한 잔을 마신 다던가 하루에 15분에서 20정도 명상을 할 정도의 여유를 가져야한다고 생각한다.

결론적으로 건강수명을 연장하기위해서는 의료인, 정치인, 경제인을 주축으로 범국가적으로 국민들에게 건강한 생활습관을 유도하여 새로운 음식과 운동문화를 만들어 내어 장기적이고 체계적으로 추진하여야만 한다. 그렇게 된다면 일 년에 수십조 원씩 들어가는 의료비를 절감하고 보다 효율적으로 생산능력을 향상시켜 경제발전에도 도움이 될 것이라 확신하는 바이다.

> **신체 건강의 3대 요소 : FEM**
> (1) 음식(Food)
> (2) 운동(Exercise)
> (3) 마음(Mind)

이제는 100세를 준비해야 한다

　인간의 수명이 날로 늘어난다. 1950년대 초 만하여도 평균수명이 50세 정도였는데 지금은 80세가 되었다. 머지않아 100세가 될 것으로 보이는데 지금의 사람들은 무엇을 준비하고 있는가?

　지금 70세 이상 된 노인들은 본인이 이렇게 오래 살 줄 모르고 무방비로 있다가 춥고 쓸쓸한 노후를 보내는 사람이 점차 늘어나고 있다. 이제야 사회문제로 인식하고 있지만 100세를 준비한 사람들은 그리 많지 않다 특히 70세 이상에서는….

　현재 50대 사람들은 아마도 90세 이상 살 것이고, 지금 태어난 아이들은 100세를 훨씬 넘어 살 것이다.(지구 대 재앙이 일어나지 않는 한) 이렇게 말하는 나 자신도 지금 54세인데 앞으로 40에서 50년을 더 산다고 생각하면 끔찍하다.

　- 언제까지 진료실에서 환자를 진료할 수 있을까?
　- 언제까지 운동을 할 수 있을까?
　- 언제까지 남의 도움 없이 혼자 자립하여 살 수 있을까?

- 언제까지 건강을 유지할 수 있을까?
- 생산적인 일을 하지 못하게 되면 그때는 무엇을 하며 살아야 할까?
- 체력이 다하면 어떤 모습으로 살아 있을까?
- 죽을 때는 어떤 모습으로 세상을 떠날까?
- 그때까지 과연 정신 상태는 바르게 유지할 수 있을까?

점차 80세 이상의 노인환자의 병원 방문이 증가하고 있는데, 그분들이 하시는 말씀, 빨리 죽어야 하는데 죽지도 않고…, 준비 안 된 노후가 힘들어서 하시는 말씀이다.

노년기를 맞이한 국민 대다수의 문제를 짚어보자.

첫째, 퇴직을 한 이후의 경제적인 걱정이 제일이다. 가정을 유지하고 자손들을 돌보느라 일생동안 번 돈을 제대로 써 보지도 못한 채 노인이 된 사람들이 앞으로 또 수십 년을 어떻게 살아가야 할지가 가장 큰 문제다. 30세부터 30년간 경제 활동을 하여 60세가 되었을 때 과연 남은 30년에서 40년을 준비한 사람이 얼마나 될까? 그 나마도 자식 잘 두어 부모님 봉양해주면 좋을 텐데 요즘 세상에 부모 봉양하는 자식이 또 얼마나 될까?

둘째, 노년에 생긴 질병이 그 다음이다.

고혈압, 당뇨, 관절염, 심장병 등으로 하루가 멀다 하고 병원을 드나들고 있는데 이 또한 경제적인 문제와 얽혀있다. 혈압이나 혈당 강하제만 먹으면 되는 환자들이야 활동에 큰 불편이 없지만 합병증이라도 발생하게 되면 정상적인 활동에 제약을 받게 되는데 그 상태로 또 수십 년을 더 살아야 한다면 본인도 문제지만 가족에게도 불편이 발생한다.

육체적인 질병만 문제가 아니라 정신적인 문제도 발생하게 된다. 존재감의 상실, 지나온 인생의 허무감, 사회적 고립으로 인한 우울증 등등….

셋째, 남는 시간을 어떻게 보내느냐이다.

경제 활동을 중단하게 되면 많은 시간이 남는데 그 시간을 보낼 곳이 마땅치 않다. 특히 60대가 더 그런데 70세 이상은 노인대학이라도 가면 되지만 60대는 어중간하여 노인도 아니고 중년도 아닌 그런 입장이 되었기 때문이다.

머지않아 전체 인구의 1/3정도가 노인이 될 것이다. 의사인 내 입장에서 보면 건강을 유지하는 것이 가장 중요하다고 느끼는데 건강해야만 무슨 일이라도 할 수 있을 것이고, 일을 해야 경제적인 고통에서도 벗어나고 나머지 문제도 해결할 수 있기 때문이다.

그런데 현재 행하여지고 있는 의학은 어떠한가? 동, 서양을 막론하고 원인 치료보다는 증상치료에 급급하고, 단지 생명을 유지시키는 방법에만 몰두하여 진정한 건강을 위한 예방의학이 뒷전이 된 것은 비단 우리나라만의 상황은 아니다.

자고로 진정한 명의名醫는 질병에 걸리지 않게 하는 것인데, 현세에는 곪아 터질 때까지 진행된 환자들을 진료하는 의사를 명의라고들 하니 이래서야 어찌 일반인들이 진정한 건강을 얻을 수 있겠는가?

질병을 예방하면 한 해에도 수십조 원씩 들어가는 의료비를 절감하여 경제발전에 투자하거나, 개인 입장에서는 경제적인 여유를 누릴 수 있는데도 전 세계의 의사들이나 정치가, 기업인들은 관심을 기울이지 않으니 안타까운 현실이다.

질병을 예방하는 방법은 과연 없는 것인가? 물론 있다. 질병이 발생하는 원인과 노화의 과정을 알면 간단하다. 현대의학은 질병이 걸린 상태에서 신체변화를 연구하기 때문에 질병을 예방 못하는 것이다. 다시 말하면 환자만을 대상으로 연구하기 때문에 어떤 과정을 거쳐 병이 발생하는지 이유를 모르는 것이다.

스트레스가 만병의 근원이라는 것은 누구나 다 아는 사실이다. 그렇다면 스트레스를 줄이는 방법을 강구하면 되는데 의사들은 스트레스로 인한 각종 질병이 걸린 후에 신경안정제를 투약하거나 기타 약물로 증상을 억누르는 방법으로 치료한다. 과연 그것이 진정한 치료인가?

물론 그 순간 땜질식 진료도 당장 급한 환자 입장에서는 도움이 되겠지만 마냥 신경 안정제나 스테로이드, 기타 독성이 강한 약물을 복용해야 하느냐 말이다. 말하자면 끝이 없다.

현재의 의료보험 체계도 문제다. 질병이 생긴 경우에만 의료보험이 되고 예방적 진료는 보험 혜택을 받지 못한다. 또한 선진국에서는 명상치료가 암 환자를 비롯한 각종 질병 치료와 예방에 활기를 띠고 있지만 우리나라에서는 마치 미신인양 무시하며 의사들조차도 아무런 관심이 없다. 즉 질병예방법에 관심이 없다는 것이 문제점이다. 그나마도 최근에 힐링 바람이 불어 일부 대학병원에서 명상의 의학적 효과에 대해 언급하기 시작한 것은 정말 다행한 일이다.

나 개인적으로는 자세를 바르게 하고, 하루 중에 15~30분 정도 조용히 앉아 명상을 하고, 스트레스로 굳어진 몸을 풀어주는 스트레칭만 규칙적으로 하여도 현재 발생하는 질병의 절반은 예방할 수 있다고 확신한다. 다시 말해 아무리 바빠도 하루에 1시간은 자신의 건강관리를 위해 투자해야 한다.

　모든 환자들이 공통적으로 하는 말이 있다. 너무 바빠서 내 몸 관리할 틈이 없다고, 조용히 이완하는 운동과 자세는 재미없어서 못하겠다고…. 그렇다면 사회적인 분위기 조성이 시급하다고 본다.

　TV에서는 먹고 놀고, 싸우고 고민하고, 아니면 흥미위주의 방송으로 가득 차있다. 국민들 시선에 이렇게 복잡한 세상 속에서 조용히 앉아 명상을 하거나 몸을 이완시키는 운동법을 알려주는 방송은 찾아보기 힘들다.

　교육도 마찬가지다. 최근에는 학교에서 학생들이 나쁜 자세로 앉아도 혼내는 선생님이 드물며, 몸을 이완시키는 준비운동과 마무리 운동을 가르쳐 주는 선생님도 드물다고 한다.

　요새는 국민체조라 하면 학생들은 못 알아듣는다. 새천년체조라 해야 알아듣는데, 그나마도 거의 하지 않는다고 한다. 의사들을 교육시키는 의과대학에서는 질병에 걸리지 않는 방법은 배우지 않고 병에 걸린 환자들의 질병증상을 완화시키는 방법만 가르친다.

　결론 내리자면 그나마 수년 사이에 100세 시대가 곧 온다는 의식들이 많이 생겨서 다행이지만 지금부터라도 고령화 시대에 대비하는 정책의 전환을 해야 하는 시기라고 생각하며, 누구나 얼마든지 건강해 질 수 있다는 자신감을 가지고 국민들 모두가 자신의 가장 소중한 정신과 육체의 건강을 위하여 심도 있게 생각하여야할 때라고 강조한다.

8   서구문명은 의학적인 면에서 실패한 문명이다

　전 세계가 50여 년 전부터 과학의 눈부신 발전으로 현대문명의 혜택을 받아 편안한 세상이 되었다고 생각하며 살고 있지만 그 내면을 보면 인간에게는 해를 끼치는 세상으로 변하고 있다는 것을 알 수 있다.
　물론 의학의 발달로 전염병이 거의 없어지고 암에 걸려도 죽지 않고 살며 자동차, 비행기, 인터넷의 영향으로 전 세계가 하나의 세상으로 변해가기는 하지만 왜 사람들은 행복해지지 않을까?
　진정 현대 문명이 인간에게 이로운 것이라면 그에 비례해서 행복해져야 하는데 자살하는 사람은 점점 늘어가고, 예전에 없던 희한한 괴질은 계속 발생하고 성인병의 발병 연령도 점차 어린아이에게로 낮아지고, 빈부의 차는 예나 지금이나 여전하고, 기아에 굶어죽는 사람도 여전하고 무엇이 진정 인간을 위하는 것인지 모를 정도다.
　과학문명의 발달은 자연 생태계를 파괴하고 지구 온난화로 인한 재앙이 눈앞의 현실로 다가오고 있지만 진정 마음속으로 걱정하는 사람은 찾아보기 힘들고 오히려 그런 사람들을 이상하게 취급하기도 한다.
　의학적으로 질병의 원인을 밝혀내고 치료하는 약제를 수도 없이 개발했지만 근본적으로 병에 걸리지 않게 하는 방법에는 무관심하며 증상치료에만 급급한 것이 현실이다. 특히 다음과 같은 문제점들을 지적할 수 있다.

1) 식사문화

건강하게 살기 위해서는 적절한 영양소섭취와 칼로리가 필수적인데 서구 음식문화는 먹기는 편리하지만 과다 칼로리 섭취로 인한 성인병의 주범으로 이미 인식되었고 이제는 거의 모든 사람들이 전통 한국음식이 웰빙 다이어트라는 것을 알게 되어 천만 다행한 일이다.

2) 의복문화

우리 생활에 필수적인 의복을 보면 기능적이면서 편리한 소재가 엄청나게 개발되어 대부분 유익하지만 몇 가지 의학적으로 지적하고 싶은 것은 남자들의 넥타이 문화와 청바지나 일부 치마같이 꽉 조이는 복장은 뇌로 가는 혈류의 감소와 허리나 골반의 유연성을 제한하여 건강에 해롭다는 것을 지적하고 싶다.

넥타이를 맬 때 오는 뇌 혈류의 감소는 건강과 직접 영향을 주어 만성 두통, 이명, 목이나 어깨 통증, 심할 경우 뇌혈관 질환도 유발할 수 있으며, 하체를 조이는 복장들 또한 요추와 천추 신경이 지배하는 관절에 운동제한을 일으키는데 이 또한 대장이나 방광, 생식기 등의 내부 장기의 건강과도 연관이 깊다는 것을 지적한다.

의복과 더불어 신발 중에 뒤꿈치가 높은 힐 구두를 여성분들이 많이 신는데 뒤꿈치가 들리면 요추관절에 스트레스를 주게 되어 요통과 추간판탈출증을 유발시키며, 발가락이 눌리거나 꺾이게 되어 족저근막염, 아킬레스건염, 망치족, 무지외반증 등의 관절질환을 일으키게 된다.

그러나 우리나라 고유의 전통의상이나 개량한복은 목을 조이는 옷도 없을 뿐 아니라 허리나 골반운동을 억제하지도 않고, 신발 뒷굽이 높지도 않다. 넥타이를 언급했는데, 이미 뇌혈류 감소에 대한 임상결과가 나와 있다면 의사들이 넥타이문화를 없애는데 먼저 앞장서야 한다고 생각한다. 만약 전 의사가 넥타이를 매지 않는다면 아마도 정치권과 기업체에서도 동참할 것이고 전 국민으로 확산되리라 생각한다.

알고도 실행에 옮기지 않는다면 구태여 힘든 공부를 할 필요가 없지 않겠는가? 나도 약 10년 전부터는 20년간 매온 넥타이를 지금까지 매지 않고 있는데 아주 간혹 행사 때문에 매면 목을 조이고 얼굴이 상기되는 답답한 느낌을 매우 강하게 느끼게 된다.

3) 인터넷과 각종 통신문화

1999년 후반부터 가정에 초고속 인터넷이 개통된 지 10년 이상 지났는데 게임기나 인터넷을 할 정도의 나이만 되면(대략 5세 이상) 척추에 측만증이나 회전변형 같은 변형이 오는데(병원을 찾는 환자의 70% 정도를 차지한다) 미국의학을 공부한 한국의사들은 척추 변형의 심각성을 아직 깨닫지 못한 것 같다.

인터넷 인구가 상대적으로 많다는 우리나라에서 먼저 두드러진 현상으로 판단되며 청소년기에 이미 노인성 관절질환들이 급증하고 있어 그 대책이 시급하며 의료진뿐만 아니라 모든 사람들이 각성해야 될 문제다. 최근 2년 전부터 스마트폰까지 등장해서 버스나 지하철을 타 보면 거의 대부분의 사람들이 고개를 푹 숙이고 스마트폰에 열중하고 있으니 그 심각성은 더욱 더 심화되고 있다.

이러한 척추질환은 자율신경계통의 불균형을 초래하여 각종 장기의 질환을 일으켜 전 국민의 건강에 큰 적신호가 되고 있는데도 인간의 건강을 해치는 물질문명을 개발한 사람들은 마치 영웅처럼 대우받고 그것을 만드는 기업체는 국가 전체를 뒤흔들 정도로 거부가 되고 있는 게 지금의 현실이다. 참으로 아이러니다.

4) 운동문화

운동을 하는 국민들의 거의 대부분은 서구스포츠를 하고 있으며 동양스포츠는 가르치는 곳도 별로 없지만 재미가 없어 전혀 활성화가 되지 않고 있으며 그나마 요가가 얼마 전부터 유행을 일으켰지만 실제 지속적으로 하는 사람은 많지 않고 가르치는 선생의 자질 또한 검증이 더 필요한 실정이다.

왜냐하면 요가는 인도의 수행법으로 육체적 동작뿐 아니라 마음수련도 같이 하는 것으로, 적어도 10년 이상 수련한 사람들이 가르쳐야 하는데 현실은 그런 선생을 찾기는 쉽지 않은 게 문제라 할 수 있다.

서구스포츠의 문제점은 첫째, 주로 근력을 기르는 운동으로 힘은 좋아지지만 반대로 관절의 유연성은 감소한다. 힘이 생긴다는 것은 뻣뻣해진다는 의미이고, 부드럽다는 것은 유연하기 때문이다.

둘째, 거의 대부분이 한쪽 팔이나 발을 사용하므로 척추의 균형을 깨뜨려 결국 척추의 변형을 일으키거나, 일부 근육의 발달만 초래하여 전신 근육의 균형적인 발달이 되지 않는 것 또한 문제점이다.

셋째, 바른 자세를 유지하는 운동은 거의 찾아보기 힘들다.

이런 문제점을 보완하기 위해서는 동양의 전통적인 기공Energy Medicine 관련 운동이 균형적인 근육 발달이나 유연성, 바른 자세를 유지하는데 도움이 된다. 다행인 것은 우리나라는 전통 건강기공의 본산지이기 때문에 그나마 명맥을 유지해온 운동들이 있다는 것이 다른 나라보다는 월등한 장점을 가지고 있다. 최근에 국선도나 단전호흡 등 고유의 전통 기공을 동사무소나 문화센터, 구민체육회관 등에서 점차 가르치고 있는 곳이 증가하는 것은 고무적인 일이라 생각한다.

얼마 전부터 미국의사들 사이에서 기공의 효과를 검증하는 논문들이 나오고 있으며 국내에서도 몇몇 대학병원에서 임상실험을 하고 있다니 얼마나 다행인지 모르겠다.

우리나라에는 기공의 본산지답게 여러 형태의 건강기공운동법이 전수되어 내려오고 있는데 그나마 알려진 것들은 국선도나 단전호흡, 선관무, 기천무 등 도인체조법들이 이에 해당한다.

태극권은 근대에 중국에서 시작된 운동이지만 전 세계적으로 이미 많이 알려져 있고 우리나라에서도 많이 알려진 운동법이다. 이왕이면 수천 년 선조들로부터 내려오는 우리나라 고유의 운동법이 더 많이 보급되기를 바라는 바이다.

이제부터라도 우리 고유의 문화를 더욱 체계화시키고 과학적으로 검증하여 우리나라뿐 아니라 전 세계적으로 보급하는 것이 절실한 때라고 생각한다.

이상 간략하게 의사가 보는 현대문명의 문제점을 지적하였는데 현대문명을 무작정 따라가는 것보다는 우리의 전통문화가 진정한 웰빙 문화란 사실에 우리 모두 자긍심을 가지고 앞으로 더욱 체계화시키고, 과학적인 검증을 거쳐 전 세계에 널리 알려야 한다고 굳게 믿어 의심치 않는다.

⑨ 우리 몸의 구조, 척추의 중요성

환자들을 진료하다 보면 너무나 자신의 몸에 대한 정보가 부족하다는 느낌을 항상 받는다. 이번에 간략하게 우리 몸의 구조에 대해 언급 하려한다.

우리 몸은 크게 구분하면 근골격계가 있어 체형을 유지하고, 위나 간, 심장, 폐, 신장같이 신진대사를 담당하는 내부 장기가 있고, 근골격계와 내부 장기를 총괄적으로 조절하는 신경계가 있다. 물론 세부적으로 들어가면 한이 없지만… 대략적으로 그렇다.

대부분의 환자들은 근육은 근육대로, 뼈는 뼈대로, 신경은 신경대로, 혈관은 혈관대로, 각 내부 장기는 각각 따로 작용하는 줄 알고 있다. 만약 어깨가 아프다면 근육의 문제인가요? 관절의 문제인가요? 이렇게 세분화시켜 질문을 한다. 물론 이렇게 된 데는 의사들의 책임이 막중하다. 의사들이 환자에게 설명할 때 너무 세부적인 면에 초점을 두고 진단하고 설명하다 보니 환자들은 우리 몸이 마치 자동차처럼 여러 부속품이 결합된 것으로 오인하고 있는 것이다.

그러나 실제는 그렇지가 않다. 예를 들어 스트레스 하나만 받아도 우리 몸의 모든 장부 및 근골격계의 기능은 떨어지게 된다. 또, 자율신경기능의 저하가 오면 운동신경기능뿐 아니라 감각신경, 관절부의 힘줄이나 근육, 혈액순환까지 몽땅 문제를 일으켜 흔히들 말하는 신경통, 근육통, 담, 결림, 관절염까지 각종 통증을 유발하게 된다. 뿐만 아니라 해당 신경과 혈관이 관계하는 오장육부에까지 영향을 미치게 된다. 즉 모든 기관이 연쇄반응을 하고 상호 연결된 구조물이란 것이다. 물론 의사들은 당연히 이 사실을 알고 있다.

그런데 문제는 앞서 지적하였듯이 너무 세부적으로 공부하고 그것에 초점을 두고 진료하다 보니 막상 환자를 대할 때 종합적인 연관성을 잊어버리게 된 것이다.

그러다 보니 예를 들어 발바닥에 통증이 오는 족저근막염 환자가 오면 체형이나 척추신경의 기능문제는 외면하고 오로지 발만 보고 국소적 원인과 치료방법만을 설명하게 된다.

우리의 발은 뇌신경에서 척추를 거쳐 말초신경을 통해 발에 이르게 된다. 마치 발전소는 우리 집과 멀리 떨어져 있지만 발전소나 중간전기케이블, 가정 내 배전판에 문제가 생겨도 우리가 사용하는 가전제품은 무용지물이 되는 것과 같은 논리가 된다.

물론 음식과도 영향이 있다. 나중에 언급하겠지만 역학을 공부하다보면 음식의 오행과 신경통 및 관절염과도 밀접한 영향이 있음을 알게 된다. 물론 스트레스와 운동습관까지도 연관되어 있고….

그 중에서 척추는 뇌신경으로부터 우리 신체 각 부위에 정보를 전달하는 중간 역할을 담당하는 매우 중요한 장기에 해당한다. 왜

나하면 척추가 휘거나 척추관절의 연골이 손상되면 척추신경의 손상을 초래하여 각종 장기에 혈액공급이 안되어 내과적인 증상뿐 아니라 정형외과적인 증상을 나타내기 때문이다. 그렇다면 척추 안에는 무엇이 있길래 그럴까?

여기에 핵심이 있다. 척수라고도 하며, 영어로는 Spinal Cord라고도 하는데 쉽게 표현하면 뇌신경의 일부가 연결되어 척추강 내로 이어져 내려온 중추신경이다. 바로 뇌신경이라는 뜻이다.(척수=뇌신경)

일반인들이 이해 못하고 알지 못하는 것이 바로 이것이다. 척추를 단지 등뼈, 목뼈, 허리뼈 정도라고 이해하기 때문에 자신의 인체가 어떻게 병들어 가는지를 이해하지 못하는 것이다. 단지 척추에 문제가 생기면 목 디스크나 허리 디스크, 요통, 어깨 통증 정도로만 알고 있는 게 지금의 현실이다.

이렇게 된 것에 대한 책임은 전적으로 의사에게 있다. 의과대학 해부학 시간에 뇌의 중추신경인 척수는 요추 1번까지 내려와 있다고 배운다. 그리고 척수에서 신경뿌리(Root)가 나오고 거기서 여러 신경가지(Branch)가 나와서 우리 몸 전체를 지배하며, 신경에는 운동신경, 감각신경, 자율신경이 있으며 그 중에 자율신경계통에 이상이 오면 교감, 부교감 신경시스템에 불균형을 초래하여 혈액순환 및 호르몬 분비의 장애를 일으키며 그것으로 말미암아 여러 형태의 질병을 발생시킨다고 배웠다.

그런데 현재의 임상가들은 원론적인 뿌리는 망각한 채 눈에 보이는 증상에만 초점을 두고 환자를 진료하고, 내과 교과서에는 심장이 나쁘면 등판에 방사통이 생길 수 있다고 하는데 사실은 경추와 흉추에 문제가 생기면 심장병이 생긴다는 사실을 망각하고 있는 게 지금의 현실이다. 다시 말해 뿌리를 우선하지 않고 가지를 보고 접근하고 있는 것이 지금의 의학인 것이다. 따라서 뿌리를 알면 어떤 가지에 질병이 생기는지를 알 수 있고 가지의 증상을 보고도 뿌리의 상태를 미루어 짐작이 가능한 것이다.

예를 들어 4, 5번 손가락에 통증이나 저림이 오면 심혈관계에 문제가 있다는 것을 알 수 있는데 정형외과의사나 내과의사는 별개로 취급하고 있는 것이 현재의 실정이다. 하물며 교과서에도 이런 사실이 누락되어 있다. 이런 예는 이루 다 말할 수 없을 정도다.

하나만 더 예를 들면 최근 후두골에 두통이 있고, 눈이 침침하고, 턱관절에 통증이 오고, 귀에서 이명이 들리는 환자들이 엄청나게 급증하고 있으며, 이 병원 저 병원을 전전 긍긍하고 MRI 사진을 찍어 보아도 아무런 이상 없다는 말만 듣고 정확한 원인에 대한 설명은 못들은 채 방황하는 환자들이 엄청 많은데 그것에 대한 해답이 바로 척추에 있다.

경추 1, 2, 3, 4번 신경뿌리는 바로 뇌신경과 연결되어 후두골 두피와 안면신경과 통하기 때문에 자세가 나쁘거나 정신적 스트레스를 받으면 경추부(목 뒷부분)가 뻣뻣해지면서 경추 안에 있는 척수신경에 압박을 가하여 상기 언급한 증상이 발현된다. 이때 경추부위를 물리치료하거나 IMS신경자극 요법을 시행하면 바로 증상을 완화시킬 수 있다.

많은 의사들과 수많은 환자들에게 강조하고 또 강조해도 척추 안에 있는 척수가 뇌신경이라는 사실에 쉽게 동의하지 않고 우리의 신체에 나타나는 질병들이 척추와 관련 없는 각각의 병이라고 착각들을 하고 있다. 의사들마저 그런데 하물며 환자들이 어찌 알겠는가? IMS 학회에서는 수만 명의 의사들에게 강의를 하였고 지금도 강의가 계속 되지만 의사들의 고정관념은 바뀌지 않는 게 안타깝다.

아마도 척추관리만 잘하여도 인류에게 생기는 질병의 1/3은 예방하고 치료할 수 있을 것이다. 우리가 머리는 뇌를 보호하는 중요한 부위로 소중히 여기지만 척추는 단지 뼈라고만 이해하여 너무나도 무시하고 관리를 소홀히 하는데 지금 이 순간부터라도 척수가 뇌신경이라는 사실을 이해하고 척추는 모든 신체부위를 조절하는 매우 중요한 기관임을 인식해서 앞서 수도 없이 강조한 바른 자세와 균형체조를 규칙적으로 하여 우리 신체에서 가장 소중한 척추의 관리에 투자를 해야 할 것이다.

아래 그림은 우리 신체의 신경 지배를 그린 사진이다. 왼쪽에 길게 내려와 있는 것이 바로 척추신경이고 오른쪽 그림은 운동신경, 감각신경, 자율신경의 분포를 나타낸다.

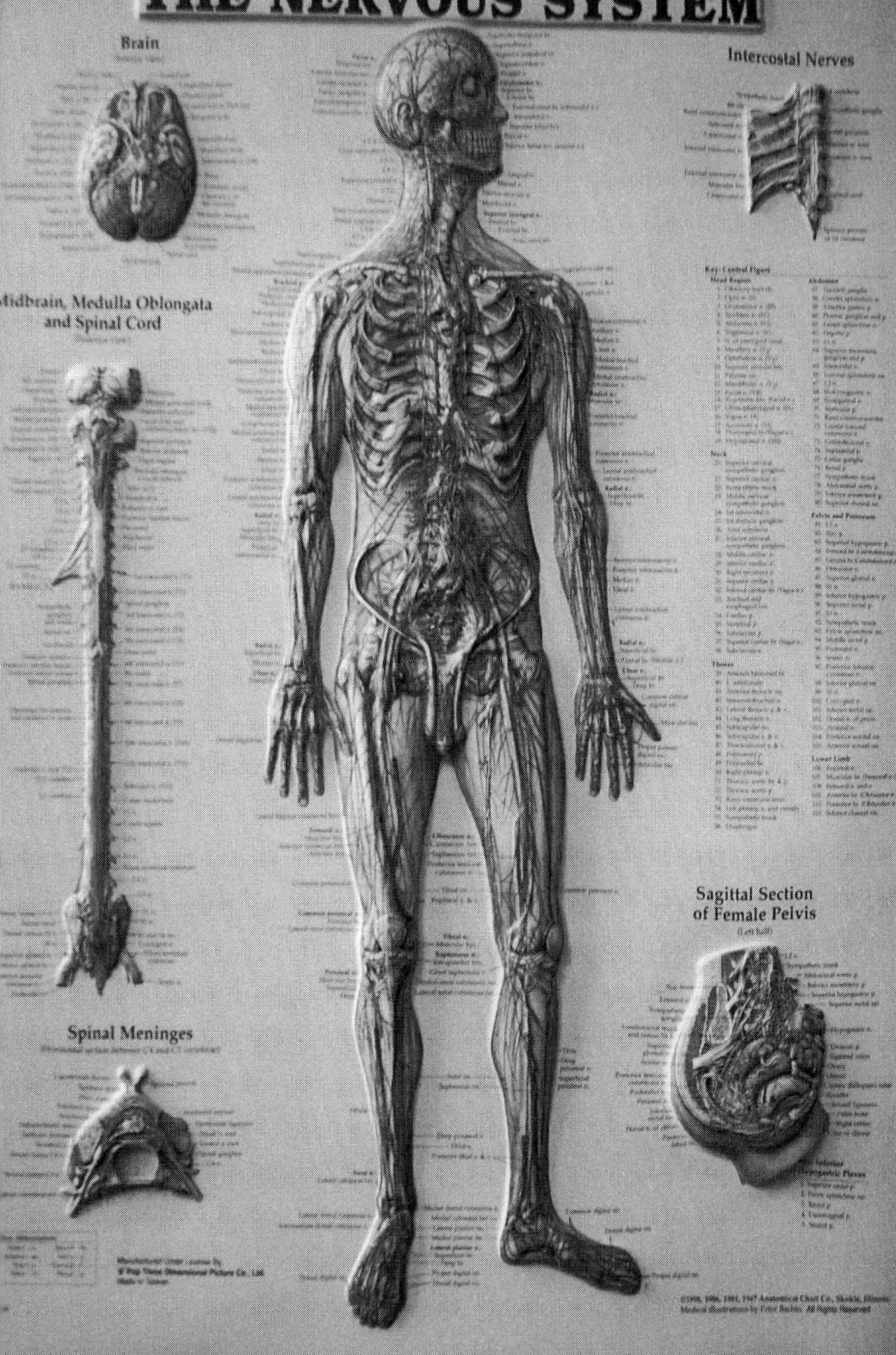

⑩ 우리 몸의 의학적 평가방법

우리 몸을 쉽고도 정확하게 평가하는 방법은 없을까? 의사들뿐만 아니라 일반 환자 입장에서도 가장 관심 있는 분야다. 대체로 자신의 몸 중에 어디에 문제가 있는지는 자신이 가장 잘 알고 있다. 소화가 잘 안된다던가, 특정 맛이 나는 음식은 특히 더 소화를 시키지 못한다던가, 허리부분이 아프거나 특정 관절부위가 아프거나, 피부가 예민하다던가, 기관지를 포함한 호흡기계통이 취약하다든가 등등…, 조금만 관심을 가지고 몸을 살펴보면 금방 알 수 있다.

어떤 증상이 있을 때 병원을 찾아 진단을 받고 치료를 받으면 어느 정도 증상은 호전되지만, 만성질환이나 난치성 질환은 평생 약을 먹으며 관리해야 한다는 말을 들을 것이다. 즉 병을 완치시키는 처방을 받지 못하는 게 대부분일 것이다. 오로지 순간 증상을 조금 완화시키는 진료만 받는다는 것이다.

그 이유에 대해서는 앞서도 조금 언급한 바 있지만, 현재 의료계의 질병을 대하는 시각과 교육에 문제가 있고 더불어 국가 정책도 문제가 있다. 더 중요한 것은 현대과학의 눈높이가 50점 정도에 머물러 있다는 것이다.

그렇다면 왜 병원에서는 병을 완치시키는 처방을 받지 못하는 걸까? 서두에 언급했듯이 현대과학은 반쪽자리 의학이기 때문이다. 그 이유를 이해하기 위하여 의학의 역사를 잠깐 언급해야 된다. 의학은 전통의학과 현대의학으로 구분할 수 있는데 현대의학이란 과학문명이 발달하면서 현미경, 청진기, 방사선촬영, 혈액검사 등 과학적 근거와 통계에 근거한 의학을 말한다.

여기서 말하는 과학이란 1+1=2가 되듯이 눈으로 볼 수 있거나, 수학적 논리에 적합하다는 말이다. 또한 공장에서 일정한 약제성분을 균일하게 공정 처리하여 생산하기 시작한 때부터 현대의학이라고 불리는 것이다.

즉 규격화된 진단장비나 치료약제를 사용하는 것을 현대의학이라 부르는 것이다. 방사선 발명이 1900년경이고 페니실린발명이 1928년이니까 대략 100년의 역사를 가진 것이 현대의학인 것이다.

그렇다면 그 이전에는 의학이 없었을까? 인류의 역사만큼이나 전통의학은 장고한 역사를 가지고 있다. 최근 대체의학, 전통의학, 민간의학, 한의학 이라고 하는 것이 모두 여기에 속하는 것이다. 우리나라의 역사가 단군왕조부터라면 약 5000년이 될 것이고 그 이전 배달민족까지 올라가면 1만년의 역사가 된다. 실로 엄청난 역사라 할 수 있다.

그러면 전통의학과 현대 의학의 차이점은 무엇일까? 가장 큰 차이점은 진단방법의 차이라할 수 있는데 현대의학에서도 진단 장비를 사용하지 않고 진찰하는 방법에는 말로 물어보는 문진, 눈으로 보는 시진, 손으로 만져보는 촉진이 있는데 이것은 전통의학과 동일하다. 그러나 접근하는 개념에서 확연한 차이를 보이는데 한의학에서는 음양오행적으로 인체를 분석하는 개념인데, 현대의학은 해부학적 생리학적 개념으로 접근하는 것이 다른 점이다.

즉, 한의학은 음양, 허실, 한열이라는 잣대로 인체를 분석하고, 현대의학은 신경이나 장부의 해부학적 위치에 따라 진찰을 하게 된다.

일부 중복되는 점이 있으나 대략 그 정도의 차이가 있는 것이다.

치료에 있어서는 규격화 되었느냐 아니냐의 차이와 약제를 직접 사용하느냐 아니면 화학적으로 추출해서 사용하느냐의 차이 일뿐 치료 개념은 거의 동일하다고 볼 수 있다.

자극요법에서는 한방은 침으로 경락이나 경혈점을 치료하지만, 현대의학은 말초신경이나 척추신경을 자극하는 것으로 방법론에서는 유사하다고 볼 수 있다.

총결하면 인체의 상태를 분석하는 기준 잣대가 다를 뿐 진단하는 방법이나 치료방법에는 별 다른 차이가 없는 것이다. 당연한 것은 어차피 인체의 상태를 진단하고 치료하는 것인데, 문명의 발달로 좀 더 규격화 되고 가시적이고 반복효과가 더욱 높아진 것이지 갑자기 엉뚱한 의학이 발생한 것은 아닌 것이다.

그래서 전 세계의 모든 국가가 전통의학과 현대의학을 병용하는 것인데 이상하게도 유독 우리나라만이 따로국밥식으로 각각 다르게 취급되고 있는 현실이다.

태반요법 하나만 예를 들어도 그러하다. 일본, 중국, 한국 이 3국에서는 수천 년 전부터 인간의 태반을 약제로 사용해왔다. 그러다 약 60년 전부터 일본에서 태반성분을 과학적으로 추출하여 사용하기 시작하였고 우리나라에서는 양의사는 주사 앰풀로 사용하고 한의사는 기존의 분말 형태로 사용하고 있다.

분말이면 한약이고 주사제로 만들면 양약이 되는 것이다. 아이들 장난 같지 않은가? 진통소염제 역시 몇몇 제약회사에서 생약성분을 그대로 추출하여 캡슐로 시판하는데 이것은 양약으로 취급되어 의료보험에 등재 되어 양의사들이 처방하고 있는 실정이다.
　한의학의 기본인 역학을 공부해 보면 유용한 개념들이 실로 엄청나게 있는데 그중에 가장 빨리 현실화 시켜야할 것이 음양오행체질론과 오행의 허실에 따른 음식처방이다.
　체질론을 활용하면 난치병의 예견이 가능하고 음식처방으로 난치병의 치료에도 도움이 많이 될 것이라 생각한다. 그래서 어서 의료일원화가 이루어져야 한다고 생각하는 것이다.
　그러면 한의학과 서양의학의 문제점은 무엇일까? 한의학의 기초는 음양오행학인데 이것을 공부하기가 참으로 시간도 많이 걸리고 이해하기가 힘들다는 점이다. 현대인으로 태어나 현대문명 속에 사는 사람이 갑자기 철학적인 개념을 이해하고 받아들이기가 나도 10년 공부에 이제 조금 눈이 떠지기 시작했으니 말이다. 물론 개념을 정확히 습득한 사람에게 배운다면 절반 정도로 줄일 수는 있을 것이다.
　사정이 이러하니 한의과대학 6년 과정에서 동양 음양오행사상을 가르칠 형편도 못되고 제대로 가르칠 사람도 부족한 것이 현실적 문제다. 기초를 이해하지 못하고 동의보감을 외워봐야 환자에게 적용이 불가능하기 때문이다.
　서양의학은 사정이 어떤가? 눈에 보이는 것만 다루는 한계성이 있는데도 자신의 학문만이 정통이고 전통의학은 사이비라는 오만함으로 현대과학이 밝혀내지 못한 분야를 연구하지는 않고 오진과 엉뚱한 진료를 함으로써 각종 부작용으로 시달리는 환자만 늘어나는 실정이다.

그렇다면 가장 좋은 평가방법은 무엇인가? 현대과학이 눈에 보이지 않는 또 다른 3차원의 세상(음의 세계)을 밝혀 낼 동안 이미 선조들이 만들어 놓은 동양철학 사상을 현대의학(양의 세계)과 접목하여 사용하는 것이 가장 바람직하다고 생각한다. 그러기 위해 조속한 시일 내에 양한방을 합치고, 보다 체계적인 동양철학이론을 가르치고 현실적으로 가장 무난하고 현실적인 방법을 찾아내고 개발하여 사용하는 수밖에 없을 것 같다.

⑪ 건강상태 자가진단 방법

개인이 스스로 자신의 건강상태를 진찰하는 방법은 어떤 것이 있을까? 먼저 관절건강과 전신건강으로 나누어 생각해보면 전신건강의 3대 요소는 음식, 운동, 마음이 되고 관절건강의 3대 요소는 자세, 유연성, 근력이라고 할 수 있다.

1) 전신건강 자가 진단법

(1) 음식

시고, 쓰고, 떫고, 달고, 맵고, 짠 맛의 음식 중에 어느 하나라도 먹으면 몸이 불편하거나, 의식적으로 입맛이 맞지 않아 멀리하는 사람은 체질에 문제가 있거나, 질병에 노출된 사람이다. 만약 두

가지 이상이라면 심각한 문제를 지니고 있는 사람이다.

(2) 운동
균형체조, 유연성 운동, 근력강화 운동을 골고루 하지 않고 어느 한 가지 운동만 한다던가, 운동을 전혀 안하는 사람은 관절 및 심폐기능에 문제가 있을 가능성이 많다.

(3) 마음
일주일에 하루 이상 스트레스로 힘들어 하는 사람은 스트레스로 인한 질병 노출의 위험이 있는 사람이다.

2) 관절건강 자가 진단법

(1) 몸의 균형을 검사해 본다(자세)
거울을 보고 좌우 눈썹의 높이가 평행인가?
좌우 어깨 높이가 평행인가?
신발의 좌우가 닳는 정도가 똑 같은가?
발바닥에 티눈 같은 굳은살이 생겼는가?
무릎을 구부리고 누웠을 때 좌우 무릎의 높이가 같은가?
만약 이런 검사 상에 비대칭이거나 증상이 나온다면 이 사람은 척추가 비틀리거나 골반이 틀어져 자세에 문제가 있는 것이다.

(2) 유연성 검사

의자에 앉아서 무릎을 다 펴고 한쪽 다리를 들었을 때 90도 각도가 나오는가?
서서 허리를 구부렸을 때 양 손바닥이 땅에 닿는가?
서서 양손바닥을 전방을 향하고 좌우로 허리를 돌렸을 때 손바닥이 90도 이상 회전하는가?
서서 양손바닥을 붙이고 쭉 위로 펼친 상태에서 몸통을 옆으로 구부렸을 때 45도 이상 각도가 나오는가?
각도의 제한이 있다면 척추관절의 유연성에 문제가 있는 것이다.

(3) 근력검사

상지근육 : 팔굽혀 펴기 10회 가능한가?
하지근육 : 45도 기마서기 5분 이상 가능한가?
복근력 : 윗몸 일으키기 30회 가능한가?
등배근력 : 엎드려 열중쉬어 자세로 상체 들기 10회 가능한가?
부족하다면 근력에 문제가 있는 것이다.
이상과 같은 간단한 검사로 자신의 건강 상태를 간접적으로 알 수 있으며, 부족한 사람은 조화로운 몸을 만드는데 신경을 써야 한다.

12 기(氣, Energy)의 관점에서 보는 척추의 중요성

기氣란 무엇일까?

현대 과학이 엄청난 속도로 발달하여 우주선을 날리는 시대가 왔지만 기를 측정하는 방법은 아직도 개발되지 못했다.(물론 수많은 과학자들이 기 측정법을 연구하고 있지만….)

동양철학을 연구하는 사람이나 기공전문가들은 이 세상의 모든 물체의 근원은 기氣라고 말한다. 기氣라는 단어는 우리 생활에서 수도 없이 많이 쓰여 진다. 예를 들면 기가 잘 통하지 않는다, 기를 살려줘야 한다, 기를 모아 주자, 기가 빠졌다, 기운이 없다 등등….

그러나 기氣의 중요성에 대해서는 무관심하여 기를 보존하고 증강시키는 노력들은 거의 하지 않고 오로지 기를 소모하는 데만 열중하는 사람들이 대부분이다. 인간의 건강을 책임진다는 의사들조차 기氣라는 단어를 불신하고 관심도 없다. 왜 그럴까? 유독 한국과 미국 의사들이 더 심한데 그 이유는 한국의 양의사들은 미국 교과서를 가지고 공부하고, 미국 교과서에는 기氣라는 개념이 전무全無하고, 100년 안팎의 짧은 현대의학이 마치 대부분의 의학을 정복했다고 착각하고 있기 때문이다.

개인적으로 기氣를 체험하고 중요성을 느끼기 시작한 때는 2003년 선관무라는 불교무술을 시작하고 6개월 정도 됐을 때 어느 날 산중턱에 있는 골프장에 가서 산을 바라보는 순간 내 몸에 어떤 묘한 기운이 스며드는 느낌을 받았고 그날 몸의 컨디션은 최상이었다. 그 뒤로 기에 관심을 가져 기공대학원에 가서 기란 무엇인가 공부도 하고 기 수련도 해 보았다. 결국 선관무라는 무술도 사람의 기를 살려주는 운동이란 걸 알았고, 기를 수련하는 방법은 여러 가지가 있음을 알게 되었다.

기氣란 과연 무엇일까? 영어로 말하면 Energy라고 할 수 있는데, 현대과학이 아직 실체를 증명해 보이지 못한 미세소립자로 이루어진 물질인 것이다.

우주창조의 과정에서 눈에 보이는 물질과 보이지 않는 반물질로 나뉘어졌다고 하는데 기氣라는 것은 이런 반물질에 해당할 것으로 추측되는 것이다. 따라서 많은 과학자들이 실험하고 연구하고 있는데, 아직은 아쉽게도 밝혀내지 못하고 있는 실정이다.

최근 이 분야의 연구 업적이 하나씩 발표되는 것으로 보아 아마도 10년 안에는 밝혀질 것이고 그 이후에 이글을 읽는 사람들은 예전에는 기氣를 모르고 살았던 시절이 있었구나 할 것이다. 우리는 항상 지금 알고 있는 지식이 모두 진실이라고 생각하지 말고 항상 미래에 또 다른 사실이 밝혀질 수 있다는 겸허한 마음으로 살아야 한다.

현재에도 각종 기공법들을 수련하는 기관들이 존재하고 그 역사는 무려 수천 년 이상 전해 내려오는 것이다. 한의학에서도 이러한 기를 중요시하고 있고…, 기공수련법에는 어떤 것들이 있을까? 우리나라에서는 신선도 또는 선도仙道라고도 하는데, 아마도 단군시대부터 내려오는 전통 수련법으로 현세에서는 단전호흡, 국선도로 알려져 있다.

또한 불가에서 불가기공이 있으며, 도가에서 행하는 도가기공, 또한 전통의학자들이 행하는 의가기공, 유가에서 하는 기공 등등이 존재하는 것으로 알고 있다. 각각의 동작들을 살펴보면 동일하거나 유사한 동작들이 많이 중복되며, 그 이론적 배경에는 자연의 이치나 종교적인 색체를 띠기도 한다. 그러나 근본 사상이나 이론적 배경은 무無에서 유有가 생겨나고 결국엔 다시 무無로 돌아가고, 그 과정 중에 음양의 흐름이 조화로워야 한다는 역易의 이론이 그 주춧돌이 된다.

단어만 서로 다르게 사용하는데 선가나 도가에서는 신神이라는 무無에서 기氣가 생겨나고 눈에 보이는 정精이라는 유有를 상징하는 단어를 사용한다. 흔히들 말하는 정기신精氣神이 그것이다. 이런 기공수련은 몸과 마음의 평화롭고 조화로움을 가장 중요시한다. 따라서 섭생의 개념은 빠져 있다.

기공학파에서는 기氣가 흐르는 길이 있다고 한다. 한의학에서 말하는 12경락과 기경팔맥이 그것인데, 최근 그 실체가 밝혀지고 있어 의학자로서 많은 기대감을 가지고 있는 것이다.

개인적인 생각으로는 신경계가 양陽의 세계라면 경락이나 경혈은 음陰의 세계라 보고 있다. 우주 대자연의 음양의 존재는 과학이 발전하면서 점점 밝혀지고 있는데, 5000여 년 전 역易에서는 우주의 최소 구성단위를 음양으로 정의했었다. 1932년 전까지만 하여도 전자는 음전기를 띠고 있는 줄만 알았지 양전기를 띠는 양전자가 있다는 것은 몰랐던 것이다.

지금에야 다 아는 사실이지만…, 이와 같이 말도 많은 경락이 머지않아 밝혀진다면 지금 동양의학을 무시하는 양의사들은 어떻게 될까?

따라서 신경계와 경락계는 상호 보완하는 관계이지, 어느 것은 옳고 어느 것은 틀리고의 문제가 아니다. 현대에 존재하는 의사들은 이 점을 확실히 인지하고 지금부터라도 인식의 전환을 해야 한다. 이런 기가 흐르는 길 중에 척추는 독맥이라 하여 그 옆으로는 방광경이 지나게 되고, 복부 전방 중앙선으로는 임맥이라는 경락이 흐르게 된다. 여기서 임맥과 독맥을 소주천, 나머지 경락이 흐르는 길을 대주천이라는 단어를 쓰고 있는 것이다.

또한 소주천(小周天)을 가장 기공수련의 으뜸으로 여기는데, 척추가 의학적으로 중요한 이유가 바로 이 소주천과의 연관성이 가장 크기 때문인 것이다.

다시 말해 건강의 핵심은 척추에 있다고 해도 과언이 아닌데 기공학에서도 소주천을 기의 중심으로 여기고 있다.

기공수련에서는 이 소주천과 대주천을 뚫고 기를 순환시킬 수 있다면 신선이 되거나 불가에서 말하는 부처가 될 수 있다고도 하는 것이다. 그래서 척추가 건강하다면 건강의 절반은 해결한 것이라 할 수 있는 것이다. 안타까운 현실은 현대의학에서는 아직 과학적으로 밝혀지지 않았다는 이유로 척추수술을 엄청나게 남용하고 있는 것이다.

현재 수많은 사람들이 척추수술을 받는데 나 개인적으로는 척추수술은 최후의 보류로 남겨야 하며 일반적인 추간판탈출증이나, 협착증을 수술하는 것은 절대 반대하는 것도 이런 이유 때문이다.

허리 수술을 받은 사람들의 공통 증상은 기운을 제대로 쓰지 못하는데 현대 과학이 아직 미흡하여 증명이 되지 않았을 뿐 임상적으로 보면 아주 흔히 볼 수 있으며, 척추 수술이 병을 완치시키는 개념이 아니기 때문에 반드시 후유증이 생기고 재발될 수 있다는 것을 알아야 한다.

기氣가 소진되었을 때 가장 먼저 느끼는 증상은 입에 침이 마르고, 피로감이 먼저 나오는데 이러한 증상이 있으면 내 몸의 기氣가 부족해졌다고 알고 기氣를 보충해야 한다.

현대 의학을 공부하고 기공무술을 수련하는 입장에서 보면 기를 측정하는 방법이 나오고 기氣의 중요성이 과학적으로 입증될 때까지 수천 년 동안 내려온 이런 개념을 무작정 무시해서도 안 되며 이것을 무시하는 의료행위를 마냥 해서도 안 된다는 입장이다.

기氣라는 것이 우리 눈에 보이지 않는다고 하지만 기가 빠진 사람과 기가 충만한 사람을 보면 일반 사람들도 그 정도는 감별할 수 있다. 이렇게 우리 눈으로 확연히 볼 수 있는 것을 과학이 밝혀내지 못했다는 이유 하나만으로 무시해도 될 것인가?

물론 기공가들은 사람이나 사물의 기를 눈으로 볼 수도 있고 느낄 수도 있다. 흔히들 어떤 사람에게는 아우라가 느껴진다, 혹은 포스가 느껴진다고 하는데 이것이 다 기가 있기 때문이다. 보통사람들도 유심히 사람을 바라보고 있으면 아우라가 보인다.

신체와 공간이 만나는 경계선 부위, 특히 머리와 그 위를 유심히 바라보면 기의 실체를 눈으로 볼 수 있다. 따라서 무림 고수들은 서로 싸우지 않고 상대방을 바라보기만 해도 자신보다 고수인지, 하수인지 알 수 있는 것이다.

건강한 사람들은 아주 맑고 예쁜 은빛색깔이나 하얀색으로 보이고, 기공수련이 충만한 사람은 황금색 아우라가 보이기도 한다. 반대로 건강에 문제가 있는 사람은 탁한 회색으로 보이고 아주 심한 사람은 검게도 보인다. 아무튼 기氣라는 존재가 있다는 전제하에 이 글을 읽어주면 좋겠다.

따라서 눈에 보이는 신경만 보고 그것만 해결하면 다 해결될 거라는 관점으로 척추수술을 한다면 결국 눈에 보이지 않는, 아직 과학적으로 밝혀지지 않은 물질의 흐름을 저해하는 합병증을 피하기 어려울 것이다.

척추란 뇌신경을 말초기관으로 전달하는 아주 중요한 척추신경을 보호할 뿐 아니라, 기가 흐르는 통로이자 경락의 중심이 된다는 점을 인식하고 척추의 관리에 좀 더 신경을 기울여야 한다.

여기서 기를 살리고 보존하는 가장 간단한 방법을 소개하면 자세를 항상 바르게 하는 것이다. 자세만 바르게 하여도 척추 안의 중추신경 기능이 개선 될 뿐만 아니라 기의 흐름도 원활해진다.

그리고 누차 언급한 올바른 운동과 섭생, 그리고 마음조절로 척추를 보존하고 건강한 삶을 영위할 수 있을 것이다.

⑬ 인체에 질병이 생기는 과정 : 척추중심으로 접근

　인간은 어머니로부터 오염되지 않고 원기충만한 상태로 세상에 태어나지만 출생 순간부터 대기오염과 외부 스트레스를 받으며 우리의 신체는 병들기 시작하고, 유전적인 결함이나 선천적 질병이 없다면 외부 스트레스(소음, 대기오염, 인스턴트 음식, 대인관계)로부터 적응하며 또한 여러 해독과정을 거쳐 몸을 정화하며 살게 된다.
　대부분 25세까지는 신체 내에서 재생능력이 뛰어나 건강을 잘 유지하나 25세 이후부터는 재생능력이 떨어지면서 노화의 과정으로 진행하게 된다.
　안타깝게도 현대문명이 발달할수록 첫째, 운동량이 줄어들어 사용 안 하는 관절은 점점 더 굳어가고, 둘째, 컴퓨터와 스마트폰의 보급으로 바른 자세를 유지하는 사람의 수는 급격히 줄어 최근에는 10세 미만의 어린이도 척추가 바른 경우를 찾아보기 힘들 정도다. 셋째, 수많은 정보와 경쟁으로 인한 정신적인 스트레스가 늘어나 자기 자신을 돌볼 수 있는 여유는 점점 줄어가고 있는 게 현실이다. 또한 인스턴트 음식과 칼로리 과다로 인한 비만, 필수 영양소 부족으로 인한 유해산소 누적 또한 모든 질병의 원인이 되고 있다.
　자세나 운동, 정신적 스트레스, 섭생의 문제로 요약할 수 있다.(병이 생기는 기전을 신경계통 위주로 설명을 하면)

　1) 나쁜 자세를 지속하면 척추가 한쪽으로 회전변형을 일으키거나 측만증이라 불리는 옆으로 휘기도 한다. 이렇게 되면 뇌에서 척추로

가는 척추신경의 전달 속도가 늦어져 신경기능이 떨어지며 우리 신체는 뇌신경의 지배를 받아 움직이므로 신체 모든 기관 즉 뼈, 관절, 근육, 혈관, 5장6부라 하는 뱃속장기의 기능이 저하되는 것은 자명해진다.

 결과적으로 근육이 뭉치게 되고 혈액순환도 저하되어 흔히 담이라 불리는 근육통을 비롯한 손발 저림, 추간판탈출증, 관절염 등등 척추 및 사지의 모든 기관에 병이 생기게 되고 뱃속 장기에도 내과적인 질병이 생기게 되는 것이다.

 신경통이 즉 내과적인 질병과 직결된다는 뜻이다. 척추 뼈 속에는 우리 몸을 조절하는 모든 신경의 뿌리가 다 존재하는데, 일반인들은 척추를 단순히 몸을 지탱하는 뼈라고만 생각하고 척추의 중요성이 너무나 천대받고 있는 게 현실이다.

 2) 운동부족 및 부적절한 운동. 평상시 전신근육을 사용하는 운동을 안 하게 되면 결국 걷거나 뛰는 운동 외에는 하는 게 없어 주로 굴곡근만 사용하게 되고 신전근은 사용하지 않게 되고, 운동을 하더라도 전신근육을 풀어주지 않고 테니스, 배드민턴, 골프, 볼링 같은 한쪽 방향으로만 근육을 사용하는 운동을 하게 되면 척추가 뒤틀리게 되어 1번에서 기술한 대로 신체에 이상이 생기게 된다.

 다시 말해 음식도 골고루 먹어야 건강하듯이 운동도 전신근육을 골고루 사용하는 운동이 몸에 좋은 운동법이 된다. 물론 운동습관이 잘못된 경우는 안하는 사람보다 습관만 고치면 더 쉽게 치료가 된다.

3) 스트레스

우리 신체에는 자율신경이 있는데 교감신경은 신체기관을 긴장시키는 역할을 하여 근육에 힘이 들어가거나 내장으로 가는 혈관을 수축시키며, 부교감신경은 긴장을 이완하는 역할을 하여 근육을 풀어주며 정신적인 안정감, 내장으로 가는 혈액순환을 촉진시킨다. 이렇게 우리 몸은 자율신경시스템에 의해 밸런스를 유지하게 되는데 스트레스를 받게 되면 교감신경이 항진되어 자율신경의 불균형을 초래하여 근, 골격계 기관을 뭉치게 하고 각종 내과질환을 유발시키게 되는 것이다. 반대로 적절한 신체의 자극 없이 늘어지기만 하면 교감신경기능이 감소되어 자율신경의 부조화를 초래하기도 한다.

자율신경은 우리의 의지와 관계없이 우리 몸의 항상성을 유지하는 아주 중요한 신경시스템이다. 따라서 자율신경관리 역시 건강을 유지하기 위한 매우 중요한 것이다.

4) 영양의 불균형

필수 비타민과 미네랄은 우리 몸 안에서 생성하지 못하고 꼭 외부로부터 섭취해야 하는 영양소다. 그러나 하루 3끼 중에 필수 영양소를 골고루 다 섭취하기란 쉽지 않다. 이렇게 필수 영양소가 부족하게 되면 우리 몸 안에 유해산소가 증가하게 되어 정상세포를 끊임없이 공격하고 암세포로도 변화를 일으키게 된다.

또한 시고 쓰고 떫고 달고 맵고 짠 음식을 골고루 먹어야 하는데 신 거 먹으면 위장을 약하게 하고 짠 거 먹으면 고혈압과 위암이 생기고, 단거 먹으면 당뇨병이 걸린다고 개개인의 체질을 무시한 단순 무식한 정보들이 국민들을 질병에 노출시키고 있다.

　우리 몸속에는 적절한 소금(염화나트륨)도 필요하고, 에너지원으로 쓰이는 당분도 필요하고, 호흡기와 피부기능을 촉진하는 매운맛 음식도 필요하다.

　그런데 고혈압에 걸리면 짠 거 먹지 말라고 하여 전혀 안 먹으면 우리 몸의 염화나트륨 농도(0.9%)가 떨어지게 되어 신진대사가 원활하지 못하게 되어 체내 노폐물이 축적되고 이것이 독소로 변하여 심장과 신장의 기능이 오히려 감소하게 되는 부작용을 초래하여 병을 더 키우는 결과가 오게 된다.

　위에서 언급했듯이 척추신경이나 자율신경에 문제가 생길 때 나타나는 질환을 살펴보면 첫째, 경추에 이상이 오면 두통, 눈이 침침하고, 눈꺼풀이 떨리기도 하고, 침이 마르고, 턱관절염, 경추부와 어깨, 앞가슴까지 통증이오고 심해지면 목 디스크가 되며, 테니스엘보우, 손목건막염, 오십견, 그리고 손가락마디에 관절염이 오기도 한다. 주로 머리와 안면부위, 그리고 상지에 신경통과 기능이상을 초래하고 심장과 폐에도 영향을 미치게 된다.

　둘째, 흉추에 이상이 오면, 흉추1~5번에 이상 시에는 폐와 심장 질환이 오고, 흉추 6~9번에 이상 시에는 위, 간, 췌장질환이 오며, 흉추10번부터 제2요추에 이상 시에는 신장, 대, 소장에 질환이 생기게 된다.

　셋째, 요추에서는 흉추 말단부와 겹치는 질환이 나오게 되며 허리 디스크, 슬관절염, 족저근막염, 고관절 무혈성괴사, 아킬레스건염, 무지외반증, 내향성발톱 등 하지에 생기는 모든 관절질환이 요추와 관련되어 있다고 보면 되며, 요추하부와 천추신경에 이상이 오면 방광과 생식기에도 기능이상을 초래하게 된다.

이렇게 우리의 척추는 우리의 전신을 조절하여 건강을 지켜주기도 하지만 일단 망가지면 신체 모두를 병들게 하는 가장 중요한 기관인 것이다. 따라서 척추관리만 잘하여도 섭생을 제외한 인체 건강의 절반을 지킬 수 있다고 할 수 있는 것이다.

실제 임상에서도 척추부위를 집중적으로 치료하거나, 척추마사지 운동을 해보면 관절신경통뿐만 아니라 내부 장기의 기능까지도 좋아지는 것을 경험할 수 있다.

14 이제는 부교감신경을 살려야 건강해진다

우리 신체를 지배하는 신경시스템은 중추신경, 말초신경, 자율신경으로 크게 구분되며, 또한 말초신경은 뇌신경, 척수신경, 자율신경으로 구분이 된다. (말초신경=중추신경과 신체 말초부를 연결하는 신경)

척수신경은 감각신경과 운동신경으로 또 나누어지며, 자율신경은 교감신경과 부교감신경으로 나누어진다.

1) 교감신경의 작용(음양론의 양陽에 해당)

신체의 비상사태에 대하여 대처하는 기능으로 심장박동을 증가시키고, 피부와 내장의 혈관을 수축시키며, 골격근의 혈관을 이완시켜 혈압을 상승시킨다. 동공을 확대시키고, 기관지나 내장근육의 수축을 억제하고, 괄약근을 수축시키고, 땀이 나도록한다. 즉 긴장, 투쟁, 활동, 스트레스를 유발하는 신경계이다.

음양론에서는 양陽에 해당하므로 활동적이고 기운을 펼쳐내고, 어려움을 뚫고 일어서며, 밝고 가볍고 새로운 것을 창조해내는 에너지로 보면 된다. 오행으로는 목木과 화火에 해당한다.

2) 부교감신경의 작용(음양론의 음陰에 해당)
에너지를 보존하고 저장하며, 심박동을 느리게 하고, 동공을 수축시키며, 내장관의 운동을 촉진시키며, 괄약근을 이완시키는 작용을 한다. 즉, 이완과 휴식과 안정을 유발하는 신경계라고 할 수 있다.
음양론에서는 음陰에 해당하므로 정적이고, 침착하고, 벌였던 일들을 정리하고 결론내고 결실을 맺는 작용을 한다. 창조보다는 있는 것을 저장하고 보관하는 뜻이 된다. 오행에서는 금金과 수水에 해당한다.

현대인의 질병 양상을 한마디로 요약하면 교감신경 항진증이라 할 수 있다. 다시 말하면 예전에 비교하여 너무나 복잡해진 문명 즉, 자동차, 컴퓨터, 인터넷, 스마트폰, 고층빌딩, 대기오염, 음식물, 오염 등등…. 우리 신체 입장에서 보면 대체로 유해한 문명이 되어버렸다.
그러나 불과 1960~1980 시대만 하여도 지금과는 반대현상이었다. 전쟁 후 경제적 혼란과 빈곤으로 과도한 긴장이나 스트레스보다는 무기력한 마음과 나태함이 지배적이었다. 먹을 것도 부족했었고 경제력도 어려움에 처한 사람이 지금보다는 훨씬 더 많았었다.

그래서 새마을 운동같이 나태해진 사람들을 자극하고 움직이게 하는 운동이 필요했던 것이다.

즉, 부교감보다는 교감신경을 자극하는 것이 필요했던 것이다. 그 당시 해왔던 습관을 세상이 바뀐 지금에도 교감신경을 자극하라고 하다니…. 시대착오적인 구시대적 발상이라고 할 수 있다.

1980년대 대학교 시절에는 우리나라에는 뇌출혈환자가 대부분이었고 뇌경색환자는 서구질환이라고 배웠다. 그러나 지금은 어떤가? 뇌출혈 환자는 구경하기가 힘들 정도이다. 따라서 보험회사에서도 뇌출혈을 보장하고 뇌경색은 잘 보장해주지 않는다.(너무 많아서…)

이렇게 세상이 바뀌어 하나같이 긴장과 스트레스를 유발하는 환경인데, 게다가 몸을 건강하게 하기 위해 운동을 하는 사람을 보면 대체로 교감신경을 자극하는 운동을 위주로 한다.

즉, 유산소운동(걷기, 달리기, 등산, 테니스, 볼링, 수영…)을 주로하고 스트레칭이나 기공관련 운동은 극소수의 사람들만 하고 있는 실정이다. 사정이 이러하니 결과는 보나마나 뻔한 것이다.

그러니 진료실에서 접하는 환자들은 모두 교감신경운동을 하는 사람들이고, 부교감신경을 증가시키는 운동을 하는 사람들은 29년 동안 거의 볼 수가 없는 실정이다.

그렇다면 이론적으로 보아도 그렇고 실제 임상에서도 부교감신경을 증가 시키는 운동이 현대인의 건강에 도움이 된다는 같은 결론이 나온다. 2000년도부터 우리나라에서도 웰빙 바람이 불어 섭생에 대한 홍보나 교육은 많이 되었다고 보지만 유독 운동에 대해서는 전혀 홍보나 교육이 안 된 실정이다.

운동하면 오로지 교감신경운동만 떠올리고 있다. 왜 그렇게 되었을까?

의사들은 병이 일단 생겼다는 전제하에 대중요법을 어떻게 하느냐만 공부하였지 건강을 유지하는 섭생이나 운동에 대해서는 전혀 교육을 받지 않는다. 체육선생님들은 서구 스포츠와 관련된 공부만 하고 기공체조나 명상 같은 부교감신경을 늘리는 운동은 거의 외면하고 있는 게 현실이다.

다행히도 국선도나 단전호흡, 요가, 선관무 같은 동양 전통의 운동들이 최근 들어 인기를 얻기 시작하였으나 참여하는 사람의 숫자는 아직 미미하다고 할 수 있다.

부교감신경을 자극하는 운동이 왜 건강에 도움이 될까?

첫째, 정신적 불안함과 긴장을 풀어준다.

심장박동수가 과도하게 증가하지 않으므로 흥분보다는 안정을 유도하는 효과가 있다. 별다른 생각 없이 잠을 편안하게 자는 것과 유사하다. 특히 명상까지 곁들이면 뇌파가 더욱 더 안정되게 된다.

둘째, 관절의 유연성을 증가시키고, 평소에 사용하지 않았던 근육을 사용하게 하며, 정적이면서도 근력을 골고루 발달시키는 효과가 있다.

셋째, 자세를 바르게 하여 삐뚤어진 척추를 교정하는 효과가 있다.

넷째, 결과적으로 자율신경 기능이 조화롭게 된다.

이와 같이 건강의 3대 요소인 몸과 마음, 음식 중에 몸과 마음을 조화롭게 하는 효과가 있는 것이다. 만약 정부에서 국민건강을 위하여 부교감신경운동을 장려한다면 우리나라 의사들의 절반 이상은 아마도 실업자가 될 것이다. 농담 같은 말이지만 실제로 그렇게 될 것이다.

　왜냐하면 국민들이 건강해지고 스스로 몸 관리를 한다면 의사들의 할 일이 감소되는 것은 자명한 이치가 아니겠는가? 나는 지금도 매일 부교감신경을 올리는 운동을 하라고 환자들에게 입이 닳도록 말하고 있으며, 2005년부터는 물리치료실에 작은 운동공간을 만들어 전신 관절을 이완시키는 운동법을 가르치고 있다. 내가 의사로서 할 일이 없어지더라도 모든 국민이 건강한 삶을 누리는 날을 기대하면서….

⑮ 기氣의 실체가 밝혀진다면?

다른 병원을 여러 곳 다니다가 날 찾아오는 환자들이 많이 있다. 그런 환자들이 하는 공통된 말은 MRI를 찍었는데 디스크가 파열되어 뒤로 흘러내리니 수술을 반드시 해야 한다고, 그런데 본인들은 수술이 싫어 안 하고 있다고….

문진을 한 다음 진찰을 해보면 단순 요통에 약간의 신경통 증상이 대부분이고, 감각 이상이나 다리 힘이 약해진 추간판탈출증의 소견을 보이는 환자들도 있다.

그런 다음 방사선 사진을 찍어보면 일자 척추 소견을 보이거나, 측만(옆으로 휨)이나 회전변형(좌우로 틀어진 경우)소견, 퇴행성관절 소견(뼈가 자라나거나 관절간격이 줄어들거나) 등을 나타낸다.

참고로 정상인의 척추 사진은 앞에서 보면 일자고, 측면에서 보면 약간의 부드러운 S자의 굴곡을 보인다. 대부분의 사람들이 나이가 들면 MRI 상에 디스크의 퇴행성 소견. 즉, 수분함량이 적어지고 디스크의 높이도 줄어들고 연쇄적으로 추간판이 뒤로 밀려나오는 소견을 보인다.

그런데 MRI상에서 디스크가 터져 밀려 나오거나 뒤로 흘러내리면 다 수술을 해야 하는가?

결론부터 말하면 그렇지 않다. 왜냐하면 누구나 나이가 들면서 얼굴도 변하고 관절도 노화되는 것은 자연의 현상이지 질병이 아니다. 만약 50대의 사람이 20대의 얼굴과 관절을 유지한다면 나는 그게

병이지, 중장년의 사람이 중장년의 얼굴과 관절변화를 보인다면 정상이라고 말한다. 다시 말해 정상적인 자연현상을 현대 의학은 그것을 마치 질병에 걸린 것처럼 병명을 붙이고 치료를 해야 한다고 하는 것이다.

중장년 이상의 연령에서 퇴행성디스크의 소견을 보인다고 모두 증상이 있는 것일까? 또 결론부터 말하면 그렇지 않다.

인체의 신비로움은 그리 간단히 설명되거나 해결되는 것이 아니기 때문이다. 겉으로 보아서는 3차원 구조를 가진 것으로 보이지만, 내부적으로 보면 여러 차원의 또 다른 물질들이 존재한다. 아마도 간단히 보아도 6차원은 되리라 본다.

또한 우리 몸은 2차원의 영상검사나 1차원적인 혈액검사로 다 파악이 불가능하다. 그리고 우리 몸은 정지된 자세로 있지 않고 쉬지 않고 움직이고 생각하는 동물이기 때문에 정지된 영상이나 혈액검사로 한 사람의 상태를 진단하는 데는 오류와 변수가 너무나도 많다.

방사선 사진이나 MRI 사진 상 디스크가 밀려나오고 신경을 압박하고 있어도 증상 없이 지내는 사람도 엄청나게 많다. 우리 몸은 그렇게 신비로운 것이다. 앞서 말했듯이 현대의학은 눈에 보이는 물질에 대한 것만 파악할 수 있지, 아직 밝혀내지 못한 또 다른 3차원의 세계는 현재로는 전무한 상태로 눈으로 보이는 기 하나도 측정이 불가한 수준인 것이다.

나 역시 허리 목의 추간판탈출증으로 고생하였지만 수술 안 하고 몸을 건강하게 하는 치료를 했더니 지금은 증상이 없는 상태이지만, 아직도 검사를 해보면 관절간격이 좁아져 있고 등도 휜 채로 있다.

사진만 보면 그냥 추간판탈출증 환자인 것이다.

지난 29년 동안의 의사생활을 하며 느낀 것은 인체의 조절은 뼈와 관절, 그 주변에 있는 신경, 혈관과 혈액순환, 근육의 강약, 마음의 평온상태(스트레스) 그리고 마지막으로 기氣가 주관하고 있다고 말할 수 있고 또한 아직 밝혀지지 않은 경락과 음식도 관여할 것이다. 아무리 현대의학의 검사 소견으로 뼈와 관절이 다 손상되고 디스크가 하나도 남지 않을 정도로 파괴되어도 아무런 증상 없이 잘 지내는 사람들을 흔히 볼 수 있으며, 검사 상 아무런 소견이 없어도 아파서 어쩔 줄 모르는 사람도 흔히 경험하는 일이다.

이것이 현대의학의 한계라 할 수 있다. 물론 위의 6가지 이외에도 체질이라는 변수가 있는데 여기서는 체질 언급은 생략하기로 한다.

그런데 문제는 기氣의 실체와 강약을 검사하는 방법이 아직 없다는 데 있다. 경락은 한방에서 그 변화와 왕쇠를 판단하는 장비가 있는 것으로 알지만…, 모든 신경계와 혈관계 관절, 근육, 뼈를 위에서 총괄 지휘하는 것이 바로 기氣라는 것인데 이렇게 가장 핵심적인 것을 우리는 놓치고 있는 것이 현실의 문제점이다.

내가 진료실에서 환자들에게 하는 말이 있다. 만약 기를 측정하는 법이 나온다면 기존 의학이론 중 절반은 없어지거나 바뀔 것이라고….

최근에 40대 후반 남자와, 70대 여자 환자가 허리 추간판탈출증으로 하지 동통과 근력약화가 있어 약간의 마비소견을 보였는데 40대 후반 남자는 예전에 허리 수술을 받았던 사람이고, 70대 여자는 수술을 받지 않았던 사람이다.

똑같이 물리치료와 IMS신경 자극술을 시행하였는데 70대 여자환자는 1달 정도 치료 후 거의 정상이 되었지만, 40대 후반 남자는 거의 일 년이 다 되어도 아직 정상회복을 못하다 결국 기공운동요법을 시작한 후에야 정상을 회복하였다.

늘 언급하였지만 척추는 인체의 중앙이며 핵심적인 자리고 기氣의 큰 줄기가 흐르는 자리이므로 그곳에 수술을 하게 되면 기의 흐름에 손상을 주게 되는 것은 자명한 이치다.

다른 의사들이 이 글을 보면 날 비난하겠지만 아직 현대과학은 반쪽짜리이므로 나는 의학을 너무 믿지 말라고 늘 말하고 있다. 왜냐하면 의학이론은 과학이 발달함에 따라 계속 바뀌고, 의사나 제약회사는 생리상 환자가 없어지는 것을 원하지 않기 때문에 질병예방보다는 증상치료에 매달리고 있는 것이다.

현대 의학을 공부한 내가 과학적인 근거 없이 경험에 의존하여 이런 글을 쓰고 있다는 게 안타까운 현실이지만, 기를 체험한 소수의 경험자들은 아마도 공감할 거라 믿는다.

따라서 앞으로 미세소립자의 실체가 규명되고 기氣의 존재가 밝혀진다면 물리학뿐만 아니라 의과대학 교과서도 절반은 바뀌게 될 것이며, 인간의 수명은 지금보다 더욱 늘어나게 되고, 지금 같은 증상위주의 치료보다는 원인치료로 진료양상도 바뀌게 될 것이라 본다.

우리가 지금 복용하는 약이 인간의 기를 더욱 약화시킨다는 것이 증명되고, 기가 충만해지면 앓던 질병도 좋아진다는 것이 증명되게 된다면 말이다.

아마도 그런 날이 머지않아 현실로 올 것이다.

16 우리 인체는 몇 차원의 구조물일까?

눈에 보이는 것만으로 가볍게 생각하면 3차원의 입체 구조물이라고 생각이 들지만, 내부 구조를 살펴보면 단순한 3차원이 아니란 것을 알 수 있다. X, Y, Z축으로 된 3차원 구조에 신경을 통해 흐르는 미세 전류가 있으며, 혈관을 통해 수많은 화학물질을 포함한 혈액이 흐르고 있으며, 현대 과학으로 측정 못하는 기氣가 온몸을 흐르고 있으며, 눈에 보이지 않는 정신이나 마음이 인체를 지배하고 있다.

이렇게 간략하게 보아도 6차원 이상의 구조물로 이해가 된다. 이러한 복잡한 구조물에 외부에서 섭취되는 각종 음식물과, 시시각각 변화하는 대기환경, 접촉하는 사람들과의 관계 등등에 타고난 체질까지도 고려하면 10차원으로도 설명이 부족한 게 우리 인체다.

더욱이 우리 인체는 골격과 근육, 내장기관들이 쉬지 않고 움직이고 있기 때문에 한두 가지의 검사로 인체의 상태를 파악한다는 것이 얼마나 터무니없는 것인지를 알 수 있다.

흔히 병원에서 인체를 검사하는 방법에는 혈액, 소변, 뇌파, 근전도, CT, MRI, 초음파 같은 검사가 주류를 이루고 있으며, 최근에 3차원 영상이미지 검사와 다이내믹하게 움직이는 것을 관찰하는 검사도 많이 하고 있다.

물론 이런 검사를 다 종합하여 판단하면 어느 정도는 판단이 가능하지만, 현대 과학으로 밝혀내지 못하는 기氣나 체질분야에서는 완전 무방비 상태라 하여도 과언이 아니다.

또한 검사결과를 분석할 때 정상이냐, 비정상이냐 하는 1차원적인 방법을 쓰는 것이 많기 때문에 병의 중간 단계를 밝혀내는 데는 한계가 있는 것이 현실이며, 앞에서도 언급을 하였지만 MRI 상에 척추 추간판에 이상 소견을 보여도 아무런 증상이 없는 경우 역시 복잡한 인체구조를 2차원의 그림만을 보고 판단하여 나온 결과이다.

그러나 희망적인 것은 일부 과학자들이 인체의 기氣를 측정하는 장비개발에 노력하고 있으며, 일부 의사들도 체질분석에 관심을 가지고 있어 머지않아 좋은 소식들이 전해지리라 기대해 본다.

⑰ 인간의 기氣 측정법이 이 세상에 나온다면?

전에도 언급하였지만 인간의 몸은 단순한 3차원의 구조물이 아니라 신경, 혈관, 기를 포함하여 여러 차원의 구조물이다. 그러나 현대과학은 사람의 체질이나, 기, 영혼의 상태를 측정하는 방법까지는 개발하지 못한 게 현실이다.

과학적으로 증명이나 측정이 불가능한 것 중에서 만약 인간의 기를 측정하는 기구가 개발된다면 어떤 현상들이 일어날까 하는 생각을 해본다.

첫째, 의학계에 대 변혁이 일어날 것이다.

단순한 영상검사나 혈액, 소변 검사로 알 수 없었던 기氣라는 것이 나오면 약물 투여 시 일어나는 인체의 기변화나, 암이나 척추수술 같은 중요한 부위의 수술 후에 나타나는 기의 변화를 측정하여 어떤 약물이나 수술이 인체에 이롭고 해로운가 하는 결과가 나올 것이고, 몸에 질병이 생겨도 기의 영향에 따라 치유 여부가 가능한지 불가능한지 알 수 있을 것이다.

그렇게 된다면 약물이나 수술의 적응증에 대 변혁이 일어나 지금까지의 의학 이론 역시 판도가 바뀔 것을 예상해 본다.

둘째, 음식문화에도 대 변혁이 일어날 것이다.

현재 과학으로는 인간의 체질을 감별할 방법이 없지만 각각의 개인마다 섭취하는 음식물에 대한 기의 반응을 알 수 있다면 식생활에도 변혁이 일어날 것이고, 체질 감별에도 도움이 많이 될 것이다.

셋째, 주거문화에도 대 변혁이 일어날 것이다.

사람마다 체질이 다르기 때문에 주거하는 집터의 기운이 좋은지 나쁜지, 나와 잘 맞는지 여부가 판단될 것이고 당연히 자기에게 좋은 집터에 거주하려할 것이기 때문이다.

넷째, 인간관계에도 대 변혁이 일어날 것이다.

지금까지는 막연하게 자기에게 끌리는 사람끼리 인연을 맺고 살아 왔지만 기측정법이 나온다면 맑고 건강한 기를 가진 사람에게 더욱 친밀감을 갖게 되고, 기가 탁하고 병든 사람은 멀리하게 될 것이고, 가까이 접하는 사람이 나에게 어떤 기의 변화를 주는가도 알게 된다면 대인관계에 큰 변화가 일어날 것을 예상해 본다.(물론 오랜 수련 생활을 통하여 기감이 발달한 사람은 지금 현재도 장비의 도움 없이도 육감으로 느끼고 있지만.)

다섯째, 여가활동이나 스포츠문화에도 대 변혁이 일어날 것이다.

지금까지는 재미있거나 유행을 따라 하던 취미생활이나 운동 역시 자신에게 좋은 기운을 불어넣을 수 있는 그런 것들을 찾아 하게 될 것이다.

기氣의 강도에 따라 기가 강한지, 약한지 구분할 수 있고 기의 종류를 나열해 보면 다음과 같다.

1) 맑고 깨끗하고 고요한 기氣
2) 탁하고 더러운 기氣
3) 병든 기(병기病氣)
4) 미친 기(광기狂氣)
5) 양기陽氣
6) 음기陰氣
7) 잠든 氣(넋이 나감)

등등이 있을 것이다. 이렇게 기 하나만 보아도 밝혀낼 분야가 여러 가지가 될 것이다. 우리는 과거에 이루어 놓은 과학적 지식에만 의존할 게 아니라 아직은 신비로운 영역이지만 미지의 세계에 대한 관심과 연구를 통하여 좀 더 보는 시각의 영역을 넓혀나가야 한다.
과학자란 신비로운 현상을 근거에 입각하여 재현 가능하게끔 규격화하는 것을 연구하는 사람이지, 무조건 밝혀진 사실에만 집착하는 사람이 아니기 때문이다.

18 잘못된 건강정보(진료실에서 자주 접하는 질문들)

1) 걷기 운동을 많이 하면 건강에 좋나요?

대부분의 환자들에게 운동하시는 거 있냐고 질문하면 자신 있게 하루에 1시간에서 2시간씩 심지어 3시간씩 걷는다고 답하는 환자분들이 상당수 많다. 더욱이 60세 이상의 노약자 분들까지도… 아니면 헬스장에서 러닝머신 위에서 걷거나 뛴다고 답한다.

특히 당뇨병이나 고혈압이 있는 환자들은 더욱 열심히 걷는다. 왜 그렇게 걷냐고 물으면 다른 병원 의사들이나 매스컴에서 걷기 운동만큼 좋은 게 없다고 해서 그렇다고 한다.

과연 그럴까? 그렇게 좋은 운동을 하는데 왜 허리는 아프고 무릎 관절염 증상이 나올까?

부적절한 자세로 인하여 척추가 휘거나 비틀어지면 골반도 뒤틀어지고, 연쇄반응으로 다리 길이도 짝짝이가 되는데, 그렇게 되면 좌우 하지로 체중이 비대칭으로 실리게 되어 어느 한 쪽 관절에는 하중이 더 많이 실리게 된다. 아주 건강한 사람을 제외하고는 대부분의 사람들의 신발창을 보면 비대칭으로 닳아 없어지는 것을 알 수 있다.

따라서 지나치게 걷는 시간을 늘리면 오히려 척추와 하지 관절에 무리가 와서 관절염을 유발하게 된다.

또한 걷는 동작을 살펴보면 상지와 다리근육의 일부분만을 반복적으로 흔들고 움직이게 된다. 즉 전신의 근육 중에 극히 일부분만 사용하게 되므로 나머지 근육은 사용하지 않아 비균형적인 근육발달을 초래하고, 심지어 어깨 주변의 근육이 굳어 목이나 어깨주변의 근막동통증후군을 더욱 악화시키는 부작용을 초래한다.

또한 고혈압이나 당뇨병이 있는 사람은 대부분 혈액순환의 문제가 있는데 팔 다리 운동을 너무 장시간 하게 되면 우리 몸의 피가 대부분 팔다리로 몰리게 되고 정작 필요한 내부 장기로는 혈류가 부족해지고 결과적으로 장기의 기능은 활성화 되지 못하게 된다. 실제로 당뇨병환자가 걸어서 일시적인 혈당은 떨어지겠지만 걸어서 당뇨병을 고쳤다는 말은 들어본 적이 없다. 오히려 췌장이나 기타 장부로 가는 혈액량은 줄어 들 것이다.

하체의 근육을 건강하게 하는 것은 효과가 물론 조금은 있지만, 그것도 어느 정도의 근력을 가진 사람의 경우이다. 정형외과를 방문하는 노약자들은 스스로 다리 근육에 힘도 주지 못할 정도로 근력이 약화되어 있다. 그런 사람들에게 걷기 운동을 권하면 그 사람들은 근육으로 걷지 못하고 뼈나 관절에 체중을 실어 걷게 되어 오히려 관절염을 더욱 악화시키게 된다. 그런 환자들은 우선 관절에 체중을 부하하지 않고 허벅지의 근력을 우선 키운 다음에 조금씩 단계적으로 걷게 해야 한다.

검사에만 의존하는 현재의 의료 환경 속에서는 제대로 환자의 근력도 평가하지 않고 맹목적적으로 걸으라고 권한다면 이것은 진료를 하는 게 아니라 환자를 지속적으로 병에 시달리게 하는 결과를 초래한다.

따라서 걷기 운동은 환자의 체력이나 체형을 고려해서 처방해야 하고 처방하더라도 아주 점진적으로 증가시켜야 함을 주지시켜야 한다. 다리 힘도 없는 사람이 등산이 하도 좋다하여 예전부터 단련한 사람을 따라 3시간~5시간씩 걸은 후 무릎관절 주변에 건초염이나 인대약화로 병원을 방문하는 환자를 보는 것은 아주 비일비재한 일이다.

2) 뼈나 관절이상도 정신적 스트레스와 연관이 있나요?

진료실에서 어깨나 허리에 통증이 있어 방문한 환자에게 스트레스를 받거나 신경을 많이 쓰셨냐고 물으면 스트레스와 뼈나 관절이 무슨 연관성이 있냐고 되묻는 사람들이 아주 많다. 일반 사람들은 스트레스는 정신적이고, 관절증상은 별개의 것으로 아는 사람들이 아주 많다.

하지만 그렇지 않다. 스트레스를 받으면 자율신경계의 부조화가 일어나 과다한 긴장으로 오히려 적절한 관절의 유연성이 감소되어 관절이 뻣뻣해지고 근육이 뭉치게 되어 아주 직접적으로 영향을 미치게 된다. 신경 쓰거나 과로하다 보면 바로 목 밑이나 어깨주변이 뻣뻣해 지는 것을 누구나 한번 이상 경험하였을 것이다. 교감신경이 골격근을 수축시키는 작용을 하기 때문이다.

3) 신경통, 혈액순환장애가 뼈, 관절 이상과 무슨 관계가 있나요?

진료실에서 자주 듣는 질문인데, 제 근육이 문제인가요? 신경이 문제인가요? 아니면 혈액순환의 문제인가요? 하면서 질문을 많이 한다.

일반인들은 뼈 따로, 근육 따로, 신경 따로, 혈액순환 따로… 이렇게 우리 몸이 따로 따로 작동하는 줄 안다. 마치 자동차 부속처럼….

그렇지 않다. 뇌에서 신경자극이 우리 몸으로 전달되면 연쇄 반응 하듯이 여러 신경계와 호르몬의 작용으로 뼈와 관절 신경, 혈액이 모두 한 세트로 영향을 받게 되어 있다.

그래서 우리 몸은 신비로운 것이다. 마치 자연의 현상을 다 파악하지 못하는 것처럼….

4) 척추 측만증과 손발이 아픈 게 무슨 관계가 있나요?

손발이 저리거나 붓거나 아프거나 기능의 문제가 생기면 대부분의 병원에서는 손이 아프면 손만 검사하고 발이 아프면 발만 검사하는 경우가 많은데, 실제로 척추를 먼저 검사해 보면 척추가 휘었거나, 뒤틀어 진 경우가 거의 70~80%에 해당한다.

앞서 말했듯이 우리 몸의 척추는 내장기관과 팔다리에 신경정보를 전달하는 중추신경계를 포함하는 아주 중요한 기관이다. 따라서 무릎, 고관절, 발목, 발바닥, 어깨, 팔꿈치, 손가락 등 팔, 다리에 생기는 질환은 모두 척추에 이상을 동반하는 경우가 대부분이다.

물론 외상에 의해 충격 받은 경우를 제외하고는…. 그러나 척추에 문제가 있는 사람이 외상을 받게 되면 척추가 건강한 사람보다 치유 속도가 매우 떨어진다. 외상 후에 이상하게 손발의 붓기가 잘 빠지지 않고 골절유합이 더딘 사람은 반드시 척추를 같이 검사하고 치료해 주어야 한다.

손가락이 아픈 사람에게 목의 문제를 지적하면 의아해 하는 환자들이 많다. 특히 타 병원에서 진료를 받다가 온 경우는 더욱 그렇다.

척추가 없다면 손발은 있으나 마나한 고물에 불과한 것이다. 척추손상으로 마비가 온 사람이 팔 다리를 못 쓰는 건 당연히 받아들이면서, 손발이 아픈 건 척추와 연관시키지 않는 이유를 나는 이해할 수가 없다.

5) 음식과 신경통이 무슨 관계가 있나요?

내가 개인적으로 역을 공부한 후의 일이다. 엄지나 둘째손가락에 병이 생겨서 온 환자에게 매운 거 잘 먹지 않지요? 하면 그걸 어떻게 아세요? 한다.

음행오행학을 공부하면 우리 몸이 음양오행의 영향권 내에 있다는 것을 알게 되는데, 물론 과학이 발달하지 못하여 무슨 미신 같은 이야기냐 하는 사람들도 있을 것이다.

나는 조만간 분명하게 밝혀지리라 확신한다. 과학이 없었던 1~2백년 전까지만 하여도 동양의학에서는 동양철학의 음양오행이론으로 우리 몸을 진단하고 그에 따라 약제를 쓰고 침을 놓았었다.

왜냐하면 우주 만물에는 음양오행이 존재하고, 인간 역시도 우주의 하나의 구성원이기 때문이다. 기공학이나 한의학에서 말하는 기나 경락역시 역에서 말하는 음양오행이론에서 비롯된 것인데, 따라서 역을 알면 우주 대자연의 이치를 알게 되고, 소우주라고 하는 인체를 이해할 수 있기 때문이다.

우선 결론만 다시 말하면 신경통은 어떤 음식을 먹지 않거나 과도 섭취했을 때 발병이 가능하고, 또한 음식으로도 치료가 가능한 것이다.

6) 뼈나 관절 이상이 내과적 질병과 무슨 관계가 있나요?

결론부터 말하면 연관이 아주 많다.

현대 의학적으로 보아도 그렇고 동양의학적으로 보아도 그렇다. 현대 의학적으로는 내부 장기를 지배하는 신경의 뿌리와 피부나 근육, 관절을 지배하는 신경이 같기 때문이고, 동양의학적으로는 경락이 지배하는 피부나 근육이 내부 장기를 또한 같이 지배하기 때문이다. 한의원이나 기공관련 수련원에 가면 인형에 경락의 경로를 그린 경락 인형을 누구나 한번쯤은 보았을 것이다.

예를 들어 새끼손가락이 아픈 사람은 경추 8번이나 1번 흉추 신경에 문제 있는 것인데, 우리 몸의 심장은 경추 5번에서 흉추 4번까지의 지배를 받고 있다. 심장내과를 전공한 의사는 환자들이 5번째 손가락 통증이나 저림을 호소하는 경우를 많이 보았을 것이다.

한의학적으로는 심장경이나 소장경에 문제가 있으면 역시 마찬가지로 5번째 손가락에 증상을 나타낸다. 왜냐하면 심, 소장경락은 새끼손가락을 지나기 때문이다. 또한 역학적으로 오행 중에 화火에 문제가 생기면 역시 5번째 손가락에 증상이 나타나는 경우가 아주 많다.

이와 같이 뼈나 관절 근육은 내부 장기의 얼굴과도 같은 것이다. 따라서 관절의 문제를 관절로만 무시해서는 절대 안 된다.

7) MRI 상 디스크 탈출증이나 협착증 진단을 받았는데 반드시 수술해야 하나요?

역시 결론부터 말하면 아니다.

현대의학 교과서에서도 응급수술을 요하는 아주 극소수를 제외하고는 대부분 보존적 치료로 치료가 가능하고 그 결과도 수술한 경우나 안한 경우나 비슷하다고 되어 있다.

MRI 상에 디스크에 문제가 있어도 별다른 증상 없이 잘 지내는 경우가 엄청 많고, 나 또한 목, 허리 디스크에 걸려 수술하지 않고 치료하였지만 사진 찍어보면 아직도 관절간격이나 측만증의 소견은 그대로 남아있다.

앞서 말한 대로 현대 의학은 우리 몸의 신비로움을 아직 다 정복하지 못한 단계이며, 단순 2차원 3차원 검사로 인체를 판단하는 데는 무리수가 따르기 마련이다. 왜냐하면 우리 몸은 겉으로는 3차원 구조물처럼 보이나 시시각각 끊임없이 변화하는 또 다른 차원의 세계가 있기 때문이다.

즉 해부학적 진단법만으로는 생리학적 혹은 생체에너지의 변화까지 알 수가 없다는 문제가 있다는 말이다.

8) 천천히 하는 기공체조가 근력강화에 무슨 도움이 되나요?

기공관련 운동의 특징은 몸의 균형을 유지하면서, 자세를 바르게 하며, 관절의 유연성을 증가시키고, 근력을 강화시킨다.

서 있거나 천천히 움직이는데 어떻게 근력이 강해질까?

걸음걸이를 최대한 아주 최대한 슬로우 모션으로 걸어보면 무슨 말인지 금방 알 수 있다. 그냥 걷는 건 누구나 할 수 있지만 초 슬로우 모션으로 걸으려 하면 몸의 중심부터 흔들리고 힘이 없어 걷지 못하게 된다.

반동을 주거나 가속력이 붙은 상태에서 움직이는 것보다 정지된 자세에서 천천히 움직이는 것이 훨씬 더 힘들다는 것을 알게 될 것이다.

9) 명상이 신경통에 무슨 도움이 되나요?

명상을 하면 뇌파가 흥분된 상태에서 점차 안정되어 흔히 알파파가 증가한다고 하는데 아주 수련의 깊이가 깊은 사람은 심지어 델타파까지 내려간다고 한다.

즉 정서적으로 아주 편안한 상태로 유도된다는 뜻인데 이렇게 되면 교감신경과도 긴장으로 인한 긴장된 근육이나 관절이 이완되고, 스트레스가 해소되며, 면역세포의 활성도가 증가된다는 것은 이미 과학적으로 임상실험 결과가 나와 있는 것이다.

안타깝게도 우리나라에서만 유독 명상하면 마치 무슨 사이비 종교집단에서 행하는 미신 같은 것으로 취급당하지만, 여러분이 그렇게 좋아하는 선진국에서는 이미 널리 보급되어 있는 치료법이다. 긴장이 풀어지고 편안하면 자연히 통증은 감소하게 되어있다. 일부 암 전문병원에서도 명상치료법을 도입했다고는 들었다. 참으로 다행스러운 일이다.

10) 수중운동(아쿠아)이 노약자에게 좋은가요?

일부 의사들이 관절염으로 고생하는 노약자에게 수중운동을 권하는데, 그 이론은 이렇다. 물속에서는 부력에 의해 체중이 관절에 실리는 강도가 줄어들게 되므로 관절에 무리 없이 운동이 가능하다는 이론이다. 주사위의 한 면만 보는 1차원적 설명이다. 왜냐하면 물속에서는 부력에 의해 관절에 무리가 덜 가는 것은 사실이다.

그러나 여러 운동 중에 물속에서 하는 운동의 칼로리 소모는 아마도 1위에 가까운 것으로 알고 있다. 수직적 개념으로는 옳지만 수평적 개념이나 에너지를 소진하는 면을 고려한다면 수중운동은 오히려 신경통이나 관절염을 더욱 조장시키게 된다. 실제 임상에서도 관절염으로 고생하는 환자들 중에 아쿠아 운동을 하는 노약자들에게 운동을 중단 시키면 증상이 호전되는 것을 자주 경험하게 된다.

걷기운동과 같은 이론이지만, 건강한 사람은 수중운동으로 근력을 더욱 증가시킬지 모르겠지만, 기가 부족한 노약자에게는 적합한 운동이 되지 못한다. 더욱이 찬 물에 들어가면 통증은 대체로 더욱 증가하기 때문에 수중운동을 환자에게는 권하지 않는 것이 바람직하다.

11) 필라테스 운동이 기공체조와 다른 점은 무엇인가요?

단전호흡이나 요가 같은 기공체조를 환자에게 권하면 필라테스와 비슷한 것 아니냐고 질문한다.

전통적으로 전해 내려오는 동양의 기공관련 운동에는 마음수련이 항상 같이 결부되어 행해진다. 마음을 조절할 줄 알아야 진정한 수행법으로의 효과가 나타나기 때문이다.

그러나 현대에 개발된 필라테스 운동은 잘은 몰라도 동작은 비슷할지 모르나 정신수련은 부족한 것으로 알고 있다. 몸과 마음이 같이 가는 운동이라야만 진정한 건강을 줄 수 있다.

12) 두통, 어지러움, 이명, 턱관절 이상이 목과 무슨 관계가 있나요?
최근 들어 점차 증가하는 질병이나 증상들이다.
각과의 전문의들도 그 원인을 잘 밝혀내지 못하여 환자들이 전전긍긍하는 경우를 많이 보는데 알고 보면 아주 간단하다. 왜냐하면 흉추상방에서 나온 신경들이 상부 경추 교감신경절을 이루고 이것들이 안면신경과 연결되어 있다는 해부학적 지식만 알면 해결되는 것이다.
경추나 상부 흉추에 문제가 생기면 그에 따른 신경기능에 부조화가 발생하고 따라서 안면신경이 지배하는 근육이 경직되고 미세 혈액순환에도 문제가 발생하게 되는 것이다.
물론 음식과도 밀접한 연관성이 존재하지만 우선 여기서는 경추와의 연관성만 강조한다. 따라서 자세를 바르게 하고 올바른 스트레칭과 스트레스 관리를 잘하면 얼마든지 증상을 호전시킬 수 있다.

13) 척추교정은 어떻게 하나요?
척추가 휘거나 틀어진 것은 자세가 바르지 못해서 오는 경우가 대부분인데, 측만증 환자가 자신의 손으로 허리를 누르거나, 열중 쉬어 자세를 취하면 대부분 교정이 가능하다. 그러나 자세를 삐딱하게 한다면 다시 원위치로 돌아가게 된다. 다시 말해 척추교정은 습관을 바꾸는 것이 가장 중요하다.

　일부 병원에서 척추 교정을 해 준다고 하는 것은 과장된 표현이다. 왜냐하면 설사 환자의 몸을 만져서 교정을 했다 하더라도 집에 가서 바르지 않게 생활한다면 아무런 교정의 의미가 없기 때문이다.

　그래서 척추교정은 남이 해주는 것이 아니라 자신 스스로 관심을 가지고 생활습관을 고치는 것이 가장 중요한 것이다. 물론 옆에서 문제점을 지적해주고 어떤 자세가 도움이 되는지 지도받는 것이 중요하다. 때문에 각종 기공관련 운동을 병행하여 훈련을 통한 습관을 바로잡는 것을 권장하는 것이다.

19 검사결과와 증상은 일치하지 않는다

우리 인체는 3차원적 신체+시간이라는 요소를 포함하며, 그것에 더하여 기氣와 정신적 요소가 복합적으로 반응하여 증상을 나타내는데, 현재 의학적 검사는 대체로 2차원적 검사가 대부분이며, 3차원적 영상을 얻는다 하여도 시간, 기, 정신적 요소를 복합적으로 반영하는 검사는 없다.

다시 말해 해부학적 검사에 치중하고, 생리학적 변화에 대한 검사는 소홀히 하고 있으며, 또한 경락이나 기, 체질, 마음의 상태 등에 관해서는 거의 전무한 상태라 이해하면 될 것이다.

우리 몸은 해부학적 변화가 발생하더라고 여러 복잡한 기전에 의하여 보상하고 회복할 수 있는 다차원의 구조인데…. 만약 우리 몸이 우주를 대표하는 소우주라 한다면, 지구의 어느 한 부분이 지진이나 폭풍으로 재난이 일어나더라도 시간이 지나면 치유되고 복구되는 것과도 같은 이치인 것이다.

다음은 방사선 사진이나 MRI 촬영 상 나타나는 관절변화만 보고 디스크라고 판정하면 오류를 범한다는 것을 보여주는 예로 관절변화는 나이에 따른 정상적인 변화이지 질병이 아니며, 그때그때의 운동습관, 스트레스, 자세, 음식에 따라 증상이 나타날 수도 있으며, 적절한 운동과 자세를 유지하면 아무런 증상 없이 건강한 생활을 영위할 수 있기 때문이다. 오로지 해부학적 변화만 보고 판단하면 안 된다는 말이다.

많은 사람들이 MRI 상 추간판에 변형이 와서 튀어나오거나 뒤로 흘러내리면 당장 수술이라도 해야 하는 줄 알지만 실제 임상에서 경험해 보면 그렇지 않다는 것을 강조하는 의미에서 나의 경우를 예를 들었다.

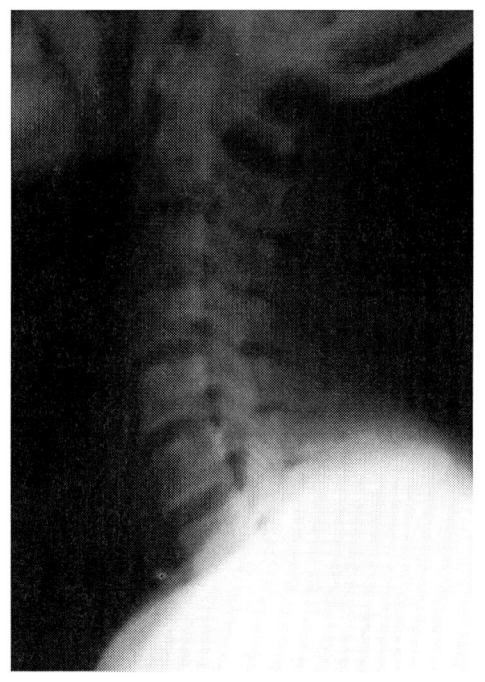

1) 2005년(47세)

목과 어깨가 아파서 찍은 사진으로 경추가 조금 뻣뻣한 것 외에는 별다른 증상은 없었고 사진상 관절간격은 정상소견을 보이고 있다.

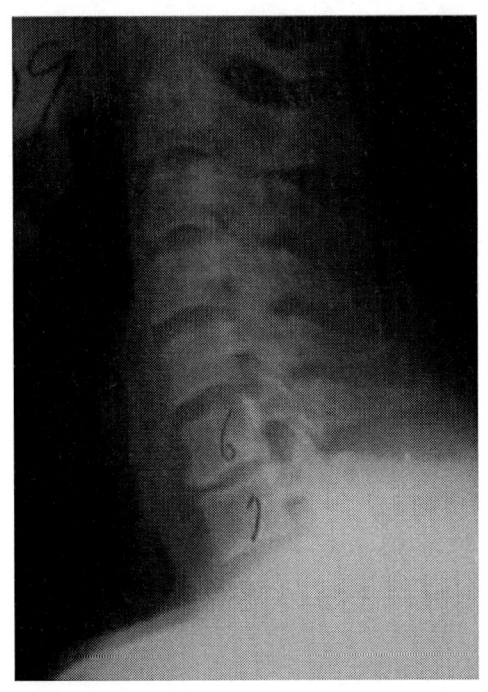

2) 2009 기축년(51세)

우측 견갑골부위 통증과 목 운동범위 감소 및 우측 손저림 증상(경추 추간판탈출증)이 심하여 촬영한 사진으로 경추 6번과 7번 간격이 2005년 사진보다 절반이상 줄어들었으며 관절 간에 퇴행성 골극이라는 뼈도 자란 소견을 보이고 있다.

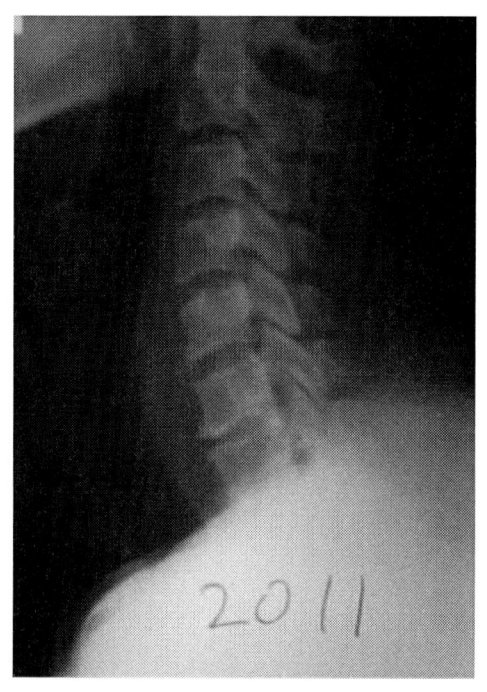

3) 2011년(53세)

2009년 당시 역학공부에 매진하느라 컴퓨터 작업도 많이 하고 신경도 많이 쓸 일이 있었는데, 컴퓨터 워드작업을 중단하고, 기공수련과 호흡법으로 3개월 후 추간판 탈출증의 증상에서 벗어났으며, 2011년 현재 아무런 증상이 없는 상태에서 재촬영한 사진으로 2009년과 별반 차이를 보이지 않는다.

재차 말하지만 우리 몸을 해부학적 검사(Hard Ware) 즉 2차원적 검사만으로 진단하고 치료하는 것은 엄청난 오류를 범하는 것이 된다는 것을 강조하는 바이다.

20 현대의학의 한계를 보여주는 또 다른 증례

20대 중후반의 남자 환자로 극심한 허리 통증으로 허리도 펴지 못하고 진료실에 내원하여 방사선 촬영 후 진통소염제 약물치료와 물리치료를 시행하여 1주일 후에는 거의 아프기 전의 상태로 회복한 환자이다.

첫 번째 사진에서는 척추가 좌측으로 심하게 기울어져 있으면서 요추의 좌회전 변형을 나타내고, 두 번째 사진은 증상 호전 후의 것으로 정도만 감소하였지 척추의 변형은 그대로 잔존한다.

그렇다면 의문점이 생기지 않는가? 2차원적 방사선 사진 상에는 여전히 척추의 변형이 잔존하는데 증상이 없다? 좀 이해가 가지 않는다. 바로 여기에 현대 의학의 허점이 있는 것이다.

MRI나 기타 진단 영상이미지로만 보면 분명히 디스크도 있고, 척추의 변형도 있는데 어떨 때는 증상이 있고, 어떨 때는 증상이 없는 것인가?

지난번 언급하였듯이 우리 인체는 단순한 3차원의 구조물이 아니다. 아마도 10차원 이상일 것으로 생각된다. 그럼에도 불구하고 현대 행해지고 있는 의학은 인간을 너무 단순하게 판단하는 오류를 범하고 있으면서도, 그 이상의 여건을 고려하려 들지 않는 게 가장 큰 문제점이다.

위의 증례는 아무리 척추가 변형되어 있어도, 기氣가 보충되어 충만하거나, 심리적인 스트레스에서 벗어나면 증상이 호전되어 아무런 불편함 없이 지낼 수 있다는 것을 보여주는 또 다른 예로 다르게 표현하면 하드웨어Hardware뿐 아니라 소프트웨어Software 역시 중요하다는 뜻이다.

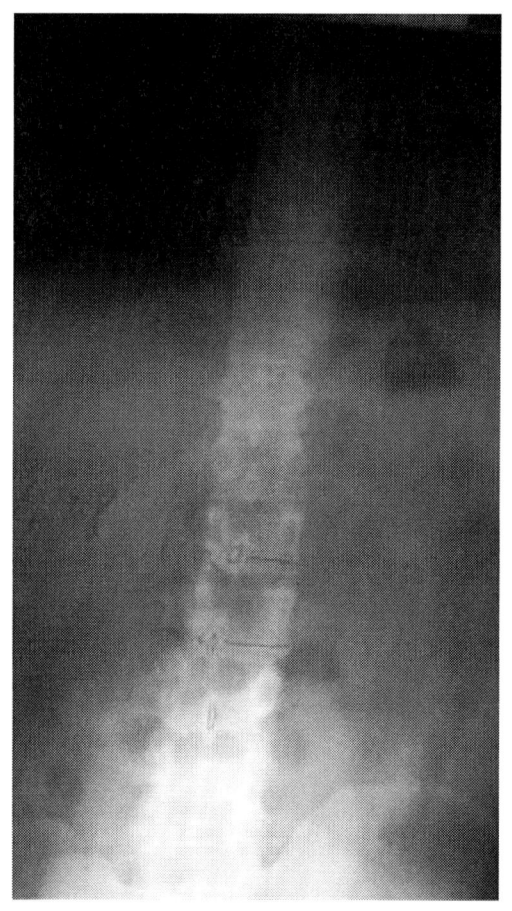

심한 증상을 동반할 때 사진

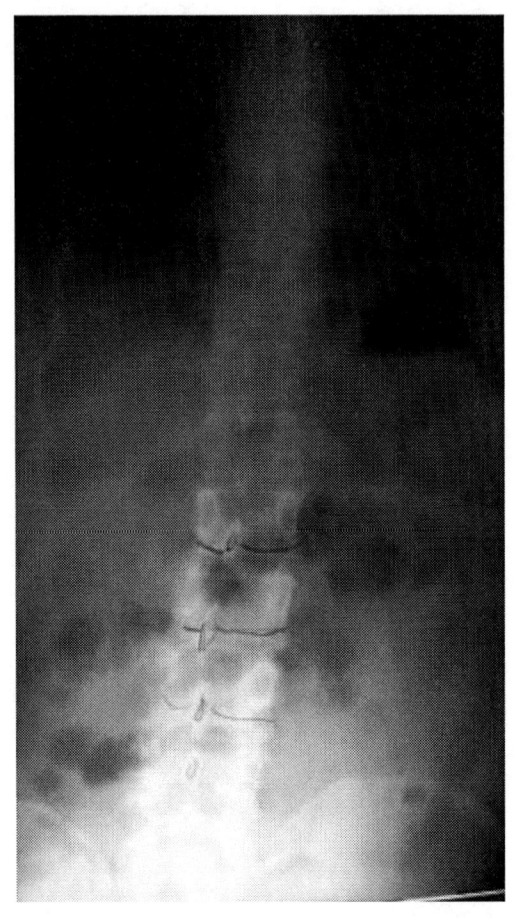

증상이 완전 회복되었을 때 사진

㉑ 과연 체질이란 무엇이고, 있기는 있는 것인가? (25체질)

우리나라 사람들은 체질이란 단어를 들으면 떠오르는 게 있을 것이다. 동무 이제마 선생의 사상체질이 그것이다. 어설프게 공부한 사람들이 너는 소양인이야, 너는 태음인이고 하면서…. 과연 인간의 체질이 그렇게 단순하게 분류될 수 있을까?

사주팔자로 분류해도 최소한 25가지가 나온다. 먼저 체질론의 역사를 좀 살펴보면, 수천 년 전 황제내경에서는 오태인론五態人論이라 하여 음양의 왕쇠로 태양, 소양, 소음, 태음, 그리고 음양화평지인 이렇게 5가지로 분류하기도 했고, 오형인론五形人論에서는 목형, 화형, 토형, 금형, 수형 이렇게 5가지로도 분류를 하였다.

우리나라에서는 1894년 동무 이제마 선생에 의한 사상의학이 나오면서 사상체질이 현세에 알려지기 시작하였다. 고대의 사상四象과 근대의 사상은 틀린 개념이다. 고대의 사상은 하늘에 있는 오행의 기운 즉 천기天氣로 분류하였다면, 근대 이제마 선생의 사상은 땅에 펼쳐진 오운육기五運六氣로 분류한 것이라고 간단히 말할 수 있다.

여기서는 더 자세한 설명은 생략하기로 하고, 과연 이러한 사상체질이 현실적으로 적용이 쉬운가 하는 문제가 대두된다.

그럼 서구에서는 인간의 체질을 분류하기 위하여 어떤 노력을 했을까? 히포크라테스의 체액병리설(4가지), 시가우드의 4가지 분류법, 에핑거와 헤스의 자율신경에 의한 2가지 분류법 등 여러 가지 분류법이 존재한다.

왜 이렇게 인체를 범주화하고 분류하려고 했을까? 모든 사물이나 인체를 범주화하면 자연의 물질을 이해하기 쉽기 때문이다. 그러나 이렇게 2~4가지 분류법으로는 사물을 이해하고 정밀하게 분석하기에 역부족인 것을 알 것이다. 마치 ABO 혈액형으로 사람의 성격을 분류하는 것과도 마찬가지 오류를 범하게 된다.

사상체질이란 아주 극단적인 경우를 분석한 것으로 우리 인간 중에 이렇게 극단적인 체질을 가진 사람은 전체 인구의 1/8 정도일 것이다. 나머지 7/8은 극단적인 체질론으로는 분석이 불가능하다. 그나마 4가지로 분류한 것보다는 5가지로 분류한 오형인론五形人論이 좀 더 현실적인 분류법이 된다.

역을 공부해보면 알겠지만, 4와 5라는 숫자의 의미는 전혀 다르다. 4라는 숫자는 2가지 잣대를 이용한 분류법으로 상대적인 변화에 중점을 두게 되고, 5라는 숫자는 변하지 않는 사물의 특성을 나타내기 때문이다.

자, 그러면 체질이란 있는 것일까? 임상에서 보면 어떤 사람은 신맛 나는 음식을 잘 먹지 못하고, 어떤 사람은 매운맛 나는 음식을 잘 먹지 못한다. 어떤 사람은 호흡기가 취약하고, 어떤 사람은 소화기가 취약하다. 어떤 사람은 살성이 좋아 상처를 봉합하고 별다른 소독을 하지 않아도 잘 치유되는데, 어떤 사람은 매일 소독하고 항생제를 투약하여도 염증이 생기며 잘 치유되지 않는다. 어떤 사람은 상처를 봉합 후에 흉터가 거의 남지 않는데, 어떤 사람은 켈로이드 체질이라 하여 보기 흉하게 흉터가 남는다.

현대의학은 체질론에서는 거의 빵점 수준이라 과거에 그런 이력이 있으면 그냥 참고하는 정도에 머물고 있는 것이다.

그렇다면 지금으로서는 방법이 없는가? 그렇지 않다. 출생한 시점의 연월일시만 알아도 그리 복잡하지 않게 알 수 있는 방법이 있다. 흔히들 말하는 사주팔자가 그것이다. 역학의 한 분야인 명리학에서는 대략 1천 년 전부터 4개의 기둥인 사주를 사용하여 인간의 길흉을 파악하고 있는데, 이것을 의학에 도입하면 그 사람의 체질을 알 수가 있기 때문이다.

사주란 무엇인가? 마치 자동차가 공장에서 출고될 때 연식이 정해지는 것과도 같다. 또한 같은 날 같은 장소에서 출고된 자동차라도 출고된 시점에 따라 약간의 성능차이가 나는 수가 있다. 어떤 경우는 아주 불량품이 나오기도 하고…. 좀 확대하면 인간이 이 세상에 모습을 드러내는 그 순간의 자연의 기운氣運을 글자로 표시한 것이 사주四柱인 것이다.

동양철학에서는 하늘의 기운을 목, 화, 토, 금, 수라는 5가지로 표현하였다. 가장 이상적인 체질은 이 5가지가 골고루 분포된 경우이고, 그 중에서 어느 한 가지가 지나치게 많으면 특이 체질이 되고, 질병에 대한 노출이 남보다 많아지고 흔히 말하는 난치병에 걸리는 것이다.

그러니 4~5가지 분류법은 아주 극단적인 경우에만 해당하는 분류법이 되는 것이다. 인간의 7/8은 그렇게 단순 무식하게 극단적이지 않다. 그래서 나는 5가지 중에서 2가지 기운이 강한 경우를 기준으로 하는 분류법을 사용하는데 25가지 종류가 되고, 조화로운 것까지 포함하면 26가지 체질분류법이 된다.

오행의 5가지 성분을 춘하추동 4계절 5행과 복합하여 만들었다.

5행 분포에 따른 체질분류 25가지

4계절에 따른 5행=25가지+균형 있는 조화로운 사주 1가지=26

계절	木	火	土	金	水
木 (봄)	木, 木	木, 火	木, 土	木, 金	木, 水
火 (여름)	火, 木	火, 火	火, 土	火, 金	火, 水
土 (4계)	土, 木	土, 火	土, 土	土, 金	土, 水
金 (가을)	金, 木	金, 火	金, 土	金, 金	金, 水
水 (겨울)	水, 木	水, 火	水, 土	水, 金	水, 水

(*토왕절土旺節은 진월辰月 춘토春土, 미월未月 하토夏土, 술월戌月 추토秋土, 축월丑月 동토冬土로 나눈다)

그 활용을 간략하게 설명하면

1) 앞 글자는 계절을 뜻하고 뒤 글자는 왕신 하나를 뜻한다.

    예) 목수木水체질은 봄(목왕절)에 수水가 왕한 경우이고
        수목水木체질은 겨울(수왕절)에 목木이 왕한 것이다.

2) 또한 단순하게 왕신旺神 2가지로 분류하는 방법으로도 활용이 가능하고

3) 첫 글자는 일간, 두 번째 글자는 왕신旺神으로도 분류하여 활용이 가능하다.

나는 2)번의 단순하게 가장 강한 요소 2가지로 분류하는 방법을 주로 사용하는데, 환자의 체질분석에 많은 도움이 되고 있다.

결론하면 우주만물의 분류법이 있듯이 우리 인간도 다양한 성분을 기준으로 분류가 가능하다고 말하고 싶다. 물론 유전자 공학이 좀 더 발전하면 인간의 체질을 과학적으로 분석이 가능한 날이 분명히 오겠지만….

그렇다고 무작정 체질론이 비과학적이라고 무시하며 수많은 오류를 범하며 수많은 환자를 희생시켜서는 안 된다는 게 나의 생각이다. 물론 과학적 입증이 되지는 않았지만 현실 임상에서 80%이상 적중한다면 이것 또한 받아들여야 한다.

통계학적 의의가 있는 임상논문도 학회에서 사용하는데, 왜 동양철학분야는 철학으로만 생각하는지 이해하지 못할 때가 많다. 그놈의 좁은 편견을 빨리 버리고 최소한 주사위의 3면 정도는 볼 줄 아는 식견을 가져야 한다.

㉒ 무병장수 비결은 없는가?

인간은 누구나 한번 태어나면 죽게 되어있다. 이 세상에 살아있는 생물은 모두 마찬가지이지만…. 그런데 어떤 사람은 평생 아프지 않고, 의학이 아무리 발달하였다 하더라도 어떤 사람은 늘 병원을 드나들거나 말년에 암, 당뇨, 고혈압 같은 병마에 시달리다 임종을 맞이하는 사람들이 점차 늘어나는 추세이다.

그런 환자 중에 선천적인 기형이나 문제로 아픈 사람은 10% 미만이고 거의 대부분이 후천적인 요인에 의해 질병에 걸리게 된다. 그렇다면 후천적인 요인을 잘 관리한다면 질병으로부터 벗어날 수 있다는 결론이 나온다.

후천적 관리를 결론부터 말하면 잘 먹고, 잘 자고, 잘 놀면 건강을 유지할 수 있다.

1) 잘 먹는다는 것은 현대 의학적으로는 우리 몸에서 필요로 하는 필수 비타민, 미네랄, 그리고 3대 영양소를 골고루 섭취한다는 뜻이고 이를 위해서 적정량의 칼로리 섭취와 더불어 영양소를 섭취해야 하는데 몸의 이로운 것만 찾다보면 자칫 칼로리가 부족할 수 있으며, 인스턴트음식이나 육류를 과잉섭취하면 고 칼로리는 섭취하는데 필수 영양소는 결핍되는 현상이 올 수가 있는 것이다.

또한 잘 먹는 것을 동양철학적으로 표현한다면 6가지 맛이 나는 음식을 골고루 섭취한다는 말도 된다. 동양철학에서는 세상의 음식을 오운육기적으로 보면 6가지로 분류가 가능한데, 색이나 맛, 생산되는 장소 등을 기준으로 분류가 가능하지만, 맛으로 분류하는 것이 더 쉽고 효과도 좋은 것으로 알려져 있다. 따라서 6가지 맛(신맛, 떫은맛, 쓴맛, 단맛, 매운맛, 짠맛)의 음식을 골고루 섭취한다면 각가지 영양소와 칼로리를 섭취가 가능하다고도할 수 있는 것이다. 음식에 대한 이야기는 차후에 다시 언급하기로 하자.

2) 잘 잔다는 것은 정신적인 스트레스나 긴장 없이 산다는 뜻이며, 스트레스가 만병의 원인이 된다는 것을 모르는 사람은 이 세상에 아무도 없으나 스트레스를 줄이기 위해 노력하는 사람은 이런저런 핑계를 대며 그리 많지는 않다.

물론 스트레스를 해결하는 방법에도 여러 가지가지가 있겠지만, 대부분의 사람들은 좋아하는 스포츠를 한다던가, 레저 및 휴식을 취하거나, 친지들과 음주가무를 하면서 스트레스가 어느 정도 해결된다고 알고 있다. 하지만 이런 방법으로 해결한다고 하는데도 누구나 번뇌, 짜증, 화나는 것을 제대로 조절하지 못하기 때문에 스트레스에서 벗어나지 못하는 것이다.

아직은 좀 생소하고 재미는 없지만, 스트레스를 줄이기 위해서 하루 중에 30분 정도 조용한 공간에서 따뜻한 차를 마시던가, 명상을 통하여 긴장된 몸과 마음을 이완시키는 방법도 고려해 봐야 한다. 명상요법은 현재 통증치료 및 항암치료에도 도입이 되기 시작했는데, 뇌파를 안정시켜 자율신경 기능을 활성화시키며, 면역력을 증가시킨다는 임상실험 결과도 나와 있는 방법이다.

또한 심신수련을 하는 단체에서는 필수불가결한 항목으로 이 명상요법은 수천 년 전부터 행해져 내려온 방법이기도 하다. 개인적으로도 항상 명상을 하려고 노력하고 있고, 이 명상을 통해 마음의 안정 및 걱정거리가 사라지고, 새로운 지혜를 얻기도 하는 경험을 많이 하였다. 즉 마음의 안정과 통찰력을 증가시키는 효과도 있는 것이 바로 이 명상요법이다.

그런데 이 명상요법 역시 쉽고도 어려운 것으로 무작정 눈을 감고 앉아있기만 한다고 되는 것은 아니다. 훌륭한 선생의 지도와 좋은 분위기에서 배우지 못하면 아무리 오랜 시간 명상을 한다하더라도 큰 효과를 얻지 못할 수도 있다.

그래도 하루에 단 15분간이라도 조용히 눈을 감고 차분히 호흡에 열중하다보면 어떠한 스트레스 해결방법보다 유용한 효과를 얻을 수 있는 아주 경제적인 방법이라고 감히 말하고 싶다.

3) 잘 논다는 것은 몸에 유익한 운동을 규칙적으로 한다는 뜻이다. 예로부터 내려오는 운동법 중에는 몸의 균형을 유지하고 몸의 기운을 순환시키며 관절의 유연성을 증가시키고 근력을 기르는 운동들이 있는데 일제강점기를 겪으면서 우리 고유의 전통운동법은 말살되고 운동하는 사람들의 90% 이상이 서양운동에만 매달리고 있는 현재의 실태이다.

모든 서양운동은 몸의 어느 한 쪽만 사용하는 운동이 많아 지나치게 하면 몸이 비틀어져 오히려 부작용이 발생하는 경우를 진료실에서 많이 경험하고 있다.

예전부터 행해져 오는 운동에는 단전호흡, 국선도, 선관무 등의 우리나라 고유의 운동을 비롯하여 중국의 태극권, 인도의 요가 같은 형태로 지금까지 전해 내려오고 있다.

전통 운동은 주로 동작이 느리거나 정적인 경우가 많아 재미가 없다고 하는데, 이렇게 복잡한 현대사회에서는 오히려 정적인 요소가 더욱 필요한 것이다. 따라서 정적인 운동과 서구의 동적인 운동을 잘 결합하여 적절히 한다면 관절과 근육, 심폐기능을 모두 살릴 수 있다고 생각한다.

이와 같이 건강의 비결은 너무나 간단하다. 이 세상의 모든 진리가 쉽고도 간단하듯이….

말로 들으면 너무나 쉽고 간단하여 모든 사람들이 수긍하는 내용이지만 현실로 적용하기에는 아직 문제가 너무 많다. 먼저 의료인과 보건정책 입안자들의 인식이 바뀌어야하고, 교육적 전환과 더불어 제도적인 뒷받침이 있어야 한다.

또한 위의 3가지를 충족시키기 위해서는 중용中庸을 지키는 것이 무엇보다 중요하다. 이 세상에는 남자와 여자가 있고, 하늘과 땅이 있고, 음과 양이 있듯이 동動과 정靜이 있다. 긴장 후엔 휴식이 필요하며, 동적인 운동만 할 것이 아니라 정적인 운동도 겸하여야 하며, 음식 또한 골고루 섭취하여야 이런 조화로운 중용을 유지할 수가 있는 것이다.

사실 이렇게 간단한 내용을 글로 쓰다보면 특별한 내용은 없지만 세상 사람들은 별다른 노력하지 않고 쉽게 건강하기를 바라거나 잘못된 교육으로 시간을 낭비하고 있는 사람들이 많은 것이 문제다.

가장 큰 문제는 의료인들이 질병이 생긴 후에야 병을 발견하고, 겉으로 보이는 증상을 줄이는 데만 급급하고 병에 걸리지 않게 하는 데는 전혀 관심도 없고 지식도 없다는 것이 제일 큰 문제이고 국가정책도 건강을 유지하기 위한 운동법이나 건강 상식을 전달하려는 노력이 부족한 것도 현재의 문제점이다. 이러한 문제는 한국뿐 아니라 전 세계적인 문제이기도 하다.

예를 들면 의사들이 식품영양에 대한 지식도 부족하고, 운동을 전문적으로 해 본 사람도 많지 않아 무릎이 아프거나 허리가 아픈 사람에게 무조건 걷는 운동과 수영을 권하고 있는 게 현실이다.

무릎이나 허리가 아픈 사람은 거의 다 허리와 골반이 굳어서 하지로 가는 요, 천추 신경기능이 저하되어 오는 경우가 대부분이고 그러다 보니 하체의 근력이 약화되어 있다. 그런 사람들에게 걷는 운동을 30분 이상 하라고 하면 하지와 상지의 반복되는 동작으로 인하여 골반과 허리 관절이 오히려 더욱 굳게 되고, 척추가 틀어진 사람에게 수영을 권하면 특히 자유형이 그런데, 한 방향으로만 몸을 틀게 되어 가속도의 법칙에 의해 척추의 회전변형이 더욱 심화되기도 한다.

앞에서 지적했듯이 동적인 운동과 정적인 운동이 조화를 이루지 않으면 우리 몸은 그 균형을 잃게 되어 또 다른 부작용이 발생한다는 것을 지적하고 싶다.

물론 다행히도 웰빙이란 세계적인 추세에 힘입어 조금씩 의식전환이 되곤 있지만 보편적인 지식이 되기에는 아직 멀었다고 본다.

4) 한 가지 더 추가한다면 바른 자세이다.

자세를 바르게 하면 척추가 바로 서게 되고, 뇌에서 시작되는 모든 신경이 척추를 통해서 몸통과 사지를 지배하기 때문에 척추가 바로 서야 뇌신경이 모든 장기와 사지를 원활히 조절할 수 있게 된다. 여기서 바른 자세란 정면에서 보았을 때 양 눈썹이나 귓바퀴가 평행하고 어깨가 한쪽으로 기울지 않고 평행하게 보여야하며, 방사선 정면 사진 상 일자가 되어야 하고 척추후방돌기의 배열 역시 일자가 되었을 때 바른 자세라 할 수 있다.

척추에 측만증이나 회전변형이 오게 되면 위에서 언급한 평행이 깨지게 되며 얼굴에서 턱도 삐뚤어지게 보인다. 옆에서 보았을 때 머리, 목의 위치가 등과 일직선이 되어야하며 측면 방사선사진을 찍었을 때 정상적인 S-곡선이 살아있어야 한다.

경추신경은 뇌신경과 가장 근접한 신경으로 목이 삐뚤어지면 목과 어깨 통증뿐 아니라 팔 저림도 오고, 두통, 눈이 침침하고, 눈꺼풀이 떨리기도 하며, 턱관절이 뻣뻣하거나 통증이 오고, 침이 마르고, 눈에 무언가 떠다니는 거 같기도 하며, 원인모를 이명도 나타나게 되는데 이러한 머리 기관의 증상은 심장에서 뇌로 가는 혈액의 속도가 떨어져서 나타나며 잘 못된 자세가 아주 밀접한 그 원인이 된다.

거의 모든 질병을 앓고 있는 사람들을 자세히 보면 머리는 앞으로 기울고 등은 뒤로 볼록한 거북이등의 형태를 취하고 있다. 거북이등이 되면 흉추는 척추후만이 되고 요추는 뻣뻣해지는 연쇄반응을 일으키게 되어 흉추에서는 심장, 폐, 위, 간을 지배하며 요추는 골반과 다리, 대장, 소장, 비뇨생식기를 지배하므로 인체의 모든 장기로 가는 신경조절에 이상을 초래하여 혈액순환이 감소하며 근육에 강직을 초래하여 거의 모든 질병을 유발한다고 해도 과언이 아니다.

5) 마지막으로 의학을 너무 믿지 말라는 것이다.

30년간 의사를 한 사람이 이런 말을 하면 어떻게 생각할지 모르겠지만 실제가 그러하다. 왜냐하면 의학은 정상이냐, 비정상이냐 하는 흑백논리로 접근하여 병의 중간 단계는 무시하는 경향이 있는데 예를 들면, 내 몸은 피곤하고 지쳐있는데 검사 상에는 정상으로 나오는 경우, 얼마 전까지 검진 상에 정상이던 사람이 갑자기 암 말기진단을 받는 경우를 많이 보거나 들었을 것이다.

또한 개인차를 인정하지 않으며, 인체를 전체로 보지 못하고 토막내어 보는 경향이 있어 호흡기전문의는 호흡기만 진료하고 무릎을 전공한 사람은 무릎만 보는 우를 범하는 경우가 비일비재하다.

진단방법에서도 해부학적 접근과 생리학적 접근을 동시에 해야 하는데 현재 개발되어 있는 방법조차도 제대로 적용을 못하고 있는 것도 지금의 현실이다.

또한 의사는 병을 낫도록 도움을 주는 사람이지 절대 고치지는 못한다고 의과대학 초년시절 들었던 기억이 난다. 내과의사가 고혈압이나 당뇨를 고쳤다거나, 정형외과 의사가 관절염을 고쳤다는 얘기는 듣지 못했을 것이다. 단지, 약물을 투여하여 혈압을 일시적으로 떨어뜨리거나, 진통제로 관절통을 줄일 수는 있지만 병 자체를 근본적으로 고칠 수는 없는 것이다.

그런데 의사생활을 오래하다 보면 마치 자신이 병을 고친다는 착각을 하게 되고, 환자들도 병원에 가면 병을 고쳐 주는 줄로 알고 있다. 이런 의식부터 전환해야 한다. 건강을 지키는 방법은 쉽지만, 환자 자신이 스스로 해야 하며, 의사나 정부기관에서는 무작정 대책 없이 증상치료에만 돈을 쏟아 부을게 아니라 근본적인 건강증진에 더욱 더 관심을 가져야 한다.

아침에 일어나서 상쾌하지 못하고, 뒷목이 뻣뻣하거나 눈이 침침하고, 배변이 불규칙하고, 피로가 빨리 온다던가, 잠을 숙면을 못 취하고, 성생활에 지장이 온다던가, 땀이나 방귀 냄새가 고약하던가….

위의 증상들은 누구나 경험할 수 있는데 이러한 증상들이 모두 몸에 유해한 요소가 축적되었거나 질병의 전단계라는 것을 꼭 명심하여 위에 언급한 건강법을 습관화하여 건강하고 활기찬 생활을 우리 모두가 누리기를 바랄 뿐이다.

신체 건강의 3대 요소 : FEM

(1) 음식(Food)
(2) 운동(Exercise)
(3) 마음(Mind)

관절건강의 3대요소 : 3P

(1) 바른 자세(Posture)
(2) 유연성(Pliability)
(3) 근력(Power)

㉓ 인체는 나무와 같다

 1984년부터 진료업무를 시작하여 지금까지 수많은 임상경험을 하면서 진정한 건강을 찾기 위한 방법은 의사가 만드는 것이 아니고, 결국 환자 자신이 자신의 신체구조를 알고 가꾸어야 한다는 것을 절실히 느꼈다. 그리고 어떻게 인체를 설명해야 복잡한 해부학을 환자분들이 쉽게 이해할 것인가? 생각 끝에 인체는 나무와도 같다는 착안을 하게 되었다.

 결론부터 말하면 나무의 뿌리는 뇌신경과 척추신경이고, 뿌리주변의 땅과 흙은 신경을 보호하는 척추뼈와 근육에 해당하고, 줄기는 오장육부를 연상하면 되고, 가지와 꽃은 팔, 다리와 말단 감각기관에 비유할 수 있다.

 나무가 튼튼하게 잘 자라고 결실을 맺기 위해서 필요한 것은 뿌리주변에 땅과 흙이 있어야 하고(토土, 금金), 뿌리를 내리고 자라기 위해서는 적절한 수분이 공급되어야 하며(수水), 성장과 결실을 맺기 위해서는 태양의 열과 광선이 필수적이다.(화火)

 여기서 땅과 흙은 신경을 보호하는 골격과 근육(토土, 금金), 수분은 혈액(수水), 태양은 정신(화火)으로 요약된다.

 여기서 가장 중요하고 인체의 근본인 뇌와 척추신경(나무와 뿌리)이 건강해야 땅(척추와 근육)으로부터 영양분을 흡수하여 내장기관(줄기), 팔, 다리(가지), 감각기관(꽃)이 건강하도록 작용하게 된다.

 오행으로는 나무가 자라기 위해서는 나머지 요소인 수, 화, 토, 금이 조화롭게 있어야 한다고도 할 수 있다.
1) 골격과 근육의 건강은 바른 자세와 균형 있는 운동으로(토土, 금金) 뇌와 척추신경의 기능이 유지되어야 한다.(즉, 관절의 유연성과 근력이 조화로워야 한다.)
2) 혈액의 건강은 균형 잡힌 식생활로 영양섭취가 중요하다.(수水)
3) 정신의 건강은 스트레스 관리가 핵심이 되는 것이다.(화火-교감신경과 부교감신경의 조화로움)

위의 3가지는 여러 차례 언급한 바가 있어 이 자리에선 생략하고, 정형외과적으로 척추신경을 보호하는 척추가 바로 서고 유연해야 척추신경이 정상적인 활동을 하게 된다는 사실을 다시 한 번 강조하면서 모든 사람들이 평상시에 적절한 운동과 섭생, 스트레스 관리를 하서서 질병을 예방하고 건강한 삶을 유지하길 바랄 뿐이다.

24 인생과 건강은 계절과 같다

1950년대까지만 해도 우리나라의 평균수명은 50을 조금 넘었다. 하지만 지금은 80세 정도이며 앞으로 20년 후면 100세가 될 전망이다. 60세 이전에 사고나 질병으로 사망하는 사람을 빼고 생각해 보면 지금도 90세 정도가 된다고 가정할 수 있다.

또 달라진 것은 예전에는 직장생활을 그만 둘 나이가 되면 사망하는 사람이 많았지만 지금은 은퇴를 하고도, 예를 들어 60세에 은퇴

해도 최소한 20년에서 30년을 더 살다가 생을 마감하는 추세이다. 이런 장수문화가 지금은 사회문제로 대두되고 누구나 노후대책 마련에 고민을 하고 있는 것이 지금의 실정이다.

역학에서도 예전에는 인생을 60세로 보고 사주의 4기둥을 15년씩 분할해서 보았지만 최근에는 20년씩 나누어 보고 있는 데 머지않아 25년씩 나누어 볼 날도 머지않다고 본다.

나는 진료실에서 인생 80년을 20년씩 나누어 봄, 여름, 가을, 겨울로 말한다.

1) 20세까지는 이 세상에 태어나 어머니의 손을 거쳐 성장하여 장래를 위한 교육과정을 거치는 시기로 앞으로 다가올 여름을 준비하는 때라고 말하며 절기로는 입춘, 우수, 경칩, 춘분, 청명, 곡우에 해당한다.

2) 21세부터 40세까지는 봄에 성장한 줄기가 꽃을 피우는 시기로 사회적으로는 직장을 갖고 최대의 번식기라 결혼도 하고 자손도 출산하는 시기가 이 때이며 절기로는 입하, 소만, 망종, 하지, 소서, 대서에 해당한다.

3) 41세부터 60세까지는 나무로 말하면 결실의 계절이라 열매를 만드는 시기이고, 사회적으로는 중년으로 사회적 기반을 튼튼히 하고 자손들이 출가하는 시기도 대체로 이 시기에 해당하며 절기로는 입추, 처서, 백로, 추분, 한로, 상강에 해당한다.

4) 61세부터 80세까지는 다음해에 또 다시 생명을 발하기 위하여 영양분을 축장하고 휴식하는 시기로 사회적으로는 노년에 해당하는데 절기로는 입동, 소설, 대설, 동지, 소한, 대한에 해당한다.

봄에 피는 꽃은 개나리, 민들레, 진달래, 벚꽃…
여름에 피는 꽃은 밤나무, 봉선화, 수련, 연꽃, 해바라기…
가을에 피는 꽃은 코스모스, 오이풀, 물매화, 강낭콩…
겨울에 피는 꽃은 동백나무, 선인장, 소나무, 수선화…

위와 같이 계절별로 피는 꽃이 있듯이 우리의 인생도 봄에 전성기를 맞이하는 사람도 있고 겨울에 가서야 전성기를 보는 사람도 있듯이 각각 주어진 운명도 제각각인 것을 알 수 있다.

사람은 누구나 봄에는 따뜻한 온실에서 태어나 자라기를 바라고, 여름에는 자신의 기량을 뽐내며 사랑도 하고 경제적으로도 안정을 바랄 것이며, 가을에는 풍요로운 인생을 즐기고, 겨울에는 평온한 노년을 보내기를 바랄 것이다.

하지만 인생사가 뜻대로 되는 사람이 얼마나 될까?

사람들은 항상 다른 사람들과 비교하며 경쟁심을 발휘하여 목적을 달성하는가하면 실패로 좌절하고 고통 받는 사람들도 많은 게 현실 세상이다. 봄에 피는 꽃이 겨울에 피는 꽃을 부러워한들 무슨 소용이 있겠는가? 각자 주어진 운명 안에서 최선을 다하며 살아가야 하는 것이 인간의 도리이다.

최근 노후의 생활이 사회문제로 대두되는데, 진료실에서 환자를 진료하면서 많이 느끼는 것은 20세 미만의 청소년들이 현대문명의 부작용으로(컴퓨터, 인터넷, 스마트폰, 자동차) 척추측만증과 그로 인한 합병증환자가 급증하여 향후 60년 이상을 살아가야 하는 젊은이들의 앞날이 심히 걱정된다는 것이다.

40세 이상의 중년층은 급변하는 신체변화(갱년기와 노화현상)를 인식하지 못하고 자신이 가을 문턱에 들어선 것을 부인하며 한 여름인 줄 착각하여 신체를 혹사시키고 가꾸지 않아서 병들어 가고 있다.

60세 이상의 노년층은 준비 안 된 겨울 생활이 너무 힘들어 스트레스 받고, 거리로 나가서 경제활동을 하거나 몸 관리부족으로 인한 질병으로 겨울을 독한 추위 속에서 보내고 있는 현실을 보면 가슴이 아프다.

물론 20~40세도 예외는 아니지만 왕성한 신진대사로 인하여 가을, 겨울에 있는 사람들보다는 상황이 조금 나은 편이다.

계절별로 피는 꽃도 예로 들고, 계절별로 인생을 분류해 보았지만 결국 각자의 주어진 운명 같은 그릇이 있어 거기에 만족하면서 최선을 다 하여야 하며 여름에는 여름답게, 겨울에는 겨울답게 살기 위해서는 항상 자신의 몸을 가꾸고 단련하여 미래를 준비하며 살아가야 한다고 결론지을 수 있다.

25 나의 유언은?

자세를 바르게 하라!!! 했더니 애들이 다 웃는다. 갑자기 유언이라는 단어도 그렇고, 그 뜻이 뭔지도 모르겠다는 표정으로….
부연 설명을 하였다.
1) 자세가 바르면 척추기능이 좋아져 건강해진다.
2) 자세가 바르면 뇌 혈액순환이 잘 되어 머리가 좋아진다.
3) 자세가 바르면 나쁜 생각을 하지 않는다.
4) 자세가 바르면 올바른 판단을 할 수 있다.
5) 자세가 바르면 멀리 내다보는 능력이 생긴다.
6) 자세가 바르면 남의 단점이 보여 유혹에 넘어가지 않는다.
7) 자세가 바르면 마음도 편안해 진다.
그제야 고개를 끄덕인다. 진료실에서도 같은 말을 반복해서 한다.

26 편작의 이야기

중국에는 화타, 편작이라는 신의神醫가 있었다는데 그 중에 편작이라는 의사는 3형제가 모두 의사였다고 한다. 하루는 그 당시 임금이 편작을 불러 너희 3형제 중에 누가 제일 명의냐고 물었다고 한다.
편작은 제가 실력이 제일 부족하고 큰형이 진짜 명의라고 답하자

임금은 어째서 그러냐고 물었다. 왜냐하면 편작은 당대의 신의라 불릴 만큼 수술도 잘 하고 처방도 잘하는 의사였기 때문이다.

저는 질병이 심하게 진행되어 고치기 힘든 환자를 치료하기에 사람들이 명의라 하지만, 둘째 형은 병의 초기를 발견하여 질병이 진행하지 않도록 하기에 사람들이 몰라주는 것이고, 첫째 형은 병이 걸리기 전에 처방을 알려주어 병이 걸리지 않도록 하기에 더욱 더 사람들이 몰라주는 것이라 답했다.

결국 진짜 명의는 예나 지금이나 사람들이 몰라주는 사람인가 보다. 그렇다면 명의가 되고자 하는 의사가 얼마나 있을까?

27 컴퓨터가 의사들을 먹여 살리는 시대

최근에 진료실에 앉아있으면 오른쪽 어깨가 뻐근하고 팔까지 저려오는 기분 나쁜 통증을 가끔 느낄 때가 있다. 병명은 근막동통증후군 내지는 경추 추간판탈출증의 초기 증상이다. 20대~30대 때에는 허리 추간판 탈출증으로 오랜 기간 동안 고생하다가 선관무 운동으로 완치를 하였는데 최근 들어 역학 공부를 한다고 신경 쓰면서 필기도 하고 했더니 급속히 경추 부분이 굳어 옴을 느낀다. 평소대로 도장에 가서 유연공과 오체유법을 40분간 하고 기공체조와 무술동작 등을 하지만 좀처럼 풀리지 않는다.

답은 간단하다. 책을 놓고 조용히 좌관(명상)을 하면 다 없어지는 증상들이다. 머리와 마음을 비우면 우리 몸도 부드럽게 이완되기 때문이다.

내가 1984년 2월 의사면허를 취득한 이래 현재까지 29년째 진료업무를 하고 있는데 지난 10년 전부터 아이와 어른 모두 어깨, 허리, 팔, 다리 저림증상으로 오는 환자들이 급증하는 추세이며, 놀라운 사실은 초등학교 1학년만 되어도 이 같은 증상을 호소한다는 사실이다. 척추 체형검사를 해보면 영락없이 측만증이나 허리 만곡선이 소실되어 있다.

예전에는 정형외과 내원환자의 절반은 외상으로 다쳐서 오는 환자가 많았는데 자동차와 인터넷의 보급으로 질병 양상이 완전히 뒤 바뀌었다.

결국은 편리하다고 만들어낸 자동차와 인터넷이 인간들을 병들게 하고 있다는 사실이다.

문제는 의사나 정부나 학교선생이나 모두 관심이 없다는 것이다. 심지어 부모들까지도…. 술, 담배는 인체에 해롭다고 난리 법석들을 치면서 그보다 더 심한 합병증을 유발하는 컴퓨터와 스마트폰에 대해서는 자비로움이 너무 지나친 것 같다.

그 이유는 어느 질병에 대한 이론이 정립되고 교과서에 실리기까지는 최소 5년에서 10년이 걸리는데 인터넷이 가정에 보급된 건 1999년 말이다.

따라서 일선에서 근무하는 의사들은 다 아는 사실인데 아직 교과서에는 실리지 않아서 컴퓨터의 유해성을 그다지 심각하게 받아들이지 않는다는 사실이다.

기업체 입장에서는 컴퓨터와 소프트웨어를 개발해야 돈을 많이 버는 기업들이 엄청나게 많아 컴퓨터와 인터넷을 더욱 더 보급시키려 한다.

정부에서도 모든 시스템을 컴퓨터와 인터넷에 의존하여 현재는 이들이 없으면 국가나 기업체할 것 없이 모두 마비가 될 지경으로 변해버렸기 때문이다.

컴퓨터와 인터넷의 유해성은 단순히 근골격계 증상에만 국한되지 않는다는 것이 문제다. 바른 자세로 컴퓨터를 하지 않기 때문에 경추와 등, 허리가 굽게 되면 척추 안에 있는 중추신경 특히 자율신경계의 조화가 깨져 교감신경계가 항진되어 자율신경 실조증에서 나타나는 모든 증상 - 두통, 눈이 침침하고 시력감퇴, 눈이 떨리거나 손이 떨리고, 소화불량, 불면증, 만성피로, 생리불순, 발기부진, 오줌소태 등 - 으로 각종 내부 장기의 기능마저도 서서히 망가지게 된다.

즉, 신경계와 혈액순환 장애로 인한 모든 질병들의 발병이 증가한다는 것이고 심하면 가장 중요한 뇌혈관이 막히는 뇌경색도 일으킨다는 사실이다. 아마도 암 발병 또한 증가될 것으로 생각되며 이미 40대에 뇌혈관질환이나 암 발병률이 급증했다는 것은 언론 상에서도 보도가 수차례 된 것으로 알고 있지만 컴퓨터와 인터넷과의 유의성에 대해서는 전혀 언급이 없다는 게 문제다.

아무튼 인간들은 어리석어 자기 꾀에 자기가 빠진다는 것도 모르고 똑똑한 척 하고 또 그런 사람들이 대우를 받는 이 세상이 모순이 아닌가 생각된다.

해결 방안은 없는가? 물론 있다.

수차례 언급을 했듯이 바른 자세와 스트레칭, 균형체조로 척추를 바르게 하면서 유연성을 유지하고 적절한 유산소 운동을 규칙적으로 하며, 과로와 스트레스를 피하고 충분한 휴식을 취하며, 균형 잡힌 식사를 규칙적으로 하면 된다. 너무 간단하다고 생각 들지만 실천하기는 하늘에서 별 따기로 대단한 인내와 굳은 마음을 먹기 전에는 불가능하다는 게 문제다.

　결국 범사회적인 홍보와 노력이 없으면 개인적으로는 이런 현대문명 속에서 독불장군으로 살아남기란 보통 어려운 게 아니다. 물론 사람들이 위의 3가지를 잘 지킨다면 이 세상에 있는 의사들은 모두 전업을 해야 될 것이다.

　나 개인적으로는 내가 의사로서 할 일이 없어지더라도 이 세상 모든 사람들이 몸과 마음의 평화를 얻어 영혼이 병들지 않고 밝게 빛나기를 바란다.

㉘ 노화방지법

　현대 의학적으로 노화의 이론과 노화를 늦추는 간단한 처방 몇 가지를 소개 한다.

　노화의 원인은 크게 산화작용과 호르몬 변화에서 찾을 수 있다.

　산화작용에 의한 노화는 신체 내 대사과정 중 발생하는 유해산소 자유기(free radical)에 의한 세포내 DNA손상으로 노화가 진행된다는 이론이다.

호르몬 변화에 의한 노화는 남성호르몬(Testosterone), 여성호르몬(Estrogen), 성장호르몬, 멜라토닌, DHEA 등이 20대를 정점으로 감소하기 시작하여 노화가 진행된다는 이론으로 45세를 전후로 남성, 여성 갱년기가 시작되고 점차 노화로 진행되게 된다.

노화를 예방하는 방법은 다음과 같다.

1) 항산화제의 복용

산화작용을 억제하는 항산화제를 복용하여 세포내독소를 해독하고 DNA손상을 줄여줄 수 있다.

2) 필수비타민과 미네랄의 섭취

필수비타민과 미네랄은 우리 몸에서 생성되지 못하고 반드시 외부로부터 섭취해야 하며 이들은 생체 내 세포활성도를 최적화시켜 노화의 진행속도를 늦춘다는 이론이다.

3) 호르몬 투여법

몸 안에 부족한 호르몬을 외부에서 직접 주입하는 방법인데, 이러한 지속적인 투입은 정상적인 생성능력을 억제하는 부작용이 생길 수 있다.

4) 호르몬 전구물질을 복용

호르몬 생성을 촉진시키는 방법으로 직접적인 효과가 아니고 간접

적인 방법으로 비교적 안전한 방법이다.(식물성 단백질섭취를 늘리는 방법)

처방사례를 살펴보면 영양제나 건강 기능식품들이 이것에 주로 해당한다.

- 비타민 C

대표적인 항산화제로서 항암효과, 항바이러스 효과가 있다고 하며 하루복용량은 여러 찬반 이론이 존재하나 대체로 1000~3000Mg의 대용량을 권장하는 추세이다.(대용량 요법은 체질과 생활습관에 따라 용량을 조절해야 하므로 전문가와 상담을 요한다.)

- 필수비타민과 미네랄

세포활성도를 최적화시키는데 천연산이 합성제품보다 흡수율에서 월등하다고 한다.

비타민A, B군, D, E, K, 칼슘, 인, 마그네슘, 나트륨, 칼륨, 염소, 유황, 철분, 아연, 요오드, 구리, 불소, 망간, 셀레늄, 크롬, 몰리브덴, 코발트, 규소, 바나디움, 니켈, 주석, 카드뮴, 비소, 알루미늄, 붕소.

하루 세끼 식사로 이것을 골고루 섭취하기는 쉽지 않다. 따라서 단일 성분보다는 골고루 들어있는 종합영양제가 도움이 된다.

- 성장호르몬 촉진제

성장호르몬은 운동할 때와 잠들고 나서 분비가 일어나며 성장호르몬의 전구물질인 아미노산을 규칙적으로 섭취하는 방법으로 규격화된 아미노산을 섭취하거나 콩으로 만든 음식, 두부, 된장찌개, 두유 등을 섭취하는 것도 하나의 방법이다.

- 오메가 3 지방산

오메가 3 역시 체내에서 생성이 안 되는 물질로서 외부로부터 반드시 섭취해야하는 물질이다. 주로 혈액순환을 증가시키고, 노화방지 호르몬분비를 촉진시키는 것으로 알려져 있다.

- 관절 노화방지제

이것도 그 효능에 대해 여러 이론이 있지만, 대중적으로 많이 사용되고 병원에서도 처방되는 성분들이다. 글루코사민은 관절 생성을 촉진하고, 콘드로이친은 연골파괴를 억제하는 것으로 알려져 있다.

- 식이섬유(장청소)

대장의 묶은 때를 흡착시켜 배설을 도와주는 것으로 식이섬유(Psyllium)가 대표적인 것으로 장내 찌꺼기를 청소하고 변비를 해소하는 것으로 알려져 있다.

- 유산균

흔히들 많이 먹는 것으로 장내 세균들의 균형을 교정하는 효과가 있다고 알려져 있다.

이미 식품영양학적으로 증명된 것으로 의학적 효과는 찬반의 여지가 남아있으며, 대체로 몸 안에 꼭 필요하다고 알려진 성분인데 체내에서 합성이 안 되는 것이 대부분이다. 사람마다의 체질에 관계없이 대체로 보편타당하게 먹을 수 있는 것들이다.

㉙ 뼈가 튼튼해지려면 어떤 음식이 좋을까?

일반적으로 뼈하면 먼저 생각나는 것이 칼슘이다. 동양철학에서 말하는 음양오행으로 보면 뼈나 관절은 오행 중에 수水에 해당하기 때문에 오행 중에 수水를 보해주는 음식이 뼈나 관절을 튼튼하게 해주며 이런 음식에는 칼슘이 많이 함유되어 있다.

또한 대부분의 심장질환이나 관절질환을 앓고 계신 분들은 화火기운이 강한 분들이 많아 이런 음식을 많이 섭취하면 오행 상으로 수극화水克火가 되어 몸의 화기火氣를 줄이는데도 도움이 되기도 한다.

음식의 5행 성질 중에 水에 해당하는 음식들은 맛으로 보면 짠맛이 나는 것들로 검정콩, 두부, 수박, 김, 미역, 다시마, 파래, 콩떡잎, 밤, 해삼, 멸치, 돼지고기, 된장, 치즈, 베지밀, 새우젓, 명란젓, 굴젓 등이 해당된다.

참고로 칼슘함량을 보면(mg/100g), 검정콩-213, 생김-490, 마른김-325, 다시마-103, 미역-153(말린 것-959), 파래 말린 것-652, 치즈(가공)-613, 새우젓-681.

또한 최근 관절염환자들에게는 연골의 생성을 도와주는 글루코사민과 콘드로이친과 염증반응을 줄여주며 혈액순환을 증가시키는 오메가 3계열의 불포화지방산을 섭취하도록 권장하기도 한다.

콘드로이친은 의료보험이 적용되어 의사의 처방전을 받으면 저렴하게 먹을 수 있으며 건강보조식품으로도 많이 유통되고 있다. 오메가 3불포화지방산이 많이 함유된 음식은 대표적으로 꽁치, 고등어, 삼치, 장어, 정어리 등이며 건강보조식품으로 유통되는 것도 많이 있다.

개인적으로는 뼈와 관절의 건강을 위해서 검은콩, 김, 미역, 다시마, 참깨, 두부와 등 푸른 생선 등의 음식물 섭취를 늘리라고 권장하고 있는데 대체로 짠맛 나는 음식이나 어패류 등이 이에 해당한다. 그러나 음식이란 편중되지 않고 골고루 섭취하는 것이 가장 중요하다는 것 다시 강조한다.

㉚ 몸의 균형을 유지하며 근력을 기르는 이상적인 운동법

이 지구상에 사람이 만들어낸 운동법은 셀 수 없이 많다.
1) 구기 종목: 배구, 농구, 축구, 야구, 골프, 볼링, 탁구, 테니스
2) 육상종목
3) 빙상종목
4) 스키같이 눈 위에서 하는 종목
5) 산악종목
6) 물에서 하는 수상종목

7) 자전거 같은 동력 기구를 이용한 종목
8) 헬스 같은 기구를 이용한 운동법
9) 격투기, 태권도, 유도, 무에타이, 복싱, 합기도
10) 기공관련 운동법: 요가, 선관무, 기천문, 태극권, 단전호흡, 국선도

그 밖에도 알려지지 않은 운동법이 무수히 많을 거라 생각되는데 국민들이 손쉽게 배울 수 있고 건강을 증진시키는 운동법이 체계화되어 보급된 것은 하나도 없는 실정이다. 그게 무슨 말이냐고 의문을 제기하겠지만 신체의 균형을 유지하며, 근력을 기르고, 심장과 폐 기능을 향상시키며, 몸 안에 기운을 원만하게 순환시키며, 관절의 유연성을 기르고 동시에 정신적인 안정까지 줄 수 있는 운동법이야 말로 가장 이상적인 운동법이라 할 수 있기 때문이다.

일반 국민들이 주로 하는 운동으로는 걷기, 달리기, 등산, 축구, 골프, 테니스, 배드민턴, 헬스 등이 있다. 그나마 이런 운동도 국민의 50% 정도만 하고 나머지 50%는 전혀 운동을 안 하고 있는 게 현재 실정이다.(환자를 대상으로 설문조사를 해보아도) 운동을 한다고 하는 사람도 1주일에 2~3번 정도 규칙적으로 하는 사람은 아마도 그 절반 정도 될 것으로 생각되는데 초, 중, 고 학생들은 입시준비로, 20대에서 40대는 생활전선에서 격무에 시달리고, 50대 이상은 젊은 시절 운동습관이 들지 않아 운동을 하고 싶어도 그 방법을 몰라서 못하고 있는 현실이다.

또한 현대문명의 발달과 더불어 자동차, 컴퓨터가 없는 집이 없을 정도로 많이 보급되어 인간의 신체는 날로 병들어가고 있고 질병치

료에 투입되는 돈은 1년에 수십조 원에 달하여 개인적으로나 국가적인 측면에서 엄청난 낭비가 아닐 수 없다.

　이런 상황을 개선하려면 정치인이나 경제적 재력가, 의료인들이 앞장서야 하는데, 정치인들은 표심잡기에 급급하고, 경제인들은 사업확장에만 급급하고 의료인들은 질병예방에는 관심 없고 질병으로 나타나는 증상치료에 매달리고 있으니 국민들의 건강은 날로 쇄약해질 수밖에 없는 것이다.

　냉정하게 말하면 국민들이 건강해지면 의료인들은 주머니사정이 더욱 어려워질 것이고 병원 문을 닫는 곳이 많아지고 전업사태가 벌어질 것이고, 기업체는 산업화보다는 웰빙으로 갈 것이다.

　그러나 국민이 건강해지면 의료비 지출이 감소하고 병원 다니느라 불필요한 시간을 소비하지 않게 되므로 보다 더 건전한 사회가 될 것이다. 나 개인적으로는 이 세상에 있는 모든 국민이 건강해져서 의사나 병원이 없는 세상이 되는 것이 나의 바람이다.

　신체가 건강하다는 것은 정신적인 면도 건강하다는 의미이며 그렇게 되면 인간 내면의 갈등도 없고 최근 증가하는 흉악범도 없어지는 그야말로 이상적인 사회가 될 것이다.

　너무 현실성 없는 말이지만 최소한 노력은 해야 된다고 생각한다. 범국가적으로 책임감을 가지고 남녀노소 누구나 쉽게 할 수 있는 건강법 모델을 개발해야 한다.

　우선 국민들이 하고 있는 운동법의 문제점을 인식하기위해서 몇 가지 예를 들어보겠다.

　저희 병원을 찾는 모든 환자들이 걷거나 뛰거나 등산을 하면 관절이 부드러워진다고 믿고 있는데 사실은 정 반대이다. 물론 병적으로 발목관절이나 무릎관절이 굳어있는 사람은 걸으면 관절운동범위가 더욱 증가하지만 병적인 관절구축이 없는 일반인들이 많이 걸으면 허리와 어깨, 골반관절과 힘줄이 굳어 요통, 슬관절통, 어깨통증, 심하면 디스크증상을 유발하는 경우를 흔히 볼 수 있다. 의문이 가는 사람은 걷기 전에 양다리를 최대한 벌려보시고 약 1시간 정도 걸은 후에 다시 벌려보면 골반이 굳어 다리가 잘 벌어지지 않는 것을 확인 하실 수 있을 것이다.

각종 구기운동(거의 모든 서구 운동)인 탁구, 배드민턴, 테니스, 골프 같은 각종 구기 종목의 운동들은 한쪽에 치우쳐 팔과 다리를 사용하는 운동이므로 지속적으로 하다보면 척추가 회전변형을 일으키게 되며 어깨나 등판에 통증을 유발하거나 허리나 엉치 부위에 통증을 일으키게 되고 심해지면 디스크로 진행되기도 한다. 또한 척추에 회전변형이 오면 척추에서 나오는 교감신경절에도 영향을 미쳐 팔, 다리뿐 아니라 복강 내 장기에도 혈류장애가 와서 각종 기능성 장애가 (눈이 침침하다, 눈에 무언가 떠다닌다, 이명, 어지러움, 만성피로, 소화불량, 몸이 붓는다, 턱관절 통증 등) 오고 진행하면 일반 검사 상에 나타나는 각종 질병이 생기게 된다.

일반인들은 스트레칭을 한다곤 하지만 대부분이 반동을 주는 운동을 하는데 관절이 풀어지기도 하지만 반동력에 의해 다시 관절이 수축되어 진정한 의미의 스트레칭을 제대로 하는 사람은 많지 않다. 관절을 이완하기 위한 스트레칭은 몸을 구부리거나 근육을 늘릴 때 호흡을 내쉬어야 하며 코로 들숨과 날숨을 천천히 3번 이상하여야 근육과 관절의 긴장이 이완된다.

그리고 늘 사용하는 근육만 사용한다. 인간은 태어나서 움직이기 시작하면서부터 성인이 되어 사망할 때까지 신체 전면에 있는 굴곡근을 주로 사용하며 후방근육은 몸을 지탱하는 정도로만 사용한다. 기고, 걷고, 밥 먹고, 일할 때도 마찬가지고 심지어 운동할 때도 앞으로 전진하는 운동법이 거의 대부분이다. 결국 신체의 전방과 후방에 있는 근육과 관절의 균형이 깨지게 되고 그 영향으로 척추에 변형과 유연성이 감소하게 된다.

이렇게 설명하면 대부분의 사람들은 이해를 하지만 너무나 오래된 잘못된 상식과 운동습관을 고치기란 너무 힘들어 어느 개인의 힘으로는 잘못된 건강 상식을 고치기란 불가능하다.

따라서 이를 개선하기 위해서는 우선적으로 바른 교육을 할 수 있는 지도자를 많이 양성하고 그에 걸맞은 대우를 해야 한다.

또한 같이할 수 있는 동료나 공동체(동아리)를 구성해 저렴하게 그리고 접근성이 쉬운 운동할 수 있는 공간을 마련해야 한다. 국가나 직장에서 약간의 강제성을 띠어 억지로라도 시작을 해서 범사회적으로 바른 운동문화를 체계적이고 지속적으로 유도해야 한다.

끝으로 올바른 운동법을 간략하게 요약해 본다.

1) 걷거나 뛰거나 등산 후에는 운동한 시간만큼 충분한 스트레칭을 하여 굳어진 관절을 풀어 주어야 한다.
2) 모든 서구 운동은 한쪽으로 치우친 운동을 하므로 반드시 동양 운동 같은 균형체조를 동시에 하여야 한다.

3) 스트레칭은 반동을 주지 말고 코로 숨 쉬며 들숨과 날숨을 3번 이상 하고 근육을 늘릴 때 호흡을 내쉰다.
4) 유산소 운동은 주 2~3회 정도 땀이 약간 날 정도로 하는 것이 신체에 무리를 주지 않는다.
5) 결국 일반인들의 잘못된 운동습관을 고치기 위해서는 우리 고유의 동양운동을 널리 알리고 습관화시켜 균형을 이루는 운동법을 생활화하고 교육시켜야 한다.

㉛ 슬관절 통증에 유익한 운동

슬관절통증이란 여러 가지 원인에 의하여 무릎관절에 통증을 호소함을 말한다.

1) 원인

(1) 외상성으로 오는 경우
   즉, 인대파열 및 염좌(내, 외측인대 및 전방 혹은 후방 십자인대), 관절 내 연골손상이나 물렁뼈(반월상연골)파열 등
(2) 관절의 변화가 생기는 관절염으로는 퇴행성관절염과 류마치스 관절염
(3) 신경계통 이상(추간판탈출증, 말초신경염, 척추신경병증)
(4) 기타 원인으로는

- 원판형연골 및 그에 따른 손상(Discoid Meniscus)

- 박리성 골연골염(Osteochondritis Dissecans)

- 활막 연골종증(Synovial chondromatosis)

- 활막 추벽증후군(Synovial Plica Syndrome)

- 통풍, 점액낭염, 건막염, Osgood-Schlatter Disease 등

2) 통증의 기전
(1) 구조적인 변화에 따른 통증
(2) 신경계통의 이상으로 인한 통증
(3) 염증에 의한 통증

구조적이던 아니던 일단 통증이 발현되면 운동량이 감소되어 근력이 약해지며 근력이 약해지면 통증은 더 심해지고, 관절 내부의 구조적인 변화는 더 악화되어 악순환이 되어 버린다.

3) 진단법으로는 가장 중요한 것이 의사의 진찰소견이며, 해부학적 검사방법으로는 방사선 촬영, MRI등이 대표적인 방법이다.

생화학적 검사 방법으로는 혈액을 채취하여 염증이나 기타 인자를 검사하는 방법이 있으며, 생리학적 생체 에너지 검사는 잘 시행하지 않기도 하지만 특별한 진단방법도 개발되어 있지 않은 실정이다. 해부학적 생화학적 검사 상 이상 소견이 있어도 별다른 증상 없이 생활하는 사람이 많은 것을 보면 생리학적 혹은 생체 에너지에 대한 검사가 부족한 것이 아쉬운 점이다.

4) 치료법에는 약물요법, 물리치료, 관절 내시경수술 및 조직을 떼

고 하는 수술기법과 최근에는 연골이식술 등이 있다.

  5) 운동요법 - 약물요법이나 물리치료와 더불어 운동요법이 중요한데, 그 이유는 관절주변이나 내부의 구조적인 취약점이나, 신경계통의 문제점은 이 운동요법으로 극복되는 경우가 많기 때문이다. 그 예로 축구선구와 같이 격렬한 운동을 하는 경우에는 관절 내 인대나 물렁뼈가 손상되어 있는 경우가 많지만, 워낙 잘 발달된 근육으로 보상하는 경우도 있으며, 허리신경 기능저하로 슬개골 주변의 통증이 있는 경우에는 허리관절을 부드럽게 하는 운동만으로도 통증이 해결되는 경우가 있다.

  슬관절의 통증 환자 중에 임상에서 가장 흔하게 접하는 경우는 신경계통 이상에 따른 것과 관절염에 의한 통증인데 위에서 언급한 통증의 악순환을 감소시키려면 유익한 운동을 하여 관절주변의 근력과 유연성, 그리고 몸의 균형을 유지하여야 한다.

  (1) 모든 운동에 앞서 근육과 관절을 유연하게 풀어주는 준비운동이 반드시 선행되어야 한다.

  (2) 걷기운동

  물론 건강에 제일 좋지만 너무 많이 걷거나, 너무 빨리 걷거나 준비운동을 안 하고 걸으면 오히려 증상을 더욱 악화 시키므로 통증이 있고 하체 근육의 기본적인 근력이 있다면 처음부터 장시간 걷지 말고 조금씩 시간을 늘려가는 것이 현명하다.

기본적인 근력조차도 없는 환자는 걷기보다는 체중부하 없이 최소한의 근력을 먼저 키운 다음에 걸어야할 것이다.

(3) 자전거타기

자전거는 관절에 체중부하를 주지 않고 할 수 있는 운동이라 노약자나 기본적인 근력이 없는 사람에게 도움이 된다. 물론 이 또한 지나친 저항을 주지 않는 범위 내에서 시작하고 점차 증가시켜야 한다.

(4) 기구 없이 좁은 공간에서 할 수 있는 운동

1평 정도의 공간이면 누구나 할 수 있으며 통증 감소에 효율적인 운동법 2가지를 소개하려 한다.

① 기마서기
  - 어깨넓이의 2배 정도 양발을 일자로 벌린다.
  - 허리와 등은 바로 펴고 선다.
  - 시선은 전방을 주시한다.
  - 양손은 편한 자세로 모아 배꼽 아래에 위치한다.
  - 그 상태에서 무릎을 약간 구부린다.(20도에서 90도)

정지된 자세를 유지하며 시간은 본인이 견딜 수 있는 만큼 조금씩 늘려 가면 되며, 견딜만하면 구부리는 각도를 증가하면 더욱 효과적이다.

- 이것도 힘들어 하는 경우에는 등을 벽에 기대고 시작해 본다.

효과로는 대퇴전방부의 근력을 강화시킨다. 발끝이 전방을 향하면 대퇴직근, 중간광근을 강화시키며(Rectus Femoris Muscle, Vastus intermedialis), 내측을 향하면 내측광근을(Vastus medialis Muscle), 외측을 향하면 외측광근을 강화시킬 수 있다.(Vastus lateralis Muscle)

즉, 대퇴부가 어디를 향하는가에 따라 부족한 근육을 발달시킬 수 있다.

② 발가락으로 서기
- 어깨넓이 정도로 양발을 일자로 벌린다.
- 허리와 등은 바로 펴고 선다.
- 시선은 전방을 주시한다.
- 양손은 편한 자세로 모아 배꼽 아래에 위치한다.
- 그 상태에서 뒤꿈치를 서서히 들어 양 발가락으로 선다.

익숙해지면 엄지발가락으로 서는 연습을 하면 더욱 효과적이다. 시간은 견딜 만큼 하면 된다.

효과로 하퇴 후방부의 근력을 강화시킨다.(비복근Gastrocnemius Muscle, 가자미근 Soleus Muscle)

이것도 힘들면 뒤꿈치를 약간 들고 걷는 것도 좋다.

** 이 두 가지 운동법은 근력 강화 뿐 아니라, 몸의 균형을 유지하고 척추를 교정하는데도 효과적이며, 산란한 정신을 안정시키는 데

도 효과가 있어 1석 3조라할 수 있는 운동법이다.

(5) 발가락 펼치고 오므리기

위에 소개한 운동마저도 하기 힘든 환자에게는 앉은 자세나 누운 자세에서 열 개의 발가락을 최대한 펼쳐서 약 1분간 신전시킨 후 다음에는 최대한 오므려서 1분 정도 유지한다. 이것을 10회 반복하는 것만으로도 슬관절의 통증을 감소시키는데 도움이 된다.

32 신체 관절을 부드럽게 풀어주는 준비운동(유연공)

내가 개인적으로 매일 하는 체조법으로 선관무라는 불가무술에서 배운 동작으로 스트레칭을 하기 전 단계운동법으로 발바닥부터 전신으로 연결되는 대관절들을 유연하게 풀어주어 몸을 가볍게 이완시키는 준비운동이다. 각각의 동작들이 매우 쉬우면서도 탁월한 운동효과를 지녔으므로 매일 매일 꾸준히 반복해주면 몸의 유연성과 혈액순환을 크게 증진시킬 수 있기에 간단히 소개하고자 한다.

1) 발목

양발을 당겨 모아 손바닥으로 발가락을 위아래로 꺾어본 후 발 바닥을 자극하고 발목을 서서히 돌리며 풀어준다.(이때 발바닥에 있는 용

천혈, 발등에 있는 태충, 임읍혈을 눌러준다.)

 2) 무릎

　한 다리를 펴고 양손이나 한손으로 무릎의 슬관절을 중심으로 상하마찰을 시켜준다. 무릎아래의 신전근을 지압하고 다리전체를 두드리거나 마사지 해준다.(이때 족삼리부터 아래로 상거허, 하거허, 내측의 삼음교 혈을 눌러준다.)

 3) 고관절

　한쪽다리를 뒤로 돌리고 돌린 쪽 다리의 고관절에 손을 대고 관절을 앞뒤로 움직인다. 엉덩이를 바닥에 충분히 대거나, 원형으로 돌려주면서 고관절을 충분히 풀어준다. 고관절이 풀리면 접은 다리의 반대편으로 허리와 고개를 돌려 접은 다리의 뒤꿈치를 본다. 접은 다리 쪽의 손으로 반대쪽 손을 잡고 접은 쪽 다리방향으로 상체를 옆으로 기울여 상체 옆 근육을 살짝 늘린다.

 4) 손목·허리

　손가락이 후방을 향하도록 손목을 몸통 쪽으로 꺾어 바닥을 짚고 무릎을 구부린 자세에서 어깨를 좌우로 흔들어 준 후에 허리를 말아 고양이 등처럼 세운 후 다시 등을 펴서 허리가 들어가도록 한다.

5) 목

그대로 무릎을 꿇고 앉아서 고개를 천천히 상하좌우로 돌려준다.

6) 어깨

그 자세로 양팔을 굽히지 말고 펴서 앞으로 뒤로 돌리며 손뼉을 쳐준다. 좌우로도 흔들어 교차시킨다.

7) 전신

바닥에 누워 기지개를 쭉 펴준다.

8) 척추

양 무릎을 가슴에 붙이고 양손으로 다리를 끌어안고 등 구르기를 한다.

9) 호흡

충분히 구르기가 끝나면 조용히 앉아 삼토납법을 하고 잠시 좌선에 들어간다.

선관무 유연공

발바닥부터 전신으로 연결되는 관절들을 유연하게 풀어주어 매일 꾸준히 반복해주면 몸의 기초체력과 저항력을 크게 증진시킬 수 있다

  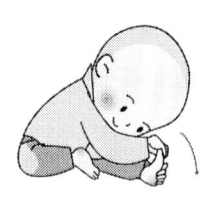

1. 발목
양발을 당겨 모아 손바닥으로 발가락과 발바닥을 자극하고 발목을 서서히 돌리며 풀어준다

2. 무릎
한 다리를 펴고 손으로 무릎의 슬관절을 중심으로 상하마찰을 시켜준다
무릎아래의 오금부위를 지압하고 다리전체를 두드리거나 마사지 해준다

3. 고관절
한쪽다리를 뒤로 돌리고 돌린 쪽 다리의 고관절에 손을 대고 관절을 앞뒤로 움직인다
고관절이 풀리면 접은 다리의 반대편으로 허리와 고개를 돌려 접은 다리의 뒤꿈치를 본다

4. 손목·허리
손목을 몸통쪽으로 꺽이게 바닥에 내려놓고
허리를 상하좌우로 천천히 움직여 준다

  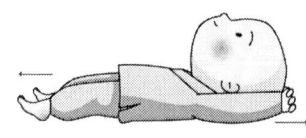

5. 목
그대로 무릎을 꿇고 앉아서 고개를 천천히 상하좌우 돌려준다

6. 어깨
그자세로 양팔을 굽히지 말고 펴서 앞으로 뒤로 돌리며 손뼉을 쳐준다. 좌우로도 돌린다

7. 전신
바닥에 누워 기지게를 쭈욱 펴준다.

8. 척추
양팔을 바닥에 대고 발을 머리 뒤로 넘겼다가
무릎을 가슴에 붙이고 다리를 끌어안고 등구르기를 한다

9. 호흡
충분히 구르기가 끝나면 조용히 앉아
삼토법을 하고 좌선에 들어간다

 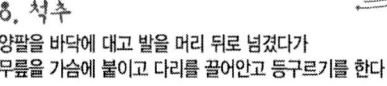

㉝ 음식과 건강

　음식이 건강과 밀접한 연관성이 있다는 건 누구나 잘 알고 있는 사실이지만, 어떤 음식을 어떻게 먹어야 하는지는 의료진이나 일반 국민들이나 모두 잘 모르고 있는 게 현실이다.
　현대 식품영양학에서 많은 노력을 하여 여러 음식들의 효능에 대해 과학적으로 많이 밝혀 놓았지만, 어떤 음식이 나한테 맞는지 안 맞는지는 알 수가 없다.
　식품영양학이나 현대의학에서는 각 식품에서 3대영양소와 필수비타민과 미네랄이 포함된 정도와 칼로리를 밝혀내고, 각각의 효능을 과학적 근거에 의해 밝혀놓았다.
　그런데 어떤 사람은 그 좋다는 인삼이나 홍삼을 먹으면 전신에 발진이 돋으며 숨도 쉬지 못할 정도의 호흡곤란이 오는 등의 부작용을 경험하고, 어떤 사람은 그것의 과학적 효능을 느끼고 경험하게 된다. 바로 여기에 의사로서 딜레마에 봉착하게 된다.
　아무리 의학적 과학적 영양학적으로 좋으면 뭐하나? 내가 먹을 수도 없고 먹으면 그건 오히려 독이 되는 경우도 있는 것이다. 앞서 체질에 대하여 잠시 언급하였지만, 동서양 할 것 없이 아직 체질론에 대해서는 확실한 진단기준을 제시하지는 못하고 있다. 물론 아주 극단적인 1/8에 대해서는 어느 정도 제시하고 있지만…. 개인적으로 사용하고 있는 사주四柱에 근거한 25체질론은 그나마 통계학적으로 보편타당성이 있다고 생각한다.

음식을 분류하는 방법에도 여러 가지가 있겠지만, 나는 맛으로 분류하는 방법을 채택하여 사용하고 있다. 동양철학에서는 갑을병정무기경신임계라는 천간(天干) 10개와, 자축인묘진사오미신유술해라는 지지地支 12개가 있는데, 하늘의 기운이 땅에 전해내려 오면서 2개가 더 생겨난 것이다.

지상에서 느껴지는 현상을 중심으로 오운육기五運六氣라는 단어를 사용하는데, 거기서 6가지의 종류가 등장하게 된다.

1) 巳亥 厥陰(궐음) 風木　　2) 子午 少陰(소음) 君火
3) 丑未 太陰(태음) 濕土　　4) 寅申 少陽(소양) 相火
5) 卯酉 陽明(양명) 燥金　　6) 辰戌 太陽(태양) 寒水

목화토금수 5개에 상화라는 기운이 하나 더 생겨난 것이다. 오행의 5가지 맛은 이미 수천 년 전부터 알려져 온 사항이지만, 최근에 세상을 떠나신 김춘식 선생은 의사도 아니면서 한약제와 음식에 대한 연구를 오랜 시간하고 스스로 체험한 결과 상화에 해당하는 음식을 떫은맛으로 규정하였는데 그 활용도가 의미 있어 나도 그 개념을 받아들여 사용하고 있는데 아직까지는 별다른 무리가 없었다.

역학 중에 명리학에서는 1) 음양을 구분하고, 2) 왕쇠를 구분하고, 3) 조후를 구분하여 사주팔자를 분석하고, 한의학에서는 1) 음양, 2) 허실, 3) 한열을 기준으로 사람의 건강상태를 분석한다. 둘 다 같은 말로 결국 동양철학이나 의학에서는 이 세 가지 잣대를 얼마나 잘 적용하여 분석하느냐가 가장 중요한 판가름이 된다는 말이다. 아마도 역학이나 한의학을 공부하는 사람들은 이 세 가지를 활용하여 분석하고 판단하는데 엄청난 시간을 할애하여 공부하고 있을 것이다.

여기서 어떻게 활용할 것인가 하는 의문이 생길 것이다. 물론 여기서 음양, 허실, 한열을 판단하는 방법을 논하지는 않을 것이다. 여기서는 그 결과에 따른 음식처방에 대해서만 언급할 것이다. 왜냐하면 너무나 방대하고 전문성 있는 분야라 여기서는 생략하는 것이다.

앞서 말한 사주팔자에 근거한 체질분류법을 잘 활용하는 것이 도움이 된다는 것을 지적하고 각 체질에 따라 음식처방을 잘 하면 현대의학에서 말하는 난치병도 호전시킬 가능성이 있음을 강조한다.

오행五行분류법상으로는 5가지가 되고, 육기六氣에 의한 음양분류법으로는 6가지가 되는데, 음식 맛의 종류는 6가지이므로 현실적인 적용을 위해 5행 5가지와 상화를 합한 6가지로 분류하여 사용한다. 목화토금수 그리고 상화 6가지와 관련된 질환과 음식을 살펴보자.

목木 : 나무를 상징하고 봄을 연상하는 단어인데, 그 성질을 살펴보면 추운 겨울을 땅속에서 지내온 씨앗이 땅을 뚫고 올라오는 강인한 돌파력이 있으며 새로운 세상을 열어주는 원동력이 된다.

질병은 간, 담낭과 관련된 질병 및 고관절, 무릎관절의 내측, 족부관절염과 신경통, 편두통, 허리를 뺑 돌아가면서 아픈 신경통에 적용된다.

음식으로는 신맛으로

곡식 - 귀리, 메밀, 밀, 보리, 강낭콩, 동부, 팥, 완두콩
과일 - 귤, 딸기, 꽈리, 포도, 모과, 사과, 앵두, 유자, 매실
야채 - 부추, 신 김치, 신 동치미, 깻잎
육류 - 개고기, 닭고기, 계란, 메추리, 동물의 간, 쓸개
근과 - 땅콩, 들깨, 참깨, 잣, 호도
조미료 - 식초, 건포도, 참기름, 들기름
차류 - 들깨차, 땅콩차, 유자차, 사이다, 오미자차, 오렌지주스

화火 : 불을 상징하고 여름을 연상하는 단어인데, 그 성질을 살펴보면 봄에 땅을 뚫고 나온 나무가 꽃을 활짝 펼치는 것으로, 확산하고 확장시키는 작용력이 있다.
　질병은 심장, 소장과 관련된 질환 및 어깨관절 뒤, 날개뼈, 새끼손가락, 주관절부의 신경통에 적용한다.

음식으로는 쓴맛으로
곡식 - 수수
과일 - 살구, 은행, 자몽, 해바라기 씨
야채 - 풋고추, 근대, 상추, 쑥갓, 씀바귀, 셀러리, 쑥, 고들빼기, 취나물, 각종 산나물, 익모초
육류 - 염소, 칠면조, 메뚜기, 참새, 심장, 곱창, 피
조미료 - 술, 자장, 면실유
근과 - 더덕, 도라지
차류 - 홍차, 작설차, 커피, 초콜릿, 영지차, 쑥차

기타 - 마이신, 키니네, 날수수

토土 : 흙을 상징하고 각 계절과 계절을 연결시켜주는 중간다리 역할을 하며, 여러 가지 성분을 포함하며 중화시키는 작용을 한다. 즉, 어떤 기운을 마감하고 다른 기운으로 열어주는 중간 터미널과 같은 것이다.
질병은 비, 위와 관련된 질병 및 전두통, 무릎 전방부 신경통, 아래 잇몸질환에 적용한다.

음식으로는 단맛으로
곡식 - 기장, 쌀(백미)
과일 - 참외, 호박, 대추, 감
야채 - 고구마줄기, 미나리, 시금치
육류 - 쇠고기, 토끼고기, 동물의 위장, 비장, 췌장
조미료 - 엿기름, 꿀, 설탕, 잼, 엿, 포도당
근과 - 고구마, 칡뿌리, 연근, 인삼, 감초
차류 - 인삼차, 칡차, 구기자차, 식혜, 두충차, 대추차, 꿀차

금金 : 금을 상징하고 가을을 연상하는 단어로 봄여름을 거쳐 펼쳐진 기운을 수렴하여 열매로 저장시키는 작용을 한다. 질병은 폐, 대장과 관련된 질환 및 어깨, 1~2번째 손가락의 신경통, 각종 피부 및 호흡기 질환, 위 잇몸 질환에 적용한다.

음식으로는 매운맛으로

곡식 - 현미, 율무

과일 - 배, 복숭아

야채 - 파, 마늘, 달래, 양파, 배추

육류 - 말고기, 고양이 고기, 생선, 조개류, 동물의 대장, 허파

조미료 - 박하, 고추, 후추, 생강, 고추장, 겨자, 와사비

근과 - 양파, 무릇, 무

차류 - 생강차, 율무차, 수정과

수水 : 물을 상징하고 겨울을 연상하는 단어로 가을에 만들어진 열매에서 그 씨앗을 보존하여 다음해를 준비하는 역할을 하게 된다. 질병은 신장, 방광과 관련된 질환 및 종아리와 발목과 발바닥 질환, 후두통, 치아에 적용한다.

음식으로는 짠 맛으로

곡식 - 콩, 서목태(쥐눈이콩)

과일 - 밤, 수박

야채 - 미역, 다시마, 파래, 김, 해조류, 콩떡잎

육류 - 돼지고기, 해삼, 동물의 생식기, 신장, 방광, 멸치, 개구리, 지렁이, 굼벵이, 새우젓, 명란젓, 조개젓, 젓갈류, 치즈

조미료 - 소금, 된장, 간장

근과 - 마

차류 - 두향차, 베지밀, 두유

상화相火 : 상화는 타 오행과는 달리 하늘의 기운이 땅에 내려오면서 새로이 생성된 기운으로 더운 기운을 뜻하는데 육기상으로 12경락에 배속하면 삼초와 담경을 가리키며, 신체부위에서는 삼초와 심포경으로 목木운동과 화火운동을 하는 것으로 알려져 있다.

또한 한의학에서 말하는 상초, 중초, 하초를 총괄하는 아주 중요한 작용을 하는 것으로 현대의학에서는 자율신경계에 해당한다고 주장하는 이론도 있다. 질병은 심포, 삼초와 관련된 질병 및 어깨, 3~4번째 손가락의 신경통에 적용한다.

음식으로는 떫은맛으로
곡식 - 옥수수, 녹두, 조
과일 - 토마토, 바나나, 오이, 가지
야채 - 콩나물, 고사리, 양배추, 송이버섯, 우무, 아욱, 버섯, 두릅, 우엉, 숙주나물
육류 - 양고기, 오리고기, 오리알, 꿩고기, 번데기. 오징어, 명태
근과 - 감자, 도토리, 토란, 죽순, 당근, 아몬드, 땡감
차류 - 요구르트, 코코아, 로얄젤리, 덩굴차, 군불로, 알로에, 화분, 포카리스, 토마토케첩, 마요네즈, 콜라

(*여기에 적은 음식은 오행생식요법에서 발췌한 것임.)

동양철학에서는 어떤 한 가지 요소가 지나치게 항진되어도 문제가 되고, 지나치게 약화되어도 문제가 된다고 한다. 예를 들어 금金이 문제가 된다고 가정하자. 금은 매운맛이라 매운 것을 먹으면 증상이 호

전되는데, 금金이 왕해서 병이 생긴 경우는 증상이 좋아진 후에는 나머지 요소를 보충하는 음식을 먹어야 하는 반면, 원래 금金이 부족한 체질은 지속적으로 매운맛 음식을 먹어야 한다.

다른 예를 들어보면 목木이 왕한 체질은 평상시에는 목극토木克土하여 위장기능이 취약해지는데 특히 목에 의한 산이 과다분비 되어 위궤양으로 인한 속 쓰림 증상이 자주 나오게 된다.

따라서 목이 왕하면서 건강한 사람은 단맛 나는 음식(토土)과 매운맛 나는 음식(금金)을 좋아하지만(금극목金克木), 병에 걸리면 신맛을 다시 찾게 된다.

그러나 건강을 잃게 되면 5가지 유형의 질병(목木, 화火, 토土, 금金, 수水)이 나오게 되는데, 주로 목과 토에 해당하는 질병이 많이 발생하게 된다.

목木이 병들어 얼굴이 푸르스름해 지면서 편두통이 생기거나, 몸에서 신내가 나거나 노린내가 나며 간이나 담낭기능이 저하된다. 이럴 때는 신맛 나는 음식으로 목의 기능을 살린 다음 나머지 오행의 문제점을 보완하는 처방을 하면 된다.

토土가 병들게 되면 얼굴이 누렇게 변하고 전두통이 생기거나, 몸에서 단내가 나고, 당뇨병, 위궤양, 위암 등의 병에 걸리게 된다. 이 경우는 단것을 먹어 우선 토의 기능을 살린 후 나머지 오행의 문제점을 보완하는 처방을 하면 된다.

어떻게 보면 매우 간단하지만, 음양, 허실, 한열을 판단하고 명리에서 말하는 대운大運에 따른 변화까지 참조하여 음식처방을 하기에는 많은 공부와 경험을 요하는 것이라 앞으로 더 많은 임상적인 결과가 필요하고, 후학들의 정진이 더욱 요구되며, 정책적인 지원 역시 필요할 것이라 생각된다.

부디 전 세계에서 우리나라에서만 갈라져있는 동서양 의학이 하루 빨리 일원화되어 세계 유일의 대한민국만의 의학이 재정립되기를 간절히 기원하는 바이다.

34. 질병의 원인을 간단히 요약하면

질병의 원인은 여러 가지가 있지만, 진료실에서 흔히 접하는 원인을 간략하게 요약하면 다음과 같다.

1) 척추신경의 기능 장애

뇌신경의 연장으로 전신을 지배하며, 부적절한 자세나 운동으로 인한 척추의 변형이 척추신경의 기능을 떨어트려 통증을 유발한다.

(일자 목, 거북이 목, 척추 측만증, 퇴성성 변화)

2) 자율신경 장애

교감신경 - 심장박동수는 증가시키고, 내장기관의 혈액순환은 감소시키고 긴장이나 활동 상태를 유발한다.(스트레스, 컴퓨터, 유산소 운동)

부교감신경 - 내장기관에 혈액공급 증가시키고, 심장 박동수는 느리게 하여 이완, 휴식, 안정 상태를 유발한다.(명상, 단전호흡, 국선도, 요

가, 태극권)

3) 마음(스트레스)

신경이 예민하거나, 고민이나 번뇌가 있는 경우에 교감신경이 자극되고 부교감 신경이 저하되어 자율신경장애(혈액순환 감소)를 유발하여 스트레스가 누적된다.

4) 체질과 음식

체질에는 (1) 뜨겁고 건조한 체질, (2) 차갑고 습한 체질 등 여러 체질이 있으며, 자신의 체질에 부적절한 음식을 섭취하면 오히려 신경 및 혈액순환 장애를 유발한다.

5) 기氣

관절이나 신경 혈관계통이 정상인 사람도 과로나 스트레스로 기운이 소진되면 신경 및 혈액 순환 장애를 유발할 수 있다.

** 여기서 스트레스, 체질, 기氣에 대해서는 현대 과학적 정확한 측정 방법이 없지만, 그 중에서 스트레스와 기氣는 자율신경 기능검사로 간접적인 측정이 가능하고, 체질은 출생 시의 사주四柱로 감별이 가능하다.

35 건강해지는 운동법을 간략히 요약하면

1) 바른 자세가 기본이다.

자세를 바르게 하기 위해선 양 손바닥으로 허리 근육을 지긋이 눌러주면 된다.(1분에서 3분 정도) 열중 쉬어 자세를 하셔도 되고….

2) 관절을 이완하는 운동과 근력 강화운동을 같이 해야 한다.

부교감 신경 운동	교감 신경 운동
이완, 스트레칭	유산소 운동
정적인 운동	동적인 운동
氣를 축적하는 운동	氣를 소모하는 운동
뇌와 내장기관에 혈액을 공급하고 순환시키는 운동	심장을 강화시키고 근육에 피를 보내는 운동

** 컴퓨터, 운전 등 복잡한 스트레스에 많이 노출되는 일을 하시는 분은 부교감 신경(이완)운동을 더 많이 해야 한다.

** 유산소 운동을 너무 오래하면 활성화 산소가 축적되어 인체에 독소를 유발하며, 근육에 혈액이 정체되어 근육은 생기지만 혈액순환은 오히려 감소하므로 적절한 배합이 중요하다.

** 부교감 신경 운동에는 요가, 명상, 단전호흡, 국선도, 태극권 등 기공체조가 있고 교감신경운동에는 걷기, 달리기, 등산, 수영, 헬스, 스포츠 댄스, 축구 등이 있다.

3) 유산소 운동 후에는 마무리운동을 해야 한다.

즉, 이완을 하면서 간단한 스트레칭을 하여 운동하기 전의 상태처럼 호흡이 안정되도록 하면 된다.

36 정형외과 의사가 경험한 근육내 신경자극술 IMNS
(Intra-Muscular Nerve Stimulation)

IMNS라는 단어는 근골격계 통증으로 고생해 본 사람은 한번쯤 들어보거나, 치료를 경험할 정도로 우리나라에 도입된 지도 벌써 10년 정도 된 치료법이다. 캐나다의 닥터 건(Gunn)이란 의사가 개발한 치료법으로 척추를 중심으로 치료개념을 바꾼 것이 기존의 국소적인 압통점 치료와 다른 점이다.

또한 침과 같이 가느다란 바늘을 사용하여 근육 내 신경을 자극하는 것도 기존의 약물로 압통점을 치료한 것의 차이점이다.

10년이란 세월동안 기존의 치료와 결합하여 다양한 진화과정을 거치고 있는데, 손으로 하던 자극에서 전기 자극을 결합하거나, 아니면 바늘자극에 약물을 더하는 등의 변신을 하고 있다. 또한 보다 더 굵은 바늘로 척추강 내 유착을 박리하는 거의 수술에 가까운 기술로도 사용하고 있다.

그 과정 중에 한방의 침을 사용하는 것에 대해 의료계 내부에서 갈등이 있지만, 초반에 언급하였듯이 한의학과 서구의학의 가장 큰 차이점은 진단을 하는 개념에서 차이가 날 뿐이며, 치료분야에 있어서는 규격화된 약을 사용하면 양약이고, 비규격화된 약을 사용하면 한약인 것이다. 또한 바늘로 경락을 자극하면 한방이고 신경을 자극하면 양방으로 구분하기 때문에 이 또한 알고 보면 아주 유치한 논쟁이라는 것을 알 수 있다.

제약회사에서 생산된 약을 주사하면 양약이고, 한의원에서 생약을 조제하여 주사하면 약침이 된다는 말이다. 신경과 경락은 음과 양의 관계란 것을 알면 우리나라에서만 행해지는 의료이원화가 하루 빨리 사라져야 한다는 결론이 나온다. 그렇게 되면 OECD에서 말하는 인구수 당 의사수가 부족하다는 통계학적 수치도 하루아침에 해결될 수 있는 문제다.

다음 내용은 의료진을 대상으로 한 글이라 참고 정도만 하면 될 것 같다. 모든 통증치료의 원리와 마찬가지로 IMNS 또한 긴장된 신경에 보다 근접하게 접근하여 보다 강한 자극을 주어 과민한 교감신경의 Tone을 낮추어 골격근을 이완시키는 것이 치료원리라 하겠다.

정형외과를 찾는 통증환자의 기본적인 원인은 1) 자세불량, 2) 운동부족, 3) 스트레스, 4) 영양상태 부조화, 5) 기력 약화 등이 있다.

물론 상호 연관성이 매우 깊어 상기 열거한 원인을 개선하기 전에는 어떠한 치료를 하여도 효과를 많이 볼 수 없다는 것은 여러 의료진들이 진료실에서 많이 경험하는 일이다.

진단은 촉진이 무엇보다 중요하며 통증을 호소하는 부위의 신경을 지배하는 척추신경의 뿌리를 파악하는 것이 Key Point라 할 수 있다. 즉 척추신경의 피부지배영역을 연상하면 제일 쉽게 치료부위를 정할 수 있다.

예를 들어 Achilles tendinitis(아킬레스 건염)의 경우 요추 5번, 천추 1번 신경(L5,S1)을 위주로 자극하면 종아리 근육(calf M)과 아킬레스 건(achilles tendon)의 압통(tenderness)이 감소하는 것을 쉽게 경험할 수 있다.

X-ray촬영은 상지부위는 경추(C-spine)를, 하지부위는 흉요추(L-spine)를 꼭 같이 촬영할 것을 당부한다. 예를 들어 테니스 엘보우(Tennis Elbow)환자들의 거의 70~80%는 경추(C-spine)의 이상을 발견할 수 있다. 물론 척추 배열(Alignment)이나 좌우대칭 등 자세히 봐야만 발견할 수 있는 변화들이지만….

치료는 중심접근법(Central Approach)과 국소접근법(Peripheral Approach)으로 나눌 수 있으며 여기서 말하는 Central Approach는 척추 신경뿌리(spinal root)를 자극하는 것이며, Peripheral Approach는 말초신경(Peripheral N)을 자극하는 것인데 예를 들면 Tennis Elbow환자는 중심접근법은 경추 5, 6, 7, 8 신경뿌리(C5678root)를 자침하고 peripheral은 팔의 신전근(Extensor digitorum M)내의 taut band나 epicondyle에 자침하는 것이다.

즉 Pepipheral은 압통점(Trigger Point)을 연상하면 크게 다를 바 없다. 자침은 경추 흉추는(C,T-spine) 4cm, 요추는(L-spine) 5~6cm 바늘(needle)을 사용하면 충분하다. 요령은 Neddle의 끝이 Facet Joint나 Joint하방의 Nerve root를 향하는 것이 제일 좋으며 Twisting은 환자의 Tolerance를 지켜보면서 그 강도를 정하면 된다.

자침한 Needle을 바로 빼는 경우도 있으며 Needle을 삽입한 채로 Tens자극을 15분정도 유지하는 방법도 사용하고, 환자가 침을 사용하는 것에 거부감이 있는 경우는 10%D/W 5cc(기타 Hypertonic Solution도 가능)를 Para-vertebral M내에 주입하여도 유사한 효과를 거둘 수 있다. 물론 steroid를 Mix하여 주입하면 그 효과는 더욱 증대된다.

또한 IMNS 치료와 동시에 태반주사요법이나 간단한 수기요법을 병행해주면 치료효과가 더욱 좋다.

치료의 영역은 1) 단순 경추부, 요추부 동통, 2) 방사통을 동반한 추간판탈출증이나 신경병증, 3) 상지 병변-동결견, Tennis Elbow, Wrist sprain, Carpal Tunnel Syndrome 등 4) 하지 병변-Transient Synovitis, Femur Head AVN, Osgood -Schlatter Disease, Achilles tendinitis, Plantar fasciitis, Knee and Hip OA 등 5) 편두통, 턱관절증으로 정형외과를 찾는 거의 모든 환자에게 적용이 가능하다.

치료의 딜레마

1) 말초관절부위의 관절 내 변화가 심한경우-central, peripheral approach를 동시에 실시하며 장기간 시술(30회 이상)하고 국소 Steroid 주사와 NSID 경구투여를 병용하면 증상완화를 기대할 수 있다.

2) 운동부족으로 인한 근력약화와 전신쇄약의 경우는 시술 후 통증은 완화가 되지만 지속이 안 되는 것이 문제이며 이 또한 장기간 시술하고 운동요법을 꾸준히 강조하고 영양제 섭취 등을 병행하면 증상이 호전될 수 있다

3) 우울증 같은 심한 스트레스를 동반한 경우 - 치료에 반응이 제일 나쁘며 정신과치료를 병행하여도 좀처럼 호전을 보이지 않으나 환자 스스로 화를 다스리는 명상을 한다든가 운동을 병행하여야만 호전반응을 보일 수 있다.

4) 심한 추간판탈출증으로 정상보행이 불가능하고 2~4회 시술에도 전혀 반응을 보이지 않는 환자는 수술적 치료를 요하기도 한다.(물론 아주 드물지만.)

결론적으로 IMNS를 경험하면서 제일 많이 깨달은 것은 의사가 환자를 대할 때 너무 국소적인 병변에만 매달리다보니 인체를 전반적으로 보지 못했다는 것이다.

즉 우리의 팔, 다리는 뇌신경의 지배를 받으며 그 뇌신경은 척추를 통하여 사지를 지배한다는 아주 당연하고 간단한 원리를 무시했다는 사실과 긴장(스트레스)이 교감신경의 과흥분 상태와 연관되고 그 결과 근육이 수축하며 비정상적인 수축이 오래되면 관절의 변화까지 유발한다는 사실이다.

이렇게 환자를 대할 때 신체 전반적으로 Approach를 하다보면 결국 모든 질병이 몸과 마음의 비정상적인 긴장(스트레스)에서 온다는 것을 깨닫게 된다. 이런 측면에서 볼 때 IMNS는 육체적인 긴장을 완화시키는 아주 유용한 방법임을 알 수 있다.

③⑦ 태반치료에 관하여

태반이라 하면 태아가 엄마 배 속에서 거주하는 집에 해당하는데, 모체로부터 각종 영양소와 혈액을 공급하는 역할을 한다. 기록에 의하면 히포크라테스 시대부터 사용했다고 하고, 동양에서는 한국, 중국, 일본에서 많이 사용했던 것으로 알고 있다. 양약과 한약의 차이는 과학적으로 규격화하여 반복적 효과가 입증되었느냐에 따라 구분되는데, 대략 50여 년 전 일본에서 라에넥이라는 이름으로 간경화 치료 약제로 인가를 받아 시판되기 시작했다. 한국에서는 약 10년 전부터 일본에서 수입하여 사용하였고, 지금은 국내 산모의 태반을 과학적으로 추출하여 사용하고 있는 실정이다.

미국 의학을 주로 공부한 국내 의사들에는 초기에 거부감을 가지는 사람들도 많았고, 그 효능에 대해서도 의구심을 가진 사람들이 많았다. 하지만 태반이 자연치유력을 향상시켜 질병의 증상이 호전됨을 경험한 사람들이 점차 늘어나 이제는 많이 긍정적인 입장이 점차 늘어나고 있다.

앞서 말했듯이 건강해지면 질병이 우리 몸속에서 버티지 못하게 된다. 마치 국력이 강해지면 주변 나라에서 침략하지 못하는 것과도 같은 이치인 것이다. 꼭 굳이 전쟁을 하지 않아도 누가 강자인지 알기 때문에 불필요한 싸움을 하지 않는 것이다. 힘이 센 사람에게 사람들이 덤비지 않는 것과도 같다.

질병은 자신이 거처할 환경이 못 되면 스스로 자멸하고 물러나게 되어있다. 약리학적으로 증명이 되지 않더라도….

태반의 성분을 지금까지 알려진 바로 살펴보면 각종 필수 아미노산과 활성 펩타이드, 각종 비타민, 당류, 미네랄 등을 비롯하여 핵산, 효소, 각종 성장인자가 포함되어 있다고 한다. 다시 말해 항생제나 항암제 같이 질병을 겨냥한 성분이 아니라 우리 몸에서 필요한 성분들로 구성되어 있다. 따라서 약리학적으로 병균이나 병리학적 물질을 어떻게 차단하고 억제하는 일반적인 항균물질과는 전혀 다른 개념인 것이다.

즉, 자연치유능력을 개선한다고 이해하면 될 것이다. 최근 시행하는 줄기세포치료는 우리 인체에 병들지 않은 정상세포의 뿌리를 주입하여 정상 조직을 증식시킨다는 개념인데, 태반의 자연치유 능력을 개선하는 개념과 비슷하다 보면 된다.

태반치료는 초기에는 간기능 장애, 피로회복에 주로 사용하였으나, 광범위한 효능이 점차 알려지면서 현재는 내과질환뿐 아니라 정형외과 영역에서 각종 통증 및 건초염, 인대손상, 관절염에도 사용되고, 갱년기 장애 및 피부 미용 영역에서도 많이 사용하는 추세이다.

현재 유통되는 태반주사에는 두 가지 종류가 있는데 가수 분해물과 추출물로 나누어진다.

가수 분해물은 간 기능 개선이나 근골격계 질환에 주로 사용하고, 추출물은 미용이나 갱년기 치료에 현재 많이 사용되고 있다. 또한 가수 분해물은 혈관이나 관절 내 주사가 가능하지만, 추출물은 피하주사나 근육 내 주사로만 사용된다.

태반치료 방법에는 전신적 효과를 목적으로 하는 경우와 국소치료를 위한 방법으로 나눌 수 있다. 전신적 효과를 위해서는 주로 혈관, 근육, 피하 어떤 방법으로든 질병과 관계가 없는 부위에 주입하고(복부나 혈관주사), 국소적 목적을 위해서는 질병이 있는 부위에 직접 주사하는 것이다.(관절, 인대, 혹은 기능이 떨어진 척추근육 부위에 놓는 방법이 있다.)

㊳ 도인법導引法 - 좌식팔단금坐式八段錦

앉은 자리에서 쉽고 간단하면서도 효과적으로 할 수 있는 도인법 좌식팔단금을 소개한다. 이 내용은 퇴계 이황 선생이 중국 도가의 양생법인 〈구선활인심법〉에 있는 내용으로 퇴계선생이 필사해 둔 것을 해설한 내용이다.

1) 제자리에 앉아서 호흡하기
 - 눈을 지그시 감고 복식호흡으로 가늘고 길게 깊게 하며 손은 엄지를 먼저 굽혀 지긋이 감아쥐고 무릎 위에 놓고, 원신(초자아적 자신=Ultra super Ego=선천의식)을 생각한다.
 - 어금니를 가볍게 36번 마주친다.
 - 두 손으로 정수리를 지그시 누르며 숨을 들이 마시고 힘을 풀면서 숨을 내쉰다.(1)
 - 다음은 뒤통수를 감싸면서 고개를 살짝 뒤로 젖히며 숨을 들이쉬면서 시선은 정수리를 치켜보는 느낌을 가지고 바른 자세

로 오면서 숨을 내쉰다.(2)
- 다음은 뒤통수를 감싸면서 고개를 아래로 숙이며 하단전을 의식하면서 숨을 들이쉬고 바른 자세로 오면서 숨을 내쉰다.(3)
- 같은 방법으로 고개를 왼쪽, 오른쪽 교대로 한다.(4,5)
- 다음은 두 손으로 목을 움켜쥐면서 들이쉬고 내쉬고를 9번 한다.(6)
- 손바닥으로 귀를 덮고 2번째 손가락으로 3번째 손가락을 누르며 후두부를 튕기면서 북소리가 나도록 24번 행한다.

2) 팔과 어깨를 움직이며 호흡하기(8×3=24번)
- 손을 마주 잡고 머리, 가슴, 허리를 왼쪽으로 틀며 숨을 들이마시고 시선은 왼쪽 하늘을 바라보며 몸통도 시선을 따라가고 제자리로 오면서 숨을 내쉰다.
　이때 손의 위치는 왼쪽이다.
- 같은 방법으로 오른쪽으로도 한다.(1,2)
- 두 손을 마주 잡고 머리, 가슴, 허리를 왼쪽으로 틀며 숨을 들이마시고 시선은 왼쪽 땅을 바라보며 몸통도 시선을 따라가고 제자리로 오면서 숨을 내쉰다. 같은 방법으로 오른쪽으로도 한다.(3,4)
- 위의 방법과 같이 머리와 어깨를 왼쪽으로 틀지만, 손의 위치는 몸통과 반대로 지긋이 당기며 오른쪽 어깨가 오른쪽 뒤통수와 닿도록 하며 시선은 왼쪽 하늘을 바라보며 숨을 들이 쉬고 제자리로 오면서 숨을 내쉰다.
- 같은 요령으로 반대 방향으로 한다.(5,6)

- 위의 방법과 같이 머리와 어깨를 왼쪽으로 틀지만, 손의 위치는 몸통과 반대로 지긋이 당기며 오른쪽 어깨가 아래로 내리며 시선은 왼쪽 땅을 보면서 숨을 들이 쉬고 제자리로 오면서 숨을 내쉰다.
- 같은 요령으로 반대 방향으로 한다.(7,8)

3) 침 삼키기

혀로 입속 좌우 볼을 휘둘러 진액을 만들어 세 모금으로 나누어 삼키되 주먹의 등이 뒤를 향하도록하고 머리를 위로 들며 주먹을 들어 올리면서 1번씩 삼킨다. 침의 기氣가 단전에 이르면 단전에 고인 정精이 기가 되어 전신을 돌게 된다.

4) 신장부위 문지르기

코로 숨을 들이 마신 후 손바닥을 비벼 열을 내어 코로 숨을 내쉬며 탁한 기운을 내보내고, 신장부위를 손바닥으로 36번 문지른다. 조용히 호흡하며 심장의 기운이 하단전으로 순환한다고 생각한다.

5) 소주천 돌리기(한손으로)

왼손 주먹을 쥐고 손등이 허리 뒤에서 겨드랑이 뒤로 가고 이때 손바닥이 하늘을 향하며 손등이 겨드랑이 앞으로 나오면서 손등은 하늘, 손바닥은 땅을 향한다. 손을 앞으로 크게 노를 젓듯이 원을 그리고 나서 위의 동작을 반복한다. 같은 동작을 오른손으로 36번 한다.
** 이 때 기氣가 소주천을 따라 돈다고 생각한다.

6) 소주천小周天 돌리기(두 손으로)
5번 동작을 양손으로 같이 좌, 우 36번 한다.

7) 다리 뻗고 손으로 허공 밀어 올리기
- 호흡을 가라앉히고 길게 내쉬기를 5번 한 후 두 다리를 앞으로 쭉 뻗는다.
- 손가락으로 깍지 껴서 정수리를 살짝 눌러 남아있는 나쁜 기운이 발가락 끝으로 나간다고 생각한다.
- 깍지 낀 손을 하늘을 향하게 하여 밀어 올린다.
- 팔과 허리는 곧게 펴고 올릴 때 숨을 들이 마시고 참았다가 다시 팔을 내려 정수리를 덮으며 숨을 내쉰다.
- 3번 내지 9번 행한다.

8) 발 당기기
두 손으로 몸을 구부려 다리는 편 채로 발바닥을 13번 잡아당겼다 처음 자세로 다시 온다.
** 위의 공법을 갑자일甲子日에 시작하고 자시子時 이후 축시丑時이전에 행하고 오전, 오후, 밤에 한차례씩 행한다.
** 여기서 나오는 36, 24 숫자의 의미
　　36은 노양의 책수를 나타내며(9=노양수) 기氣를 상징한다.
　　24는 노음의 책수를 나타내며(6=노음수) 정精을 상징한다.

〈출처: 활인심방〉

CHAPTER 02

수행이란 몸과 마음을 관찰하여 변함없는 고요함을 찾는 것이다.

몸과 마음 그리고 운명

마음(Way, 道)

우리가 바라는 것 중에 가장 중요한 것은 건강이라 하였다. 건강은 신체적 건강과 마음의 건강으로 나눌 수 있는데, 앞서 언급한 몸과 마음 그리고 음식이라는 건강의 3대 요소 중에서 나에게 개인적으로 몸과 마음의 편안함을 주었던 심신수련의 경험을 중심으로 지난 경험부터 지금까지의 생각을 정리해 본다.

① 마음을 다스리는 선관무를 접하고

 2003년 봄. 대한민국은 IMF 이후로 계속 침체된 경기 속에 정치권마저 혼란을 거듭하고, 의료계 역시 의약분업 이후 환자로부터의 신뢰감 상실, 계속적인 진료수가인하, 과잉 배출된 의사들의 생존경쟁으로 병원경영은 날로 악화되고 대부분의 사람들이 방황과 침체된 분위기에 휩싸이고 내일에 대한 희망감을 상실해가는 시점에서 나의 20년 의사생활과 내수명이 90이라면 이제 반을 살아온 이 시점에서 나를 돌이켜보니 걷잡을 수 없는 허망함과 번뇌가 매일 매일 나를 힘들게 하고 있었다.

 물론 나보다 더 어렵고 힘든 사람들을 생각하며 나 자신을 위로해 보았으나 그건 그 순간뿐 나의 정신적 방황은 계속 되었고, 절친한 친구들과 술잔을 기울이고 노래도 해보며 번뇌를 잊고자 해보았으나 역시 그 한순간뿐 나의 무능함에 대한 자책감과 세속적인 욕심, 미래에 대한 불안감은 내 마음을 떠날 줄 몰랐다.

나는 어릴 적 10년간 크리스천 학교를 다녀 기독교에 대한 잠재적인 신앙심을 갖고 있었으나 현세에 전파된 모든 종교에 회의감을 가지고 있어서 종교에 의지하지 않고 나 자신을 이겨내고픈 마음에 컴퓨터 검색창에 〈수행〉 〈참선〉이란 글자를 입력 후 수없이 많은 사이트를 둘러보며 나를 도와줄 곳을 찾던 중 〈선관무〉란 홈페이지에서 뭔가 갑자기 흥미를 느끼게 되어 그 도장을 찾아갔다. 그곳은 인간극장 〈무림일기 고수를 찾아서〉란 프로그램에서 방영되었던 곳이다.

나는 소싯적 무예에 지대한 관심이 있어 고등학교 2학년까지는 무술사범이 되는 것이 나의 장래희망이었을 정도였다. 그러나 무예에서 손을 끊은 지 25년이 지난 터라 선뜻 자신감이 없었다. 그곳의 원장님을 만나 몸과 마음이 다 병들어 있어 그것을 이겨내 보고자 하는데 나를 받아 주겠냐고 질문을 했더니 그저 편할 때 편한 마음으로 해보라는 말 밖에는 더 이상의 말은 없었다. 그 다음날부터 나의 수련은 시작되었다.

저녁 7시 반부터 9시까지의 한 시간 반은 나의 머릿속에 아무 생각도 하지 않는 시간 즉 무념무상의 시간이었고 하루 중 유일하게 속세와 단절되는 시간이 되었다. 무예를 끊으며 거의 모든 운동에서 취미를 잃고 살아온 터라 나의 몸은 뻣뻣하기 이를 데 없었고 단 10분도 산을 오를 수 없을 정도로 심폐기능이 떨어져 있어서 단순 스트레칭조차도 호흡이 가빠옴을 느꼈고 땀은 비 오듯 흘렀다.

그럼 선관무에 대해 잠깐 소개해보겠다. 일명 선무도, 불무도라고 알려져 있는 불교의 수행법으로 중국의 소림권법을 연상하면 이해가 쉬울 것이다. 한국에서는 신라시대 원광법사가 중국에서 밀교수행법을 배워와 화랑도 무술의 기본이 되었고 고려시대 이후엔 승려들의 수행법이 되었고 호국무예법으로 자리를 잡았고 임진왜란 때는 서산대사가 승군을 이끌고 나라의 위기를 극복하였다.

그러나 구한말(1894년) 갑오경장 때 승군제도가 폐지되고 일제강점기를 지나면서 그 흔적을 찾아보기 힘들었으나 부산 범어사의 양익스님이 다시 이 수행법을 정리하여 1960년대부터 제자들을 양성하기 시작하였고 일반인들에게는 1990년대 초반부터 알려지게 되었다.

선관무는 글자그대로 고요할 선(禪) - 선호흡법, 유연공, 오체유법이라는 호흡법과 스트레칭부분이 있고, 볼 관(觀) - 영정좌관, 영정입관, 영정행관, 영동좌관, 영동입관, 영동행관, 영중입관이란 내공수련법이 있으며, 무예 무(武) - 보법, 수법, 각법, 낙법, 연공법 등의 무술부분이 결합되어 몸과 마음과 호흡을 일치하는 수행법이다.

수련의 첫 단계는 굳어진 관절을 스트레칭으로 풀며 동시에 호흡을 조절하여 단전에 기를 모으는 훈련을 하며 동시에 입관, 행관수행법으로 내공을 기르며 폐활량도 증가시키는 훈련을 한다.

시간으로 보면 40분간 스트레칭을 하고, 20분간 내공수련, 20분간 무술수련, 10분간 좌선을 통한 호흡조절로 1시간 반의 수련을 매일 하게 된다. 수련이 끝나면 원장님과 차 마시는 시간도 있어 찻잔을 들며 몸의 열기를 식히며 마음의 안정을 갖게 한다.

하루 중 선관무를 하는 1시간 반은 하루 동안 받았던 스트레스, 미래에 대한 불안감, 쾌락추구에 대한 욕망들, 흔히 말하는 속세의 번뇌와 단절되는 유일한 시간이 되었다.

도장을 나오는 순간 머리가 맑아지고 몸이 가벼워지는 느낌을 받을 때 내일도 이곳에 와야지 하는 생각을 하게 된다. 그렇게 수련한 지 반년이 넘으니 물론 학창시절 무예를 한 것도 있지만 몸의 유연성은 중학교 다니는 아들보다 더 유연해졌고 탄력성과 순발력을 요구하는 동작은 20대를 능가하게 되었다.

반 농담이지만 선관무의 부작용이 있는데 그건… 내공이 향상되어 술을 먹어도 다음날 지치지 않고 몸이 무겁지 않아 주량이 늘고 활동량이 많아지는 것이 부작용이라 할 수 있다.

이런 글을 쓰게 된 동기는 내가 새로운 체험을 했기에 혼자만 알고 있기가 아까워서 쓰게 되었고 더 많은 내공이 쌓이고 또 다른 체험을 한다면 또 다시 글을 쓸 예정이다.

② 몸과 마음을 바르게 하는 선관무 禪觀武

1) 서론

2003년 봄은 나에게는 인생의 큰 변환기였다. 그 당시 나는 25세까지 부모님의 슬하에서 공부를 마치고 그 뒤로 20년간 병원에서 근무하며 45세까지 나 자신이 무엇인가 생각해 볼 겨를도 없이 앞만 보고 달렸고 그 과정 중에 나도 모르게 5욕 7정에 집착하게 되고 채워지지 않는 욕심에 마음은 항상 공허하고 무언가를 찾아 방황하며 신체 또한 나약해져 관절은 뻣뻣하게 굳어가고 심폐기능도 저하되어 단 10분도 산을 오를 수 없을 정도였다. 그러던 어느 날 인터넷에서 방배동 선관무도장의 홈페이지를 보게 되었고 김지웅 원장님을 만나게 되어 수련을 거듭하여 어느새 승단심사까지 치르게 되었고 이번 심사가 지난 시간동안 변한 나의 모습을 돌이켜보는 계기가 되었으면 한다.

2) 본론
그동안 수련했던 과정에 대한 느낌과 체험을 간략하게 기술한다.

(1) 유연공
선체조인 오체유법과 선, 지관법을 행하기 전에 하는 준비운동으로 발가락부터 발목, 슬관절, 고관절, 허리, 등, 경추에 이르기까지 대관절을 유연하게 풀어주는 동작으로 본격적인 선관무를 하기 전에 몸과 마음을 풀어주며 의학적으로는 경추, 어깨, 요추, 슬관절의 통증을 완화시키는데도 탁월한 효과가 있다.

(2) 오체유법
오체란 팔, 다리, 머리, 등, 배를 말하며 유법이란 호흡과 동작으로 관절, 근육, 신경을 부드럽게 조화를 이루는 법을 말한다. 의학적으로는 한방이나 기공에서 말하는 12경락을 스트레칭 시켜 기의 흐름을 원활하게하고, 궁극적으로 임맥, 독맥을 통하게 하여 신진대사를 촉진하고 척추를 바르게 세워 마음까지 바르게 하는 효과가 있다.

(3) 영동입관靈動立觀

몸과 마음과 호흡을 일치시켜 나 자신을 관하는 관법으로 호랑이, 용, 사슴, 원숭이, 곰, 거북이, 학 7가지 동물을 상징하는 동작으로 긴장과 이완을 반복하여 몸 안에 힘을 불어넣는 기공수행법으로 외적인 힘(외공)과 내적인 힘(내공)을 같이 기르며, 수련의 정도가 깊어지면 12경락을 모두 꿰뚫고 순환 시키게 된다.

(4) 영정행관靈靜行觀

서서행하는 관법으로 행, 주, 좌, 와, 어, 묵, 동, 정, 반, 공 10가지로 행하고, 머무르고, 앉고, 서고, 말하고, 침묵하고…. 즉, 선은 우리의 생활 속에 존재한다는 의미를 포함한다. 이 또한 몸과 마음과 호흡을 일치시켜 움직이는 가운데 흔들리지 않는 동중정動中靜 원리가 숨어 있다.

개인적으로는 영정행관을 행하면 피로가 회복되며 정신이 맑아지며 몸 안에서 기운이 순환되는 듯한 느낌을 받아 몸과 마음이 지칠 때 가장 즐겨하는 운동이다.

(5) 영중입관

마, 전, 궁, 원, 측, 학, 호, 귀, 기, 입보 10가지 동작으로 영정행관과 영동입관의 기본체가 되며 조화와 균형에 바탕을 두었으며 정신적 안정감과 신체의 유연성과 균형감을 이룰 수 있는 내, 외적 기공이라 할 수 있다.

이때 호흡은 들이 마시고, 멈추고, 내쉬는 것이 동작과 일치하여야 하며 항상 고요함을 잃지 말아야 하고 마음은 신체내부의 변화를 보며 삼매에 들도록 하는 운동법이다.

(6) 영정좌관靈靜座觀

고요히 앉아서 행하는 좌관법으로 심신을 안정시키고 평정한 마음을 가꾸는 수련법으로 호흡과 손동작이 조화를 이루며 행하고 수련의 정도가 깊어지면 12경락을 순환시킬 수도 있다.

(7) 영동행관靈動行觀

일반 무술의 품세에 해당하며 찌르고, 차고 뛰는 동작을 통하여 정신을 하나로 모아 내재된 잠재력을 동원하여 한 단계 승화된 정신과 육체를 완성하는 게 이 운동의 목표가 된다.

그 첫 번째 과정은 1승형이라 하는데, 균형을 강조하며 하면 할수록 어렵고 심오함을 느끼며 조금만 마음이 흐트러져도 미숙함을 들어내 보이는 품세라 할 수 있으며, 동시에 빠른 동작으로 변형하면 유연성과 힘이 같이 길러지는 운동법이다.

두 번째로 2승형이라 하는데, 지구력을 강조하며 이어지는 손과 발 동작이 많고 고난도의 동작이라 습득하려면 많은 노력이 필요하며 정신적인 삼매에도 도달할 수 있으며 동시에 2차원의 동작을 마음속으로 관하는 훈련법이기도 하다.

세 번째로 3승형이라 하는데, 관절의 유연성과 균형, 힘, 탄력성 이 모든 것을 집약하는 운동법으로 수련의 정도가 깊어지면 3차원의 동작을 동시에 관하는 훈련법이기도 하다.

여기서 차원이란 단어를 사용하였는데, 만약 2차원이라면 동시에 두 방향의 동작을 마음으로 의식한다는 의미도 되고, 이런 수련으로 고도의 정신능력이 길러지면 마음이 세상을 보는 능력도 입체적으로 볼 수 있게 하는 훈련법이다.

(8) 무武에 해당하는 수법, 각법, 보법, 연공법, 상공이 있는데 다시 말하면 손과 발을 사용하는 각종 무술동작을 말한다.

선관무에서 하는 무술수련은 호신의 목적도 있겠지만, 가장 큰 목표는 자신의 몸을 관찰하는 것과 정신집중을 통한 번뇌를 끊어 깨달음을 얻기 위함이다.

(9) 선禪

모든 망상과 흩어진 생각을 깨끗이 버리고 고요한 경지에 들어가 정신을 통일하는 방법을 말하며 나 개인적으론 규칙적으로 행하진 못하였지만 좌관을 통해 마음속의 잡념이 많이 사라졌고, 나 자신 속을 바라보는 여유가 생겼으며 사물과 사람을 보는 통찰력이 증가하였으며, 육체적으로는 근육의 긴장이 이완되고 휘어진 척추가 교정되는 체험을 하였다.

3) 결론

지금까지 수련내용과 느낀 점을 간략히 기술하였는데 나 개인적으로 선관무를 요약하라고 한다면 나 자신을 바라보게 하고, 강인한 육체를 만들어 항상 평온함을 잃지 않게 하며, 몸과 마음을 바르게 하는 최상의 종합기공무술이자 수행법이라 할 수 있겠다.

③ 세상은 바뀌지 않는다

벌써 또 한해가 가고 새해가 시작했지만 역시 세상은 살기 어렵다는 말과 불평불만으로 가득하다.

- 어떻게 돈 많이 버는 법은 없을까?
- 어떻게 하면 재미있게 살 수 있을까?
- 내 자식 좋은 대학 보내야지
- 남이 잘 되면 배 아프고
- 자기주장이 관철되지 않으면 도심 집회 열고
- 매년 각종 성인병과 암환자는 끊임없이 증가하고
- 매년 각종 흉악한 범죄도 끊이지 않고
- 가진 자는 해외여행에 자녀유학까지
- 없는 자는 흉내 내다가 가랑이 찢어지고
- 정치인들에 대한 국민의 불만은 여전하고

세상에 불합리한 일들은 변함없이 일어나고 있으나 사람들은 시간이 지나면 좋아지겠지 하는 마음으로 한해 한해를 보내보지만 예나 지금이나 세상은 변하지 않는다.

사람들은 먹고사는 경제적인 문제, 남녀 간의 애정사 이 2가지가 해결되면 좀 더 잘 먹고 좀 더 편안하고 재미있게 시간 보낼 궁리를 하게 된다. 다시 말해 5욕 7정을 향한 인간의 근본마음이 변하지 않는 한 세상은 바뀌지 않는 것이다.

흔히들 세상이 많이 변했다고들 하지만 단지 사람들의 눈에 보이는 것만 변했지 사람의 마음은 예나 지금이나 변하지 않았다. 고층 건물이 들어서고 집집마다 자가용과 컴퓨터가 보급되고 점점 편리한 세상으로 바뀐 것처럼 보이나 오히려 환경문제와 신체 건강측면에서 보면 환경파괴로 지구는 병들어가고 복잡한 세상에 적응하느라 정신적 육체적으로 인체는 더욱 더 나약해지고 있는 게 지금의 현실인 것이다.

결국 인간사에서 말하는 발전과 성공이 지구의 환경파괴와 인간을 병들게 하는 것이 되어 버렸다. 물론 전부가 다 그렇다는 건 아니고 큰 흐름이 그렇다는 것이다.

그나마도 약 2000여 년 전 석가모니와 예수 같은 성인이 이 세상에 오셔서 인간사의 어리석음을 예견하시고 인간들이 지켜야 할 계율을 전파하고 가셨기에 그나마 지금이 유지되는 것이다.

사람의 마음이란 정도 차이는 있지만 누구나 욕심이 있고 그 욕심이 재물이던 명예든 쾌락이던 심지어 상대를 흠모하는 애정일지라도 나 자신이 감당하기 힘들 정도의 욕심과 집착으로 인하여 사람의 마음은 병들어가고 병든 마음은 육신을 병들게 하고 나아가 가정과 사회를 병들게 하는 것이다.

그렇다면 어떻게 해야 세상이 바뀌고 그야말로 살기 좋은 세상이 올까? 우선 대자연의 이치를 알면 도움이 된다.

우리가 존재하는 이 우주는 단 0.1초도 쉬지 않고 변하고 있지만, 1년 365일 5시간 48분 46초라는 원리적인 규칙성은 그대로 유지되고 있다. 즉, 어떤 움직임 속에서도 커다란 규칙을 가지고 움직인다는 사실이다. 인간의 삶도 끊임없는 변화 속에서 살아가지만 나름대로 좋던 싫던 어떤 원칙을 정해놓고 살아가게 된다.

그러나 이 우주도 언젠가는 또 다른 규칙성을 가진 새로운 우주로 바뀔 수 있는 것이다. 따라서 인간도 스스로 변화하지 않으면 자신이 바라보는 세상은 그냥 그대로 변치 않고 흘러갈 뿐이다. 그래서 나 자신부터 바뀌어야 한다는 것이다.

내가 바뀌면 세상도 바뀌게 된다. 고정된 관념을 버리고, 참다운 내 모습을 발견해야 한다.

그러기 위해선 깨어있어야 한다.

나 자신의 마음속을 늘 관찰해야 한다는 말이다. 내가 분노하고 있는지, 즐거워하고 있는지, 돈과 명예와 쾌락에 집착하고 있는지, 사랑이란 핑계 하에 상대를 구속하거나 집착하지는 않는지…

순간의 찰나에도 수없이 찾아드는 번뇌와 갈등을 알아차려야 하는 것이다. 자신의 의식, 무의식의 세상을 늘 관찰하고 있을 때 사람은 자신의 부족함을 깨닫게 되며 흔들리지 않는 평온함을 유지할 수 있게 된다.

즉 자신을 알아차리는 순간 분노와 즐거움, 슬픔과 쾌락이 어디서 오는걸 알게 되어 그것에 집착하지 않게 되어 자신보다는 남을 배려하며 지나치거나 부족함 없이 항상 안정되어 남과 비교하거나 경쟁하지 않으며 시기하지 않으며 남을 해치지 않게 되며 주변사람과 항상 더불어 이해하는 마음이 생기게 된다.

많은 사람들이 그렇게 되면 무엇을 쟁취하고자 하는 욕망도 없고 남보다 우월하고자 노력도 할 필요도 없고… 무슨 재미로 사냐고 한다.

결국 다시 원점으로 가자. 그러한 욕망과 승부욕으로 인간은 경쟁할 것이고 그것이 자신의 뜻대로 되지 않으면 자신을 학대하고 결국 번뇌와 고통으로 방황하는 삶으로 이어지게 된다.

즐거움 뒤에는 슬픔이 따르고 승리 뒤에는 패배가 오며 쾌락 뒤에는 고통과 번뇌가 따른다는 사실을 인간들은 애써 외면하고 나만은 그렇지 않을 거라 착각하고, 끊임없이 자신의 욕망을 희망으로 포장하여 자기 자신이 무엇 때문에 이토록 열심히 사는지 그 이유조차 망각한 채 남에게 상처주고 나아가 자신은 병들어 가는 줄도 모르게 되는 것이다.

또 깨어있기 위해서는 명상을 해야 하고 행동할 때도 명상하듯이 자신을 살피며 살아야 한다. 명상이란 단어는 많이 들어 모르는 사람이 없는 단어이지만 명상의 진정한 의미를 아는 사람은 그리 많지 않다.

명상이란 간단히 말하면 모든 망상과 흩어진 생각을 깨끗이 버리고, 고요한 경지에 이르기 위하여 앉은 자세로 조용히 호흡하는 것을 말한다. 어떤 사람들은 명상을 한다면서 끊임없이 생각을 하는 사람이 있는데 그것은 진정한 명상이라 할 수 없다. 물론 초보단계에서는 피할 수 없는 과정이지만⋯.

명상을 가장 쉬운 말로 표현하면 앉아서 내 몸과 신체가 느끼는 느낌, 그리고 머리와 마음속을 들여다보는 것이라 할 수 있다. 내가 내 자신을 보는 것이다. 마치 영화를 보듯이, 다른 사람의 모습을 보듯이 나를 관찰하는 것이다.

내 몸의 생김새, 어떤 동작에 따른 느낌, 그리고 마음까지⋯. 물론 고도의 수준에 다다르면 세상의 이치까지 들여다보게 되겠지만….

예를 들어 20분 동안 앉아있는데 10가지 생각이 떠오른다면 그 10가지가 내 마음속에 있구나 하고 생각하면 된다. 그 10가지 생각이 명상을 하면 할수록 줄어들어 5개가 되고 1개가 되기도 한다. 좀 더 하다보면 아무 생각도 없이 단지 숨만 쉬고 있는 내 자신을 발견할 때 진정한 명상의 세계로 들어갔다고 보면 된다.

결국 이런 명상을 되풀이 하면 할수록 나 자신의 변화를 빨리 알아차리게 되며 불필요한 욕망이나 번뇌로부터 해방되어 흔들리지 않는 마음의 고요함을 유지할 수 있게 되는 것이다.

마지막으로 이미 벌여놓은 자신의 과거의 업을 하나씩 줄여 나가야 한다.

과거의 업을 줄여 나가라는 뜻은 우리가 지금껏 살면서 맺은 인연이나 사업이나 가족관계로 일어나는 현재의 일을 감당하기에도 평생을 다 허비해야 하기 때문에 나 자신을 돌볼 틈이 없다. 그래서 불필요한 인연이나 일은 줄여 나가라는 말이다.

앞서 말한 대로 명상을 통하여 깨어있으면 불필요한 욕망과 번뇌의 사슬을 끊게 되어 괜히 불안하여 사람들과 어울리거나 더 많은 욕심을 채우기 위한 일을 벌이지 않게 되는 것이다.

너무 짧게 언급했지만 이 세상 사람들이 명상을 통하여 자기 자신을 관찰하고 필요 이상의 욕심을 부리지 않고 번뇌를 줄여 나간다면 분명 이 세상은 물질만능 시대에서 정신적인 안정을 추구하는 세상이 될 것이며 비로소 세상은 바뀌게 될 것임을 나는 확신한다.

④ 명상경험

내가 명상과 인연을 맺은 건 2003년 봄 선관무禪觀武라는 불가무술을 시작하고 나서다. 그때만 하여도 명상이라 하면 산속에서 도를 닦는 사람들이 하는 것으로 생각하고 나하고는 전혀 무관하고 전혀 관심 밖의 단어였다.

그 당시 나는 채워지지 않는 끝없는 욕망으로 정신적으로 방황할 때였다. 남들이 보기엔 버젓한 직장에, 가족도 있고 집도 있고 친구도 있고…. 부러울 게 없게 보였지만 어떻게 살아가는 길이 옳은가에 대한 확실한 신념이 없어 방황하고 답답해하던 시절이었다.

내 인생에 무언가 문제가 있는데 그 문제가 무엇이고 또한 그 해답이 무엇인지에 대한 갈증이 심했다. 그 답답함을 해소해 보려는 마음에 인터넷에서 선관무를 알게 되어 운동을 시작했고 하루하루 달라지는 몸의 변화에 끌려 지금까지 계속 하고 있는데 나의 큰 스승이자 수련원의 원장이신 김지웅 선생님께서는 명상을 항상 강조하셨다.

'몸과 마음과 호흡이 일치하여야 진정한 마음의 평화를 얻을 수 있고, 내 몸도 내 의지대로 못 움직인다면 어찌 마음을 다스릴 수 있겠습니까? 몸이 굳어 있다는 것은 그 사람의 마음도 굳어있다고 보면 됩니다. 몸을 의지대로 다스리기 위하여 몸을 자꾸 써서 풀어주어야 하며 망상과 번뇌로 가득 찬 마음을 다스리기 위하여 명상을 하여야 합니다.' 라고….

명상이란 나 자신을 본다는 의미로 받아들이면 되며 의식세계뿐 아니라 무의식의 세계도 포함되며 찰나에도 수없이 변화하는 몸과 마음의 상태를 보는 것이다.

처음에는 하루에 5분에서 10분씩 주 3~4회를 하였으며 점차 시간을 늘려 1시간까지 늘려보았다. 물론 1시간의 명상은 자주 하지는 못하였지만 시간과 장소가 허락하는 대로 틈틈이 하였다.

명상은 시간을 오래 하면 할수록 좋다고 하며, 인간의 마음을 흙탕물에 비유하면 흙탕물도 가만히 나두면 흙이 가라앉고 맑은 물이 되는 원리와 비슷하다고 보면 된다. 항상 긴장되어 있고 많은 생각들로 차 있는 마음을 가라앉히는 것이다.

명상을 하면서 느끼고 체험했던 것을 몇 가지 적어본다.

1) 마음이 편안해진다.

처음에는 수많은 생각이 스쳐가지만 명상을 하면 할수록 그 숫자가 줄어들게 되며 지금은 보통 2~3가지 정도 생각이 보이다가 어느 정도 시간이 지나면 자신의 호흡에 집중하게 된다. 즉, 생각은 없어지고 숨이 코를 통하여 들락날락하는 것만 느끼게 된다는 뜻이다. 그만큼 머릿속과 마음이 단순해 졌다고나 할까? 아무튼 마음이 편안해졌고 불필요한 욕망과 번뇌에서 점차 해방되는 것 같았다.

2) 삶의 지혜를 얻을 수 있다.

어느 날은 1시간 정도 앉아 있는데, 24시간 중에 단 1시간 앉아 있는데도 발이 저리고 당장이라도 그만두고 싶은 생각이 드는 나 자신의 모습이 한심하기 이를 데 없고 참으로 나약하기 그지없다는 생각이 뇌리를 스쳐갔고 그 생각은 지울 수가 없었다.

그 이후 또 다른 어느 날에는 물이 높은 곳에서 아래로 흐르듯이 나 자신도 자연의 순리대로 살아야겠다는 생각이 또 뇌리를 스쳐 갔고 어떤 일이든 억지로 하려하지 말라는 뜻으로 받아들였다.

그 뒤로 나약한 내 자신이 순리대로 살아간다면 어떻게 될까 하는 질문을 스스로 하고 있던 차에 어느 날 명상 중에 그래도 자신 감을 잃어서는 안 된다는 생각이 또 스치고 지나갔다. 그 뒤로는 비록 나약한 존재이지만 순리대로 살되 자신감을 가지고 하루하루 생활에 임하여야겠다는 마음을 항상 되새겼다.

어느 날에는 인간의 건강과 질병의 해답은 척추에 있다는 생각 이 뇌리를 스쳐가고 그 뒤로 내가 진료하는 환자들의 척추사진과 생활습관 및 자세를 더욱 자세히 살펴보게 되었으며, 현대의학에서 외면해온 원인치료에 대한 안목도 생겨나기 시작하였고, 원인을 모 른다는 질병에 대한 원인과 치료방법의 해법을 얻기 시작하여 많은 환자들로부터 좋은 결과도 경험하였다.

최근에는 내가 보는 사물의 현상이나 사람에 대한 마음 또한 내 주관에서 생겨 나온 것이며 보는 각도나 마음에 따라 변한다는 사 실을 인지하게 되었고 그렇다면 지금 내가 보고 느끼고 행동하는 것이 진실이 아니고 허상일 수도 있다는 것도 알게 되었다.

즉, 보는 관점에 따라 변하는 현상에 불필요하게 집착할 필요가 없다는 것이다. 가장 최근에는 이런 허상에서 벗어나기 위해서는 하나하나씩 불필요한 것을 끊어야 된다는 생각도 들었다.

그리고 어떻게 끊느냐에 대한 해답은 내 마음과 머리에서 일어나는 번뇌, 쾌감, 욕심, 불만, 분노 같은 여러 감정이 일어나고 없어지는 과정을 빨리 관찰하여 그런 현상이 진실이 아니고 일시적으로 생겼다가 없어지는 허상임을 알아차리는 집중과 사띠수련을 지속해야 한다는 것이다.

이와 같이 명상을 하다보면 평상시 의식적으로 생각하던 것과는 다른 문득 새로운 생각이나 지혜 같은 것이 뇌리를 스치며 떠오를 때가 있다. 이렇게 떠오른 생각이나 지혜는 잊히지 않고 오래 내 의식 속에 자리 잡게 되며, 실생활에도 도움이 되는 내용들이다.

책을 통해 공부한 것과는 다른 마치 통찰력 같은 힘이 생기는 거와 같다. 물론 위에 열거한 것들이 특별하거나 이전에 몰랐던 사실이 아니라는 것이다. 한 가지 다른 건 명상을 통해 얻은 것은 그 깊이가 깊어 나를 변화시킨다는 것이 책이나 말로 들은 것과의 차이점이다.

궁극적으로 보면 이 세상에서 제일 소중한 나 자신의 몸과 마음의 고요함과 평화로움을 지속시키고 삶의 지혜도 얻을 수 있는 것이 명상수련의 목적이라 할 수 있다. 명상에 대한 과학적인 연구는 세계적으로 진행되어 왔으며 지금도 많은 임상 결과들이 마음의 안정뿐 아니라 인체의 건강 유지와 질병퇴치에도 도움이 되는 것으로 밝혀지고 있다.

이제 명상은 더 이상 수행자들만의 것이 아니다. 우리같이 평범한 사람들도 하루에 조금씩 시간을 내어 자신을 돌아보는 것이 필요한 시대가 되었고, 더 나아가 누구나 명상을 통하여 진실 된 자아를 발견하고 통찰력을 얻고 마음의 평화를 얻어 몸과 마음의 고통과 번뇌에서 해방될 수 있는 아주 경제적이고 효과적인 방법이라 할 수 있겠다.

⑤ 수행과 현세와의 갈등

오늘 저녁 스승님께 질문 드렸다.
"수행생활과 현세와의 갈등이 있을 때 어떻게 하나요?"
스승님께서 말씀하셨다.
"생生은 무상無常하며 무아無我하고 고苦한 것입니다. 무아하다는 말을 논리적으로 설명하기는 힘들지만 어떤 말인지는 아시지요? 나 자신이 없다고 생각해 보세요. 남이 나를 공격해도 내가 없으면 상대의 말은 그 자리에서 맴돌다 그냥 없어져 버립니다. 수행이란 자신의 본성을 깨닫는 것입니다. 본능이란 말과 비슷하지요.

자신 속에 내재된 마음을 보는 것인데 사람들의 마음속에 있는 끊임없는 욕망, 즉 5욕이 자신을 병들게 하는 것을 봐야합니다. 우리 마음속에 있는 탐, 진, 치〈탐욕・진에(瞋恚: 화냄)・우치(愚癡: 어리석음)〉를 봐야 한다는 뜻입니다. 다시 말해 외면보다 내면의 세계에 더 치중해야합니다. 그 중에 탐욕을 버리기가 가장 힘든데 수행의 단계가 올라 갈수록 아주 강하게 한 번씩 고비를 넘게 됩니다.

어느 정도 수행이 되면 그것을 지키기 위해 화가 많아지게 됩니다. 자신의 영역을 방해하는 요소에 대항하는 화 말입니다. 하지만 그 또한 넘어서야 합니다. 그 마음을 보는 것이 사띠(SATI)입니다.

수행을 한다고 해서 어느 단계에 이르면 수행생활에 대한 확신이 들고, 현세에 대한 갈등이 없어지고 탐욕이 완전히 없어지는 것이 아닙니다. 이 갈등과 탐욕은 끊임없이 들어옵니다. 이것을 항상 사띠하지 않으면 바로 내 자신 속으로 파고 들어옵니다. 결국 한시도 사띠의 경계를 늦추어서는 안 됩니다.(사띠, Sati: 자신의 몸과 마음을 관찰하는 것을 말한다.)

보통 계율이라 하여 뭐는 하면 안 된다 하여 그것을 금하려고 애쓰는데 애쓰는 마음 또한 수행이 부족한 탓입니다. 애쓰지 않아도 자연스럽게 바른 정도를 지킬 수 있는 힘이 생겨야 진정한 수행이라고 할 수 있습니다.(내면의 탐, 진, 치를 사띠 안 하고 겉으로 보이는 행동만을 억제하려하면 그것이 또 번뇌가 된다는 뜻)

그렇게 하기 위해서 저는 명상을 하고 경전을 읽어 내가 하는 이 수행이 바른 것이라는 것을 확인합니다. 중국에서는 한창 불교가 왕성할 때는 임금도 그 자리를 버리고 출가한 사람도 있었습니다. 하지만 현재의 세상은 눈만 뜨면 물질만능시대로 수행자를 색안경을 쓰고 바라봅니다. 다시 말해 예전보다 수행의 환경이 나빠졌다는 말이지요.

더욱 힘들어진 거지요. 자신의 몸과 마음을 항상 관觀하며 깨끗이 유지하기 위해서는 명상을 게을리 하면 안 됩니다. 또한 우조티카 스님의 법문도 시간 날 때마다 들으세요. 처음에는 참 좋은 말이구나 하고 이해되지만, 자꾸 들으면 진정한 의미가 마음에 와 닿게 됩니다. 그분이 언제 다시 한국에 오실지는 모르겠지만…(**우조

티카 스님: 미얀마의 큰 스님으로 한국에 방문하여 남방불교의 위빠사나 수행법을 법문하셨다.)

 자, 이제 오체유법으로 몸을 먼저 풀고 땀을 한번 빼시지요."
 "오늘 말씀 잘 들었습니다."

 나는 합장을 하고 일어나 유연공으로 몸을 풀고 무아라는 단어를 떠올리고 수련에 집중해 보았다.

⑥ 희망과 불만족

 대부분의 사람들은 희망과 불만족이란 두 개의 상반되는 감정을 마음에 품고서 인생을 살아간다. 여기서 희망이란 바람, 욕구, 욕망, 야심, 목표 등을 내포하며 이것이 지나치면 탐욕이 된다.
 또 불만족이란 희망이 이루어 지지 않았을 때 생기는 반대의 감정으로 고통, 실패감, 좌절, 분노 등의 감정이 된다. 희망은 대부분 좋은 의미로 받아들이지만 불만족의 원인 또한 희망이다.
 결국 희망이 없다면 불만족도 없다는 말이 될 수도 있지만 자신을 정확히 알고 자기 분수나 능력에 어울리는 희망을 가지고 노력한다면 불만족이 아닌 만족스러운 삶이 될 수 있다. 이것이 중용中庸의 미美다. 이 중용의 미를 얻기 위해 수많은 사람들이 옛 성현들의 글을 공부하거나 종교단체에 가서 좋은 말씀을 듣고, 아니면 수행을 하는 것이다.

　이러한 노력마저 하지 않고도 만족스러운 삶을 산다면 그 사람은 천복을 타고 났을 것이다. 그러나 대부분의 사람들은 노력을 하든 안하든 욕구와 불만족 사이에서 수 없이 많은 갈등과 번뇌를 하며 살아가고 있다.

　중용을 유지하기 위한 많은 말들이 있다. "너 자신을 알아라", "모든 것을 내려 놓으세요", "마음을 비우세요", "항상 감사한 마음으로 사세요"등등…, 결국 마음 다스리는 데 있다. 즉 마음에 따라 천당도 되고 지옥도 되는 게 이 세상 삶이다.

　그럴 때 세상 사람들이 하는 말이 있다. 그렇게 마음 비우고 살면 이 세상을 어떻게 살아가냐고? 학생들은 공부를 남보다 더 잘해야 치열한 경쟁사회에서 살아남을 수 있고, 가장은 당장 돈을 벌이야 식구들을 먹여 살릴 수 있고, 국가적으론 국력을 더 키워야 생존할 수 있다고…. 대부분의 사람들은 이러한 현실적인 문제를 핑계 삼아 희망이 아닌 과도한 욕심이나 탐욕으로 화禍를 불러들이며 살고 있다.

　즉, 자신의 그릇에 맞는 생각을 하면 희망이요, 주제를 넘는다면 그것이 욕심이고 탐욕이 된다.

　지금의 세상은 상식적으로 이해하기 힘든 일들이 너무 많이 일어나고 있으며, 인터넷으로 인하여 불필요한 세상 밖의 정보가 홍수처럼 밀려들고, 언론매체에서는 편협 된 보도가 주를 이루고…. 도대체 내가 미치지 않고는 이 세상을 이해하기 힘들 정도다.

　그러나 이 혼탁한 세상이 그런대로 유지되는 건 탁기를 제거하고 청淸한 삶을 추구하는 사람들이 있기 때문이다. 즉 부처나 예수의 가르침을 몸소 실천하고자 하는 사람들이 그 예이다.

그러나 재물과 권력은 본시 탁한 것이라, 청한 것만을 추구하면 물질적으론 빈곤하게 살아야 하는 게 이 세상 이치다. 따라서 청, 탁의 조화를 이루며 사는 것이 핵심이지만 두 가지를 동시에 이루기는 하늘에서 별 따기와 같다.

결론적으로 말하면 청, 탁 두 가지를 다 이룰 수는 없더라도 자기 자신의 주제, 그릇의 크기, 됨됨이, 마음씨 등을 파악하는 노력만큼은 해야 된다고 생각한다. 그것이 바로 수행이다.

수행이란 단어는 어떻게 보면 비세속적이고 비현실적인 뜻으로 받아들여지지만, 실제로는 모든 사람이 건강한 삶을 살아가기 위한 필수적인 요소라 할 수 있다.

수행의 방법, 흔히 도道를 닦는다고 한다.

1) 아무런 보상심리 없이 남을 위하여 봉사하는 것
2) 성경이나 경전 공부를 통하여 바른 이치를 마음속에 각인시키는 것
3) 풍수지리나 역학공부를 통하여 대 자연의 법칙을 깨닫는 것
4) 육체적이나 정신적인 수행을 통하여 나의 부족함을 깨닫고, 시시각각 변화하는 자신을 봄으로써 하늘의 이치를 깨닫는 것

이렇게 요약할 수 있다.

남을 돕는 마음을 가지거나, 성인들의 글을 공부하여 자신의 마음을 다스리거나, 자연의 이치를 터득하여 삶에 적용하거나, 심신수련을 통하여 자신을 발견하는 것이 수행이라고 말하고 싶다.

위의 4가지 중에 하나라도 스스로 못하는 사람은 흔히 말하는 신앙을 가져 자신을 버리고 유일신에게 의지하는 것도 수행의 하나가 될 수 있다.

이러한 방법들은 역학에서 말하는 개운법開運法과도 일맥상통하는 것으로 자신의 처지가 좋지 않을 때 흉함을 피하는 방법이기도 한 것이다.

⑦ 행복이란?

행복이란 단어의 사전에 나온 뜻을 보면 행복은, 욕구가 만족되어, 부족함이나 불안감을 느끼지 않고 안심해 하는 심리적인 상태를 의미한다. 단, 그 상태는 극히 주관적이라 할 수 있다고 기술되어 있다.

그렇다면 그 욕구가 무엇 인가에 따라 행복이 결정된다고 할 수 있는데 욕구가 많을수록 불행해질 확률이 높아지고, 욕구가 적을수록 행복해질 확률도 많아진다는 결론에 도달한다.

어떤 사람은 행복에 대하여 묻는 질문에 "행복이란 기분 좋은 것이에요"라고 짧게 말하는 것을 들은 적이 있다.

'기분 좋으면 행복한 거 아닌가요?' 매우 간단하면서도 마음에 공감을 주는 표현이다.

아침에 일어났을 때 상쾌하여도 기분 좋고, 애기처럼 환하게 웃는 얼굴을 보아도 기분 좋고, 마음에 와 닿는 좋은 말씀을 들어도 기분 좋고, 갖고 싶은 물건을 가져도 기분 좋고, 배고플 때 밥을 맛있게 먹어도 기분 좋고, 화장실에서 참았던 생리현상을 해결해도 기분 좋고, 보고 싶은 사람을 만나도 기분 좋고…. 우리의 일상생활 중에는 매 순간 순간 기분 좋을 때가 수도 없이 많다.

그런데도 사람들에게 행복의 정도를 측정해 보면 행복지수가 그리 높게 나오지 않는다. 그 이유는 매우 간단하다. 사람마다 늘 일어나는 행복한 순간을 행복이라 느끼지 못하고 더 많은 욕구를 채우려는 욕심이 있어서 그런 것이다. 누구나 다 아는 말이지만….

나에게 개인적으로 가장 기분 좋은 때가 언제냐고 묻는다면 명상을 할 때라고 말할 수 있다. 명상이라고 하면 답답하다, 지루하다, 다리가 저리다, 머리가 아프다… 등등으로 표현하는 사람도 있지만 물론 나도 처음엔 그랬었다. 어떻게 아무것도 안 하고 계속 앉아만 있냐….

하지만 2003년 봄부터 5분에서 10분씩 시작된 명상이 점차 시간도 늘어나고, 복잡한 머릿속이 간단해지기 시작하고, 다리 저림도 이겨내는 방법을 터득하고, 호흡도 거의 느껴지지 않을 정도의 고요한 상태를 경험하기 시작하면서 나의 몸과 마음이 이렇게 고요해짐을 체험할 수 있게 되었고, 그 이후로는 혼자 조용히 앉아서 명상하는 시간이 가장 기분이 좋은 시간이 되었다.

누구의 도움도 필요 없고, 돈이 필요하지도 않고, 단지 방석 하나만 있으면 해결되는 정말 경제적이고, 효율적인 행복추구의 방법이라고 할 수 있다. 또한 명상은 사람과의 관계나 물질적인 소유를 통하여 얻는 성취감보다도 뛰어나며 말이나 단어로 표현이 안 되는 편안하고 기분이 좋아짐을 맛볼 수 있기 때문이다.

단지 그 경지에 도달하기까지는 가르침을 잘 받아야 하고, 많은 시간이 소요되는 것이 문제이지만, 노력 없이 이 세상에서 얻을 수 있는 것이 아무것도 없다는 것은 누구나 다 아는 사실이 아닌가?

이 세상에 불평불만을 가지고 살아가는 많은 사람들에게 명상이라는 경제적이고 아주 탁월한 웰빙 추구법을 권하고 싶다.

⑧ 열복과 청복

대학 동창생인 나의 친구가 나에게 남겨준 글의 내용이 마음에 닿아 이렇게 메모해 보았다.

친구 왈, "오늘 신문에 정민(한양대 교수·고전문학)이란 분이 열복熱福과 청복淸福이란 글을 올렸던데, 가슴 뜨거울 때에는 열복을 누리려 노력하는 것이 자연스럽지만 어느 시점이 오면 청복을 누리는 모드로 바꿔야 인생이 행복해 질 것이라는 말이 느낌이 팍 오네요.^^"

다산 정약용은 사람이 누리는 복을 열복熱福과 청복淸福 둘로 나눴다. 열복은 누구나 원하는 그야말로 화끈한 복이다. 높은 지위에 올라 부귀를 누리며 떵떵거리고 사는 것이 열복이다. 모두가 그 앞에 허리를 굽히고, 눈짓 하나에 다들 알아서 긴다.

청복은 욕심 없이 맑고 소박하게 한세상을 건너가는 것이다. 가진 것이야 넉넉하지 않아도 만족할 줄 아니 부족함이 없다. 다산은 여러 글에서 되풀이해 말했다.

"세상에 열복을 얻은 사람은 아주 많지만 청복을 누리는 사람은 몇 되지 않는다. 하늘이 참으로 청복을 아끼는 것을 알겠다. 그런데도 사람들은 청복은 거들떠보지 않고, 열복만 누리겠다고 아우성을 친다. 남들 위에 군림해서 더 잘 먹고 더 많이 갖고, 그것으로도 모자라 아예 다 가지려고 한다. 열복은 항상 중간에 좌절하거나 끝이 안 좋은 것이 문제다. 요행히 자신이 열복을 누려도 자식 대까지 가는 경우란 흔치가 않다.

모든 사람이 우러르고, 아름다운 미녀가 추파를 던진다. 마음대로 못 할 일이 없고, 뜻대로 안 될 일이 없다. 어느새 마음이 둥둥 떠서 안하무인이 된다. 후끈 달아오른 욕망은 제 발등을 찍기 전에는 식을 줄을 모른다. 잠깐 만에 형편이 뒤바뀌어 경멸과 질시와 손가락질만 남는다.

그때 가서도 자신을 겸허히 돌아보기는커녕, 주먹을 부르쥐고 두고 보자고 가만두지 않겠다고 이를 갈기만 하니, 끝내 청복을 누려 볼 희망이 없다."

이 글 역시 이세상의 극적인 면을 보여주는 것 같다. 역에서 말하는 음양의 원칙, 물리학의 상대성 원리처럼… 이 우주에는 항상 극과 극이 존재한다는 사실, 또 이 극과 극은 공존한다는 사실을 안다면 어떤 것이 절대적으로 옳다 그르다 할 수 없지만, 어떤 것을 선택하느냐는 본인에게 달렸다고 할 수 있다. 나이가 들어서인가? 이제는 열복보다 청복이 더 좋아 보인다.

⑨ 내 마음을 보는 제3의 마음을 길러야 한다

수행을 하고자 하는 사람들이 처음에 받아들이기 가장 힘든 말이 자신을 보는 관법觀法이다. 나 자신을 본다, 내 마음의 변화를 본다, 내 육체의 변화를 본다 등은 그런대로 이해가 가지만 제3의 마음이란 도대체 무엇이란 말인가? 알아차림이란 단어를 쓰기도 하는데 그 핵심을 설명하면 이렇다.

1) 몸과 마음은 분리되어 있는데 일반인들은 같이 움직인다.
2) 몸과 마음의 변화에는 반드시 원인과 조건이 선행된다.
3) 사람의 마음은 어떤 감정이나 느낌이던 그 순간은 하나의 마음이 자리한다.
4) 매 순간 일어나는 생각이나 느낌을 바라보는 또 하나의 마음이 사띠(Sati)요, 알아차림이요, 참의식, 참자아라고도 하고, 원신이라고도 한다. 이러한 또 하나의 의식을 내 마음을 보는 제3의 마음이라고 할 수 있는데, 나는 이것을 선천의식, 영어로는 Ultra-SuperEgo라 명칭하기로 했다.

이 선천의식을 발견하고 유지하는 것을 남방불교에서는 위빠사나 수행법이라 하고, 도가道家, 선가仙家에서도 이 선천의식을 찾는 것을 수련의 최고 목적으로 한다. 기독교에서 내안의 하나님이라 하는 것이 바로 이 선천의식과 일맥상통하는 단어가 되는 것이다.

우리가 태어나서 기억이 있은 후부터 만들어진 나라는 의식을 후천의식이라 한다면 제3의 의식은 마치 영혼에서의 영靈과도 비슷한 의미로 대자연의 기운과 항상 통하고 있는 불멸의 또 다른 의식세계인데 나는 이를 선천의식이라 한다.

5) 바로 이 선천의식으로 후천의식을 볼 수 있다면 무상無常, 무아無我, 고苦를 깨닫게 된다는 말이다.

6) 무無집착의 마음은 고통 없음으로 이어지고, 후천적으로 만들어진 잘못된 의식과 지식을 제거하는 순간 인간은 자유로워진다.

궁극적인 자유를 위한 수행법이 바로 내 마음을 보는 또 하나의 마음을 개발하는 것이다. 쉽게 설명하면 화가 날 때는 화나는 감정이 지배하고 즐거운 마음은 그 순간 없어진다. 또한 너무 행복해 하거나 즐거울 때는 고통스러움이나 화내는 마음이 그 순간에는 없어진다.

결국 사람의 마음은 매 순간 순간 하나만 일어나지 화를 내면서 동시에 행복감을 느끼진 않는다.

여기에 그러한 마음을 바라보는 또 하나의 마음이 생기고 항상 그것을 유지한다면 다른 마음이 들어올 공간이 없어지므로 언제나 한결같은 상태가 되며, 즐겁지도 성내지도 않는 고요한 상태가 된다는 것이다.

이러한 제3의 마음(선천의식)을 개발하고 유지하는 것이 바로 수행이라고 할 수 있는 것이다. 인간은 양면성이 있어 자유롭고 평화로운 것을 바라면서도 한편으론 그 상태에 머물고 싶어 한다(관성의 법칙). 왜냐하면 모든 집착을 놓아버리는 순간 자유로워진다는 것을 알면서도 이런 저런 핑계를 대며 그것을 붙들고 있다는 말이다.

즉 우리가 얻는 것은 우리가 그것을 원했기 때문이고, 그렇게 본다면 우리가 불행한 것은 우리 스스로가 불행을 원했기 때문이라고 말할 수 있다. 그래서 진정한 자유를 원하고자 하는 사람이 있다면 또 하나의 마음(선천의식)을 개발하는 노력을 꾸준히 해서 후천적으로 만들어진 잘못된 집착이나 지식에서 벗어날 수 있기를 바라는 마음으로 이 글을 쓴다.

⑩ 몸과 마음은 하나일까? 둘일까?

결론부터 말하면 둘이다. 즉 엄격하게 말하면 별개의 것이다. 여기서 일반인과 고도로 훈련된 수행자가 구분되어진다.

먼저 일반사람들의 경우를 언급하자면 보통사람들은 몸과 마음이 따로 움직이는데 이 조차도 의식하지 못하고 살아간다. 즉, 실제로는 둘인데 하나로 인식한다는 말이다. 왜냐하면 무의식적인 행동을 할 때도 그것을 인지하지 못하며, 자신이 의식을 가지고 생각하는 것 같아도 실제로는 자기가 어떤 말과 행동을 하는지도 의식하지 못하는 사이에 언행이 이루어지고 있는 경우가 대부분이다.

따라서 일반인들은 자신이 의식을 하고 행동을 하는 것 같지만 그 행동 하나 하나를 관찰하면서 행동하지 못하기 때문에 대부분의 사람은 몸과 마음이 하나라고 느끼고 받아들이는 것이다.

결국 일반인들이 느끼는 의식은 하나이며 무의식의 세계 역시 자신이 가지고 있던 후천적 의식세계의 일부라 생각한다. 좀 쉽게 예를 들면 누가 나를 자극하여 화가 날 때도 일반인들은 자기도 모르는 사이에 이미 화를 내고 있고 기분이 나빠져 있는데도, 자신은 자기가 화를 내거나 기분 나쁘다고 생각한다는 말이다.

즉, 무의식적인 행동은 당연히 둘이고 의식적인 행동이라 여기는 것조차도 엄밀히 말하면 몸과 마음은 둘로 나누어져 있는 것이다. 단지 우리 자신이 이 둘을 구분하지 못하는 것일 뿐이다. 무의식적인 행동이 나오더라도 이 또한 후천적인 교육이나 훈련 등으로 내안에 잠재된 나의 의식으로 받아들인다는 뜻이다.

다시 말해 일반사람들은 어떤 생각을 하여 몸을 움직이던가, 무의식적인 행동을 할 때도 자신이 느끼는 의식은 하나이며 따라서 결국 후천적으로 만들어진 지식이나 의식세계가 자신의 몸도 움직인다고 생각한다. 실제로는 몸과 마음은 별개인데도…

의식적이던 무의식적이던 즉, 생각에 의한 행동이나 반사적인 행동을 함에 있어 자기가 인지하지 못하는 빠른 신경계통의 연쇄반응이 우리몸 안에서 일어난다. 이렇게 빠른 몸 안의 변화를 일반인은 인지하지 못하는 것이다.

그런데 이렇게 빠른 신경계통의 변화로 인한 우리 몸의 반응은 긍정적인 효과도 있지만 부정적인 효과도 무시할 수 없다. 모든 행동이나 몸의 내적 변화는 그 원인이 있는데 그것이 반복학습에 의하여 잘 훈련되면 고도의 학문적 지식이나 기술을 가지게 되지만, 잘못 길들여지면 부정적인 면으로만 작동하게 되는데 그 예로 스스로 스트레스를 받고 있는데도 자신은 그것을 알아차리지 못하여 병이 진행한 후에야 비로소 아는 경우가 있다.

즉, 자신의 몸과 마음이 따로 움직이고 있는데 자신은 몸과 마음이 한 개라고 착각하며 살아간다고 요약할 수 있다.

고도로 훈련된 수행자는 어떨까? 하지만 수행자들에게는 몸과 마음은 철저하게 두 개다. 결론부터 말하면 선천의식을 개발하여 내 몸과 마음을 별개로 인식한다는 말이다.

우리가 출생하여 어떤 사물을 처음 접했다고 한다면 그 사물이 무엇인지, 어떤 형태인지, 또 무엇에 쓰는 물건인지 알지 못한다. 다만 멍하니 바라보다가 생각이라는 뇌의 반응에 의하여 궁금해지기 시작하고, 교육이라는 과정을 거쳐 사물의 이름과 용도를 깨닫게 된다. 어떤 의식화된 교육과정이 없다면 이 세상의 모든 물질은 아무런 의미가 없게 되며 따라서 허상이 된다는 사실이다.

나라는 자기 주체성 또한 교육과정에 의하여 만들어진 것이라 그런 의식이 주어지지 않으면 자기 자신도 무아無我가 되는 것이다. 이름이란 것 역시 후천적으로 불리어지지 않았다면 자신의 이름조차도 모르고 살아갈 것이다.

또한 남이 나에게 욕을 한다고 할 때 그것을 욕으로 받아들이면 화가 날 것이고 욕으로 받아들이지 않으면 아무런 의미가 없이 허공을 떠돌다가 사라지는 음의 파장에 불과해 진다. 외국어를 못 알아듣는 경우와 같을 것이다. 이렇게 우리는 후천적으로 만들어진 의식이 자신인줄 알고 살아가는 것이다.

　그러나 고도의 수행자는 다르다. 설사 욕으로 받아들인다 하더라도 자신의 마음속에서 화가 나려고 하는 순간 그 찰나의 변화조차도 선천의식이 알아차림(마음 챙김, Sati)으로 觀觀하여 자신의 마음속에 자리 잡지 못하도록 하는 것이다.

　또한 아름다운 사물이나 사람에 대한 감정도 뇌에서 기억이라는 작용에 의한 것이고 그것을 자꾸 떠올리고자 함도 집착이라는 사실을 알고, 그러한 집착이 생길 때도 수행자들은 Sati함으로 극복할 수 있게 된다.

　그래서 고도의 수행을 한 사람들은 순간적으로 일어나는 몸의 변화와 마음의 변화를 철저하게 구분하기 때문에 두 개라고 하는 것이다. 하지만 결과론으로 보면 수행자들은 몸과 마음을 둘로 인식하지만 이 둘을 하나로 일치시켜 행동하는 점이 일반인과 다른 점이다. 찰나의 순간마저 인식하는 능력이 있기 때문에 일반인들이 생각지 못하는 초능력도 발휘하게 되는 것이다. 현재 수행을 하는 사람들도 이러한 경지를 항상 유지하기 위하여 알아차림(Sati)수련을 하는 것이다.

　그러면 수행자들은 왜 선천의식을 찾으려하고 또 유지하려는 것일까?
　위에서 언급했듯이 이 선천의식이 생겨나면 모든 물질과 감정이 허상이고, 그 물질과 감정 때문에 희로애락이 생기고 자신이 그것을 조절하지 못하여 불행해진다는 것을 알기 때문이다. 즉, 몸과 마음의 고요한 평화를 원하기 때문인 것이다.

　나 개인적으로도 Sati수행을 하고 있지만 눈 깜짝할 사이에 몸과 마음을 두 개로 보지 못하고 놓치는 일이 하루 중에도 다반사다. 그러나 중요한 사실은 이러한 수행이 자신의 몸과 마음을 평화롭게 할 뿐만 아니라 주변 사람도 평화롭게 한다는 사실이다. 고도의 수련을 한 사람을 대해보면 자신도 편안해진다는 것을 아마 경험해본 사람은 알 것이다. 아직은 미숙한 단계이지만 꾸준히 노력하면 한 걸음 한 걸음 발전할 것이라고 생각한다.

⑪ 늘 깨어있으라!

늘 깨어있으라, 늘 사띠(Sati)하라, 늘 알아차려라! 그러면 내안의 하느님을 대할 수 있다. 그러면 내 마음속의 진정한 나를 발견할 수 있다. 그러면 내 안의 원신元神을 대할 수 있다.

글자만 다르지 기독교, 유교, 불교, 도교, 선교 모두 한결같이 주장하는 내용이다. 결국 수행을 강조한 내용으로 번뇌, 망상, 잡념, 욕심이 모두 없어져야 내 안의 하느님, 원신, 사띠하는 나를 발견한다는 말이고, 현재 모든 종교가 추구하는 바가 수행이라는 말도 된다.

그러나 지금의 종교는 수행보다는 기복신앙쪽으로 많이 치우쳐 있는 게 현실이지만….

깨어있고 사띠하고 알아차리기 위해서는 어떻게 해야 하는가?

명상, 묵상, 참선, 좌관 등의 글자로 표시하지만 그 내용은 한결같이 편안한 자세로 앉아 편안한 호흡을 통해 머릿속의 잡념을 가라앉히고 자신의 욕망을 내려놓으면 선천적인 본래의 모습을 보게 되고, 선천적인 의식을 되찾아 흔히 깨달음이라고 말하는 우주 대자연의 이치를 깨닫게 된다는 이론이다.(후천적으로 만들어진 자신의 의식, 무의식을 내려놓는다는 뜻)

이렇게 모든 종파들이 수행을 통한 평화와 깨달음을 목표로 하면서도 현세에는 수행보다는 기도나 믿음을 통해 구제받거나, 후천적으로 만들어진 자신의 목표를 이룰 수 있다는 왜곡된 현실이 안타깝기만 하다.(물론 기도나 믿음의 긍정적인 효과도 일부는 인정하지만.)

개인적으로는 이제라도 인간의 최종 목표인 마음의 평화와 안정을 위하여 모든 사람에게 수행하는 분위기가 널리 퍼지기를 바랄 뿐이다.

⑫ 도道를 닦는 주체는 무엇인가?

현대 문명 속에서 교육받은 사람들에게 도道라는 단어는 매우 친숙하면서도 참 막연한 느낌을 주는 단어이다.

도란 단어를 사전에서 찾으면 1) 마땅히 지켜야 할 도리, 2) 깨우친 이치 혹은 경지, 3) 길, 4) 사상 등 여러 의미가 나오며, 동양철학적인 의미로는 우주 만물의 이치를 깨달은 경지 정도로 받아들여진다. 도란 단어를 보면 대충은 알겠는데, '도를 닦는다' 하면 뭘 어떻게 닦는가? 하는 의문이 생긴다.

도를 닦는 방법에는 남을 위하여 대가성 없이 봉사하는 것, 종교나 철학책을 공부하는 것, 풍수지리나 역학을 공부하는 것, 참선, 묵상 같은 면벽수행 혹은 육체적 수행을 하는 것 등을 들 수가 있다.

그렇다면 도를 닦는 주체는 무엇인가 하는 의문이 또 생긴다. 위의 방법을 한다고 누구나 도가 통하는 것은 아니기 때문이다. 현대의학과 현대 심리학을 공부하고 한자보다는 영어가 더욱 친숙한 나로서는 그 주체를 이해하는데 참으로 오랜 시간이 걸렸다.

일반적으론 사물을 이해하는 주체가 뇌와 마음이라고 알고 있으며 심리학에서는 초자아(Super ego), 자아(Ego), 본능(Id) 이렇게 3가지로 인간의 심리구조를 설명하고 있다.

도를 닦는 사람들은 도통하기 위해서 자신의 자아를 내려놓아야 한다고 하며, 자신을 성찰하는 제3의 마음이나 눈을 개발하라고 한다.

또는 태초의 상태 즉 무극無極 혹은 삼매三昧의 경지로 가서 자신을 발견하라고 한다. 그 비슷한 단어들을 열거해 보면 진아眞我, 법신法身, 일심一心, 대아大我, 원신元神, Sati, 불성佛性, 견성見性, 일념一念, 무념無念, 순수의식, 참자아, 깨어있는 상태, 알아차림, 마음 챙김 등등이 있다.

이렇게 많은 단어들이 있어도 한 번에 와 닿는 단어가 없다는 것은 우리의 현상계에서는 볼 수도 없고 느낄 수 없는 또 다른 감추어진 세상의 것이기 때문일 것이다.

앞서 언급하였듯이 영혼靈魂에서 영靈에 해당하는 것으로 ego나 superego를 위에서 조정하는 또 다른 Ego 즉 Ultra-SuperEgo(아직 이런 영어단어는 없으며 내가 시도해 본 단어임.)가 있다고 생각하면 이해가 쉬울 것 같다.

즉, 후천적으로 만들어진 의식세계가 아닌 선천적으로 지니고 있는 영혼불멸의 정신세계라고나 할까? 나는 쉽게 이해하기 위하여 선천의식이란 단어를 쓰기로 한다. 아무튼 내가 생각하고 느끼는 마음을 전지전능한 또 다른 정신세계가 위에서 감독하고 지켜보고 있다고 이해하면 쉽다.

따라서 그것을 찾아내고 항상 지니고 다니는 사람은 몸과 마음의 평화는 물론이며, 시공을 초월한 무한대의 능력을 창출해 낸다고 하며, 그런 사람을 일컬어 성인 혹은 군자라고 한다.

비가 오나 눈이 오나, 천둥 번개가 치더라도 하늘은 변치 않는 것처럼 우리 안에 있는 순수한 Ultra-SuperEgo를 찾아 오늘도 수행에 임해본다.

13 번뇌라는 것은 어떤 과정을 거쳐 생기는가?

결론부터 말하면 오감-감정-생각-욕망-번뇌라는 순서로 발생한다. 인간에게는 오감五感이라는 것이 있다.

1) 보고(눈 안眼)

2) 듣고(귀 이耳)

3) 냄새 맡고(코 비鼻)

4) 맛을 보고(혀 설舌),

5) 몸으로 느끼고(몸 신身)

이렇게 오감을 통하여 외부 환경과 접촉이 시작되면 그 대상이 사람이던 물질이던 어떤 느낌이 생겨나게 된다. 그 느낌에 대하여 반복된 교육과 경험에 의하여 좋다, 나쁘다는 감정이 생겨나고 이러한 감정은 생각을 유발한다.

이런 과정을 거쳐 사람들은 희로애락을 느끼고, 그것에 따라 기쁨을 즐기기도 하고 고통으로 시달리기도 한다.

또한 이 과정 중에 Id, Ego, Superego라는 심리학적으로 설명되는 본능과 자아의식이 교차반응을 일으키는 것이다. 또한 음양오행론에 의하면 나무 목木은 성냄(노怒)을 상징하고, 불 화火는 기쁨(희喜)을, 흙 토土는 생각(사思), 쇠 금金은 근심(우憂), 물 수水는 두려움(공恐)을 나타낸다고 한다.

이러한 감정과 생각으로 인한 번뇌를 역학적으로는 오행의 상생상극으로 해결할 수도 있다고 하는데, 예를 들면 생각(토土)이 지나칠 때 화(목木)가 나면 그 생각이 없어지고(목극토木剋土), 기쁠 때(화

火) 두려움(수水)을 느끼면 기쁨이 사라지고(수극화水剋火) 등 인데 이러한 현상은 일시적일 뿐 근본적으로는 해답이 되지 못한다.

위에 언급한 과정을 거쳐 생겨난 번뇌를 근본적으로 차단하기 위해서 후천적으로 만들어진 나라는 개념을 내려놓고, 후천적인 나를 관찰할 수 있는 선천적인 참자아(선천의식)를 발견하라고 모든 종교서적이나 수행서에서 말하고 있다.

그런데 문제는 이렇게 간단하게 요약되는 내용이 인간사에서는 왜 그렇게도 이루어지기가 힘든 것일까 하는 번뇌가 또 생겨난다. 진리를 말하던 성인이나 선비들이 인간들의 욕망에 거슬린다하여 배척당하고 심지어 죽음을 당했다는 사실은 역사에 수도 없이 많다.

또 후세의 사람들도 그들의 사상을 존중하면서도 현실에서 여러 가지 이유로 외면하는 것도 모순이 아닌가? 예수나 부처를 존경하면서도 자기 자식이 그 길을 걷겠다하면 대부분의 부모들은 반대하는 것도 모순이다.

많은 수행자들은 한 순간도 참자아(선천의식)를 발견하는 노력을 게을리 하지 않아야 그것을 유지할 수 있다고 하는데 그 만큼 어려운 난제인 것은 틀림없는 거 같다. 개인적으로도 수련을 통하여 잡념, 망상, 번뇌가 사라지는 것을 수 없이 체험하였지만 그것을 유지하는 것은 정말 하늘에서 별 따기 같다.

힘들다고 포기하지도 못하는 이유는 수행을 통하여 평온함을 느껴본 사람은 아무리 힘들어도 그 수행을 놓지 못하기 때문이다. 이런 글을 쓰고 있는 나 자신 역시 번뇌에서 벗어나고픈 생각에 몸부림치는 것 같다.

14 초보자를 위한 명상(Meditation) 요령

　명상에 대하여 관심이 있어도 쉽게 접근하지 못했던 사람을 위하여 간략하게 명상 요령을 설명하고자 한다. 먼저 바른 자세가 중요하며, 평상시 하던 대로 숨을 쉬면되고, 머릿속으로는 명상요령을 생각하면서 하면 좀 쉽게 할 수 있다. 무작정 호흡을 보면서 떠오르는 생각을 보면서 그냥 스쳐 보내라 하면 너무 어렵게 느껴지기 때문이다.

　일상생활 중에서는 자기도 모르게 호흡이 거칠어져 있지만, 그냥 조용히 앉아 있으면 호흡소리나, 호흡 시 움직이는 몸의 동작도 점점 작아지는 것을 알게 된다. 물론 처음에는 이것조차도 이르기 전에 중도에 발이 저리거나, 허리가 아프거나, 너무 많은 생각으로 머리가 아파 그만둘 수도 있다. 누구나 다 경험하는 과정이니, 잠시 쉬었다 하거나 다음 기회에 또 하면 된다.

　처음에는 5분, 그 다음에는 10분, 이런 식으로 점차 시간을 늘려 가다 보면 호흡도 조용해지고, 몸의 움직임도 점점 작아지게 되고, 그에 따라 많은 생각도 점점 줄어들게 된다.

　좀 더 시간이 늘어날 때 한 번쯤 나타나는 현상이 있다. 눈을 감았는데도 태양 같은 붉은 색이 보이거나, 코발트색의 광채가 보이거나… 다른 색이 눈에 보일 수 있다. 마치 미지의 세상이 내 눈에 보이는 것처럼 강한 빛을 볼 수 있다. 또한 몸에 전율을 느끼는 희열을 느끼거나, 몸과 마음이 안정되고 편안해지거나, 강열한 행복감을 느낄 수도 있다.

그러나 이것은 절대 깨달음이 아니다. 이 또한 집착에서 비롯된 잘못된 현상일 뿐이다. 왜냐하면 이런 희열감 같은 것은 또 다른 집착을 불러일으키기 때문에 진정한 의미의 깨달음이 되지 못한다. 그냥 지나가는 과정이다 하고 마음에 두지 말아야 한다.

다음은 초보자를 위한 명상 요령이다.

1) 허리띠를 느슨하게 풀고 방석을 깔고 편안한 자세로 앉되 방석의 꼬리뼈부분을 한번 접어 꼬리뼈가 약간 높게 한다. 다리는 결가부좌나 반가부좌 혹은 책상다리로 편할 대로 한다.
2) 눈은 지그시 감되 눈은 코끝을 보며, 코는 입을 향한다는 느낌을 가지고 앉는다.
3) 숨은 코로 호흡하며 숨을 한번 내쉴 때마다 머리, 어깨, 가슴, 배, 골반, 다리 순으로 긴장을 푼다고 생각한다.
4) 등을 펴고 앉아 코로만 복식호흡하며 잡념이 들어오지 못하게 하기 위하여 하나부터 열까지 세며, 그 다음엔 다시 하나부터 센다.
5) 어느 순간 자신도 모르게 잡념이 들어오는데 그때는 그냥 흘러보낸다고 생각하고 다시 코끝으로 숨이 들어가고 나가는 것만 본다고 생각하고 하나부터 열을 또 센다.
6) 외부에서 들리는 소리에 놀라지 않는다고 생각한다.
7) 이제 조용한 명상의 세계로 들어간다고 생각한다.
8) 마음이 호흡에 집중되면 숫자를 세는 것은 안 해도 된다.
9) 떠오르는 생각을 의식으로 구체화 하지 말고 나는 아는 것이 없다고 생각한다.

10) 처음부터 끝까지 호흡이 들어오고 나감을 놓치면 안 되며 호흡과정에 집중해야 한다.

⑮ 명상(Meditation)의 의학적 효과

　명상의 의학적 효과에 대한 임상연구가 이미 오래전 서구에서 먼저 시작되었고 많은 임상논문들이 이미 세상에 알려져 있다. 그 중에서 명상의 긍정적 효과는 뇌의 알파파 증가, 베타엔돌핀 증가, 면역력 강화 등이다.
　우리 몸의 뇌파는 델타, 세타, 알파, 베타, 감마파 5가지로 통상 구분하는데 의식이 고요해질수록 델타파 쪽으로 가고, 두뇌활동이 복잡할수록 감마파 쪽으로 증가하게 된다.
　스트레스를 받으면 베타파가 증가하고, 불안하거나 흥분하면 감마파가 증가한다. 긴장상태가 이완되면서도 의식집중이 이루어지면 알파파가 증가하는 것으로 알려져 있다. 따라서 알파파의 증가는 우리 몸을 이완하고 편안하게 한다. 아주 고도의 수련경지에 이르면 델타파가 나온다고도 한다.
　엔돌핀이란 내인성 모르핀으로 뇌하수체에서 생성되는 아편과 유사한 물질로 존재 하며 호르몬과도 같은 역할을 하며, 알파, 베타, 감마 3가지가 있다고 한다.
　보통 스트레스를 받으면 엔돌핀의 농도가 올라가 우리 몸이 통증을 적게 느끼도록 도와주며, 즐겁게 웃을 때도 엔돌핀이 증가하는 것으로 알려져 있다. 즉, 고통을 경감시켜주는 역할이라고 이해하면 쉽겠다.

면역력 증가는 긴장된 혈관이 이완되면서 혈액순환이 증가하고, 스트레스가 경감되므로 면역력에 관계되는 물질이 증가하는 것으로 설명할 수 있다.

그밖에 의학적으로 임상실험으로 검증된 효과들을 살펴보면 자율신경 실조증 치료효과, 교감신경 과잉으로 인한 신체 질병 치료효과, 근육 긴장성 관절염의 통증 완화, 정신치료 효과, 스트레스 해소 효과, 면역기능 강화, 면역세포 활성도와 숫자 증가, 불면증 치료효과, 각종 통증 치료 효과, 항산화제 활성도 증가, 노화방지 효과, 학업 성취도 향상 등이 있으며 최근에는 암환자의 항암치료에도 도입이 되고 있다.

이와 같이 잘 만하면 유용한 효과를 경제적으로 얻을 수 있는 아주 훌륭한 방법이 명상수련이다. 이제는 우리도 명상에 대한 잘못된 선입관을 버려야 하며, 올바른 명상을 지도하는 능력 있는 교육가를 배출하고 보급하는데 관심을 가지고 노력을 해야 할 때가 온 것 같다.

16 호흡의 종류

호흡법에 대해서 여러 가지 이론들이 있지만 간략하게 정리해 보면 다음과 같다.

1) 숨의 출입 부위에 따른 분류
   (1) 코 호흡
   (2) 입 호흡
   (3) 피부 호흡

2) 숨 쉬는 내장부위에 따른 분류
   (1) 폐호흡(흉곽 호흡)
   (2) 복식 호흡

3) 의식의 유무에 따른 분류
   (1) 무의식적인 생리적인 호흡
   (2) 의식적인 호흡

4) 숨 쉴 때(마음의 관찰부위에 따른 분류(심호흡 心呼吸))
   (1) 코끝에 마음을 두는 호흡
   (2) 하단전에 마음을 두는 호흡
   (3) 기의 흐름(주천 周天)에 마음을 두는 호흡
   (4) 화두에 마음을 두는 호흡

5) 호흡의 길이에 따른 분류
   (1) 들숨과 날숨의 길이가 같은 경우
   (2) 들숨과 날숨을 길이를 다르게 하는 경우

6) 호흡 중간에 숨의 멈춤 유무에 따른 분류
   (1) 들숨을 들이마신 후 숨을 참았다 내쉬는 호흡
   (2) 들숨, 날숨을 통해 숨을 참지 않고 하는 호흡

이와 같이 우리가 무심코 하는 호흡도 자세히 살펴보면 여러 종류가 된다는 것을 알 수 있다. 위의 호흡법 중에서 흔히들 말하는 참선, 명상, 기공, 단전호흡 등에서 말하는 호흡법은 코 호흡, 복식호흡법, 의식적인 호흡이며 수련 목적에 따라 마음을 두는 부위가 달라지는데 그것에 해당하는 것이 4번 분류법이다.

첫째, 코끝에 마음을 두는 호흡
거친 호흡과 복잡한 생각을 가라앉히고 망상을 끊어내기 위한 호흡법으로 불가의 위빠사나명상(아나파나사티, 안반수의)을 대표적인 예로 들 수 있다.

둘째, 하단전에 마음을 두는 호흡
호흡 시에 하단전에 마음을 두어 복식호흡에 의한 에너지를 하단전에 모으는 방법으로 단전호흡이 여기에 해당하며 중국의 도가, 우리나라의 선가에서 주로 하는 방법이다.

셋째, 기의 흐름(주천周天)에 마음을 두는 호흡
　마음을 소주천이나 대주천에 두어 기의 흐름인 기혈의 통로에 두는 방법으로 기공수련자들이 목표로 하는 호흡법이다.
　** 하단전이나 기혈에 마음을 두는 호흡법은 두 가지로 정확히 나누어지는 것이 아니라 서로 중복되는 점이 많다.

넷째, 화두에 마음을 두는 호흡
　불가의 간화선에서 주로 사용하는 호흡법으로 엄격히 말하면 호흡법이라기보다는 마음을 두는 부위에 관점을 둔 분류라고 참고하면 된다.
　여기서 마음을 둔다는 표현은 시선을 두는 방향과 연관되는데, 즉, 코끝에 둔다는 것은 시선이 코끝을 향하는 것이고 단전에 둔다는 것은 시선이 하단전을 향하게 하는 것이고 기혈에 둔다는 것은 시선(의식)이 주천을 따라간다고 이해하면 된다. 왜냐하면 시선이 가는 곳에 기氣가 따라가기 때문이다.
　또한 호흡의 목적은 생명유지를 위한 기본 생리현상이며, 마음이나 정신세계를 안정시키기 위함도 되며, 자연에 존재하는 기를 모아 몸 안으로 축적시키기 위한 3가지로 볼 수 있는데 뒤의 두 가지는 교차반응을 일으키며 간과해서는 안 되는 점은 자연의 기를 받아들이기 위해서는 먼저 호흡을 고요하게 가다듬어 마음을 평온하게 한 다음에 기를 모아야하는 것이다.
　물론 수련을 오래하면 기를 모으려 하지 않아도 저절로 기氣가 모이고 자신도 모르게 기氣가 온 몸을 순환하게 된다. 기공 수련하는 사람들 중에 마음을 가다듬는 것을 먼저 행하지 않고 단전이나 기혈에 먼저 마음을 두는 경우가 있는데 이는 각별한 주의를 요하는 문제이다.

 다시 정리하면 고요하고 정적인 호흡이 이루어지면, 자신의 몸과 마음을 관찰하여 5욕 7정의 마음과 신체의 문제점을 알 수 있게 되어 내재된 욕망과 번뇌로부터 벗어날 수 있으며, 자신의 몸과 마음을 조절할 수 있는 힘을 얻게 되고, 자연의 이치를 깨닫는 지혜를 얻을 수 있게 되는 것이다.

 개인적으로 추천하는 방법을 정리하면 코를 통하여 호흡을 하되 물 흐르듯이 부드럽고, 가늘게, 균등하게 아랫배에 숨이 들어가도록 깊게 들이마시고, 정적으로 완만하고 길게 숨을 내쉰다.

 숨을 들이마시면 배가 나오고, 내쉬면 배가 들어가는 복식호흡을 하고 다른 생각을 하지 말고 숨이 들어오고 나가는 것에 의식을 두며, 시선을 코끝에 두어 공기가 코끝을 통하여 들어오고 나감을 관찰한다.

 들숨과 날숨의 길이는 대등한 비율이 좋고 호흡 중간에 멈추지 말고 계속 이어서 호흡이 이루어지도록 한다.

 신체의 건강도 얻고 마음의 평화를 얻을 수 있는 바른 호흡법을 꾸준히 하면 활기찬 생활이 될 것이다.

17 명상을 좀 더 쉽게 하는 요령

혼히 명상을 하는 요령에 대하여 말하라 하면 반가부좌나 결가부좌 자세로 앉아 코로 숨이 들어가고 나가고를 관찰하여 마음이나 생각을 바라보다 보면, 생각이 하나씩 줄어들어 텅 빈상태가 되고, 그렇게 되면 후천적 개체의식(=자아의식)을 바라보는 우주적 개체의식(=참자아, 참 의식, 마음속의 하느님, 선천의식)을 발견한다고 한다.

그러나 명상을 시작하는 사람 입장에서는 그 중간 과정이 생략되어 실제 어떤 어려움이나 과정을 거치고, 그것을 어떻게 극복해야 하는지에 대해서는 자세한 설명이 생략되어 있다.

실제 가만히 앉아 수십 분에서 1시간을 넘기기란 그리 쉬운 일이 아니며, 또한 수많은 생각이나 느낌이 끊이지 않고 지속되는 경우도 많기 때문에 고요한 상태를 경험하기 전에 중도포기하기가 쉽다.

결국 그 핵심은 호흡에 있지만 개인적으로 경험한 내용과 사용하는 방법을 몇 가지 소개해 본다.

일반적으로 무조건 앉아있기만 하면 처음엔 등도 아프고, 허리도 아프고, 다리가 절여오면서 통증이 심하여 같은 자세를 유지하기 어렵다. 통증을 바라보는 것이 매우 중요한 수행의 대상이라고 하지만, 초보단계에서는 거의 불가능하다고 본다.

따라서 참을 수 있는 만큼 참아보고, 한계에 이르면 무릎을 살며시 폈다가 다시 자세를 잡고 앉아 있어보고 그래도 고통스러우면 그날은 그만한다.

이런 과정을 수도 없이 반복하면 점차 앉아있는 시간이 늘어나게 되는데, 이 과정을 단축하려면 명상하기 전에 천천히 심호흡을 10번 정도 하고, 전신을 이완시키는 스트레칭을 15분 정도하고 명상을 하면 다리가 저린 통증에 도움이 된다.

또 내 마음과 생각 속에서 떠오르고 느끼는 것을 일부러 느끼지 않으려 하지 말고 그대로 관찰한다.

즉, 아~ 내가 지금 이런 느낌을 받고, 이런 생각들로 차 있구나, 내가 지금 몇 가지 사안에 대한 생각과 느낌을 가지고 있구나 하면서 내가 거울에 비쳐진 내 모습을 보듯이 떠오르는 생각이나 느낌에 빠져들지 말고 또 다른 내가 현재의 나를 바라본다고 생각한다.

그래도 끝없이 이어지는 느낌과 생각이 지속되지만, 이 또한 반복을 하다보면 생각하는 시간이 점차 줄어들게 된다. 이때 이 과정을 단축하려면 약간의 의념을 가지면 훨씬 쉬워진다.

명상하는 요령 몇 가지를 머릿속에서 생각을 하는 것이다.

첫째, 머릿속으로 시선이 코끝을 바라본다 생각하고, 내 기억 중에 가장 편안하게 쉬었던 장소, 예를 들면 시원한 계곡이나, 잔디밭에 내가 편안하게 앉아 있다는 생각을 떠올려본다.

둘째, 들숨은 한가롭고, 가늘고, 균등하고, 깊게 들이 마시고(유悠, 세細, 균勻, 심深), 날숨은 정적으로 가늘게 이어지며, 완만하게 그리고 길게 내쉰다고(정靜, 면綿, 완緩, 장長) 생각을 하면서 호흡을 하되 들숨과 날숨은 비슷한 시간으로 한다.

셋째, 머릿속으로 시선이 코끝을 바라본다 생각하고, 호흡의 숫자를 하나부터 열까지 세기를 반복한다. 물론 숫자를 세다보면 중간에 잡념이 들어와 끊어지는 수가 있지만, 그러면 처음부터 다시 숫자를 센다. 다른 생각이 더 이상 들어오지 않을 때까지….

넷째, 위의 호흡법을 하여도 생각이 멈추지 않으면 머릿속으로 시선이 코끝을 바라본다 생각하고, 들숨이 코를 통하여 중단을 거쳐 하단전까지 내려간다고 생각을 하고, 숨이 지나는 경로에 시선을 옮겨 본다.
한번 호흡에 코부터 하단전을 다 의식해도 되고, 처음엔 한 호흡에 한 곳에만 의식을 모아도 된다. 이것이 숙달되면 소주천의 경로를 같은 요령으로 해 본다.
　** 위의 방법을 동원하여도 생각이나 느낌이 지속될 때는 나의 모든 감각기관은 아무것도 느끼지 못하고, 나는 아는 것이 아무것도 없다고 생각해 보는 것도 하나의 요령이다. 이렇게 약간의 의념을 불어 넣으면서 호흡을 하면 여러 생각을 줄이거나 마음을 비우는데 훨씬 쉽게 접근할 수 있다.

18 나라는 존재 의식

보통 사람들은 자기 자신에 대해서 자신의 신체(몸)와 생명의 호흡으로 숨을 쉬고, 자신이 존재한다고 알고 있는 마음(지식, 의식) 이 세 가지가 있을 때 살아있다고 의식하며 이 세 가지 중에 하나만 없어져도 죽었다고 생각한다.

그러나 깨달은 자들은 이 세 가지가 생기기 이전에도 참의식(참자아, 선천의식)이 존재하며, 이 세 가지가 없어져도 선천의식은 지속된다는 것을 보고 있다.

역학적으로는 무극無極에서 태극이 나오고, 태극에서 음양오행이 나와 무수한 형태를 이루다가 다시 무극으로 돌아간다고 하며, 도가나 선가에서는 신神이 모여 기氣가 되고 기가 모여 우리의 몸(정精)이 되었다가 죽게 되면 기氣를 거쳐 다시 신神으로 돌아간다고 한다.

즉, 우리가 보고 인식하는 자기 자신이란 것의 본질은 이 세 가지 이전에도 존재하며, 이 세 가지가 사라진 후에도 존재하는 그 어떤 절대성이란 것이다. 따라서 후천적으로 현세에서 보고 느끼는 것이 모두가 아니며 진실이 아닐 수도 있다는 말이고 따라서 그것에 집착할 필요도 없는 것이다. 다시 말해 보통사람들은 자신이 살아있다고 느낄 때만 이 세상이 존재하고, 자신이 죽으면 이 세상도 느끼지 못하므로 이 세상도 없는 것이다.

그러나 나라는 한 사람이 죽었다고 이세상이 없어지나? 없어지지 않는다. 우리가 잠을 잘 때는 세상 밖의 움직임을 알지 못한다. 마치 죽은 사람처럼…. 즉, 우리의 후천의식은 잠을 자지만, 선천의식은 살아있다. 우리가 나 자신이라고 알고 있는 개념 역시 후천적으로 만들어진 것이지 절대적인 진실이 아닌 것이다. 이 우주 만물은 형태만 바뀔 뿐이지 본질적인 것은 바뀌지 않는다.

우리가 흔히 말하는 나와 너, 삶과 죽음은 단지 형태가 바뀌는 것에 불과할 수도 있는 것이다. 그래서 역학이나 기氣, 도道의 세계에서 말하는 것이 다 같은 것이다. 이제는 지금 알고 있는 나라는 개념도 다시 한 번 생각해 볼 때다.

⑲ 자연법칙의 관점에서 바라 본 불편함과 편안함
(불행과 행복)

많은 사람들이 지금 이 순간에도 행복해하는 사람도 있고, 너무 힘들고 불행해 하는 사람도 있을 것이다. 왜냐하면 이 세상은 항상 음과 양, 즉 정반대의 세력이 항상 같이 존재하기 때문이다.

누구나 사람이라면 편안하고 행복해지기를 원할 것이다. 그런데 그렇게 하려고 하면 할수록 더 힘들고 불편해지는 사람이 있다. 여기에는 반드시 원인이 있다.

첫째로는 잘못된 개념 때문이다.

후천적으로 받은 잘못된 개념 속에 스스로를 묶어두기 때문이다. 그러한 개념이 통하지 않을 때는 바꾸어야 한다. 즉, 관성의 법칙(운동 제1법칙)에서 벗어나지 못하기 때문이다. 잘못된 개념으로 계속 에너지를 쏟을수록 가속도 법칙(운동 제2법칙)에 의해 불편함은 점점 가속화된다.

또한 나쁜 기운이 다가올 때 그것에 맞서려 하면 작용 반작용의 법칙(운동 제3법칙)에 의해 똑같은 스트레스나 힘을 소모해야 하기 때문에 그만큼 힘들어져서 그냥 그 환경에 스스로 합리화하고 안주하려 한다.

둘째로는 잘못된 인연 때문이다.

서로 어울리지 않는 사람들이나 환경에 인연이 맺어지면 엔트로피 증가의 법칙(열역학 제2법칙)에 의해 서로 섞이려 하는 움직임 속에서 얽히고 또 얽히게 된다. 마치 물과 흙이 섞여 흙탕물이 되듯이…. 그렇다면 답이 나온다.

먼저, 후천적으로 잘못된 개념을 바꾸는 것이 무엇보다도 중요하다.

물론 에너지가 많이 필요하기 때문에 쉽지는 않다. 공부도 해야 하고, 스스로 체험을 하여 깨달아야 하는 노력이 필요하다. 자신의 의식이 먼저 바뀌어야 오랜 시간동안 걸어온 길을 바꿀 수 있기 때문이다.

그러기 위하여 현재 처해진 상황에서 피하거나 환경을 바꾸는 것도 하나의 방법이 된다. 운동 경기에 나가 매번 지는 사람은 상대보다 더 큰 에너지와 파워를 가지도록 노력해야 하며 작전도 바꾸어야 한다. 무술에서 공격을 막기 위해 몸을 직접 부딪쳐서 막는 사람은 하수이며, 고수는 몸을 살짝 움직여 공격을 피하는 것도 같은 원리에 해당한다. 의식이 전환되어야 관성의 법칙이나, 가속도의 법칙에서 벗어날 수 있다.

다음으로 네거티브 엔트로피(negative entropy)라는 것이 있는데, 일정기간 엔트로피가 증가하다 보면 그것을 감소시키는 작용이 생기는데, 마치 흙탕물을 가만히 나두면 물과 흙이 분리되는 현상과 유사하다.

이것은 명상의 이론이기도 한데, 셀 수 없는 정보와 지식과 관념으로 가득 찬 생각과 마음이 시간이 지날수록 간단해지고 명료해지는 것과 같은 이론이다. 따라서 엉킨 실타래를 풀듯이 잘못된 인연과의 고리를 서서히 풀어 나가는 노력과 시간이 필요하다.

그러기 위해서는 내가 먼저 상대방에 대한 좋고 싫은 감정을 정리해야 한다. 내 마음속에 상대방에 대한 생각이 남아있다면 그 사람과의 인연은 끊어질 수가 없기 때문이다.

과학자들이 자연현상을 과학화하는 방법에는 두 가지가 있다고 했다. 하나는 현상을 보고 그것을 수학적 근거에 의해 정립하는 것이고, 둘째는 개념적인 논리로 미리 결론을 내린 상태에서 자연 현상을 연구하여 과학적 근거를 도출하는 것이다.

어찌했던 간에 여러 과학자들이 찾아낸 자연의 법칙들은 인간사에도 그대로 적용된다는 것이 흥미로운 사실이다. 왜냐하면 인간 역시 자연의 일부분이기 때문이다. 따라서 좀 더 편안하고 행복한 인생을 살기 위해서는 먼저 자신의 능력과 성품을 정확히 파악하여 장점은 배가시키는 노력을 하여야 하며, 잘못된 점은 하나씩 깨닫고 고쳐나가도록 노력을 해서 잘못된 관념이나 인연에서 벗어날 수 있도록 하는 것이, 우리가 살아나갈 삶의 지혜가 아닐까 생각해 본다.

20) 수행지침

우리 마음을 다스리는 것을 수행이라고 한다면 그것의 조건이나 목적, 그리고 항상 해야 할 몇 가지를 머릿속에 의식하는 것이 도움이 된다.

개인적으로 염두고 두고 있는 몇 가지를 정리해 소개하면 다음과 같다.

1) 수행자가 버려야 할 3가지

   (1) 탐욕貪慾

   (2) 진에瞋恚: 화냄

   (3) 우치愚癡: 어리석음

2) 수행자가 깨달아야 할 세 가지

   (1) 무상無常

   (2) 무아無我

   (3) 고苦

3) 수행자가 항상 해야 할 일

우리의 신체, 느낌, 마음, 대자연에 대한 관觀 (=Sati=알아차림). 불가에서는 신수심법身受心法이라 한다.

4) 수행자가 항상 지녀야 할 것 : 자비심慈悲心

물론 이러한 스스로 정한 목적이나 의식이 또 다른 집착과 번뇌를 일으킬 수 있지만, 초보 단계에서는 나름대로 몇 가지 정리해 기억하는 것이 수련하는데 도움이 많이 된다.

내친김에 몸과 마음, 운명(의醫 도道 복卜)에 대한 핵심을 요약해 보면 의술醫術은 독毒이 신체에 미치는 현상을 관찰하는 것이요, 따라서 해독解毒하는데 그 목적을 두어야 한다.

도술道術은 자신의 몸과 마음의 변화를 관찰하는 것이요, 따라서 변화 없는 평온과 고요에 그 목적을 두어야 한다.

복술卜術은 자연의 기氣가 인간에게 미치는 현상을 관찰 하는 것이다. 따라서 자연의 기운氣運에 순응順應함이 그 목적이다.

결국 의, 도, 복술은 관觀에 그 핵심이 있으며 자연의 섭리를 깨달음에 그 목적이 있다고 할 수 있다. 따라서 몸과 마음 그리고 자연의 현상을 이해하기 위해서는 사물을 보는 관점의 안목을 넓히고 높여야 한다.

㉑ 천도天道의 대의大義는 생육生育에 있다

　천도의 대의는 생육에 있다. 우주만물을 이끌어 가는 하늘의 이치는 생육에 있는 것이지 파괴하거나 죽이는데 있지 않다는 뜻이다. 또한 지구상에 있는 모든 생명체는 스스로 자신의 목숨을 끊을 권리 또한 없다는 말이다.

　최근에 유명 인사들이 스스로 목숨을 끊어 사회적으로 물의를 일으키고 모방 자살도 급증하고 있는데 天上에서 보면 절대 용서받지 못할 죄악이라는 의식이 전혀 없는 것 같아 무척이나 안타깝다.

　인간들이 끊임없이 환경을 파괴하고 있지만, 지구는 끊임없이 자정활동을 하고 있듯이 일부 사람들이 문명의 발달을 핑계로 환경을 파괴하면 일부에선 역으로 환경보호를 위한 활동을 하고 있다. 현대사회가 급속한 발달을 하였다고 하지만 내면을 들여다보면 환경오염만 증가시킨 결과로 인간들에겐 질병과 고통을 점점 더하고 있는 게 지금의 현실이다.

　앞으로 지구에 자연재앙이 올 것이라고 하지만 그 재앙도 지구가 살기 위한 자정작용으로 받아들인다면 우리 인간들이 어떻게 살아야하는가 하는 교훈을 암시한다.

　또 이 이치는 역학에서 말하는 5행의 생극제화生剋制化에서도 똑같이 적용된다. 생生은 극剋보다 우선하고, 극剋은 생生을 위한 극剋이 된다. 만약 생보다 극이 많은 사주를 타고 나면 빈곤과 질병으로 고생하게 되며, 생과 극이 조화를 잘 이루면 일생 평화로운 삶을 살게 된다. 역학에서 편고한 사주가 흉하다는 것도 이 하늘의 이치와 일치하는 것이다.

생生이 아닌 극剋을 위한 극剋을 한다면 이는 천도天道에 위반되어 대흉大凶함을 면하기 힘들게 되어있다. 예를 들어 생生이 없고 극剋만 있는 살중신경殺重身輕사주가 구제되지 못하면 불안, 초조하고 지나친 경계심으로 정상적인 사회활동이 불가능하게 되며, 의학에서도 어떤 독소가 몸에 침입했을 때 우리 신체는 면역반응에 의해 그 독소를 물리치지만 과로 스트레스가 누적되어 독이 면역력을 능가한다면 세균과 암세포가 우리 몸을 지배하게 되는 것이 당연한 결과일 것이다.

다시 말해 몸과 마음 운명까지도 발전적인 생生을 목적으로 살아야 하늘의 뜻에 따르는 것이다. 결국 우리 신체를 건강하게 유지하고, 항상 마음을 평화롭게 유지하고, 인생에서도 무탈하게 살아가는 것이 곧 하늘의 뜻을 따르는 것임을 우리 모두가 명심하고 행동할 때라고 강조하고 싶다.

㉒ 천하를 통일하려면

천하를 통일하고 지배하는 대 원칙을 결론부터 말하면 황皇(도道), 제帝(덕德), 왕王(공功), 백伯(력力) 이 네 글자로 요약된다. 여기서 황은 도도로써 행하며, 제는 덕德으로, 왕은 공功으로, 백은 힘力으로 국가를 다스린다는 뜻 이다. 윗글을 짧게 설명하면 사람을 다스리는 데는 도道를 행함이 으뜸이요, 다음이 덕德으로 행함이요, 다음이 공功을 세워서 다스림이요, 그래도 안 되면 무력力으로 행함이라는 뜻이다. 이 글은 주역을 공부하기 전에 서론에 나오는 말로 주역의 발달과 관련된 글이다.

또한 도, 덕, 공, 력 중에서 어느 것을 선택하느냐는 그 시대의 환경에 좌우된다. 즉, 그 시대의 사람들이 도를 숭상하면 도를 펼치는 사람이 지도자로 나올 것이고, 덕을 숭상하면 덕치를 펼치는 사람이 나오고, 공을 원하면 공으로 사람의 마음을 다스리는 사람이 나오고, 힘을 원하면 힘으로 다스리는 사람이 나온다는 말이다. 결국 우리 자신이 무엇을 원하느냐에 따라 우리의 지도자도 그것에 합당한 지도자가 나온다는 말이다.

개인적으로 이 글을 매우 중요시하며, 가정을 다스리는 가장이나, 회사를 운영하는 사장이나, 한 국가를 다스리는 대통령에게도 적용된다고 생각한다. 지금의 현실은 어떤가? 우리나라의 현대 역사를 보면 1980년대까지는 힘으로 다스리는 세상이었으나, 민주화와 인터넷시대가 되면서 도, 덕, 공, 력 이 네 글자는 어디론가 사라지고 개인적인 욕심과 인기에 영합하여 권력을 쥐고, 화합보다는 분열을 조장하는 현 세태가 매우 한탄스럽다.

결국 우리 자신의 마음속에 도덕공력은 온 데 간 데 없고 오로지 개인의 안위만을 생각하기에 지도자 역시 그런 사람이 나오는 것이다. 따라서 우리 자신이 바뀌어야만 그에 걸 맞는 지도자가 나올 것이다. 즉 지도자를 원망하고 한탄하기에 앞서 나 자신부터 먼저 변하는 노력을 해야 한다.

우리나라는 예로부터 도道를 중요시해 온 나라로 도로에도 도가 들어가고, 지방을 구분하는 도에도 도라는 글자를 쓸 정도로 도道를 중요시하는 나라였다.
　현재는 도道를 추구한다고 하면 정신이 약간 이상한 사람 취급받는다. 물론 도를 추구한다고 하면서 엉뚱한 사이비 신앙에 치우치는 일부 사람들도 있지만, 옛날에는 도를 추구하거나 그렇게 하기 위하여 수행을 하는 사람들을 존경도 하고 긍정적인 사고로 대하는 분위기가 있었다고 한다.
　그렇다면 여기서 도道란 무엇인가?
　한자로는 길, 도리道理, 이치理致를 뜻하는 글자며, 쉽게 말하면 하늘의 이치나 자연의 법칙을 따르는 것이며, 옛 성현들께서 언급한 내용도 되며, 종교적으로는 10계명이나 5계라고도 할 수 있다.
　다르게 말하면 자기 주제나 분수를 알고 불필요한 욕심을 버리고 하늘의 순리대로 가장 인간답게 사는 것이라 할 수 있다. 실존 인물로는 예수나, 부처처럼 산다고도 말할 수 있다. 또한 동물적인 삶이 아닌 가장 인간적인 삶이라고도 할 수 있다.
　이 세상에 인간이 존재한 이후로 자기들만의 문화와 법도를 만들어 그것을 지켜가며 살아왔지만 많은 인간들이 마음의 평화보다는 물질적인 편안함과 쾌락을 추구하며 그것을 행복의 척도로 삼아 살고 있다. 그렇다면 물질적인 풍요로움이 행복해야 하는데, 남보다 더 우월한 위치에 있어도 항상 자신의 마음속에선 행복감을 느끼지 못하며 살아가는 사람이 더 많은 것이 현실이다.
　그래서 대부분의 사람들이 마음의 평화를 얻기 위해 종교시설에 찾아가 도道에 대한 성인의 말씀을 듣거나 혹은 수행생활을 하며 살아가고 있는 것이다.

개인적으로 도道란 자기 자신을 성찰하여 내 몸과 마음속에서 일어나는 변화를 관찰하여 잘못된 것을 바로 잡는 것이라고 말하고 싶다. 즉, 신체이상을 감지하거나, 마음에서 탐욕이나 나태함이 생기는 것을 감지하여 바로잡는 것이다. 나 자신을 조절할 수 있다면 결국 타인을 배려하거나 사랑하는 자비심이 저절로 생겨나기 때문이다. 결국 나를 알아야 상대를 알고 그래야 세상을 순리대로 살아가고, 나아가 순리대로 세상을 다스려야 그것이 도道로 다스린다 할 것이다.

모든 사람들이 시시각각 변화하는 자신을 지속적으로 관찰하는 노력을 한다면 불행한 삶을 살아가는 사람들이 현재보다 줄어 들 것이며, 세상을 이끌어 가는 사람도 소인배가 아닌 도道를 행하는 대인大人이 나오게 될 것이다.

23 사주팔자와 수행, 어떤 것을 선택할 것인가?

결론부터 말하면 사주팔자대로 사는 것은 수동적인 것이고 수행은 능동적인 것이라 할 수 있다. 사주팔자 즉 운명이라는 것은 전생의 씨앗이라고도 하고 조상으로부터 내려오는 업보라고도 하는데 과연 이 운명을 바꿀 수가 없는 것인가? 내 생각에는 노력에 따라 조금 바꿀 수도 있고 완전히 바꿀 수도 있다고 본다.

1) 사주팔자를 알고 운명을 바꾸는 방법

주어진 운명대로 살아가는 사람도 있지만 자신의 운명을 미리 알고 조금이나마 바꾸기 위하여 사주팔자를 보는 사람들도 있다.

예) 사주 명리학에서 인성이 없어 신약하고 식, 재, 관의 설기가 많다면 배움이 짧은 팔자이지만 부모가 미리 알고 최대한 노력해서 공부를 시킨다면 신약한 사람이 신강해질 수 있는 것이고….

상관이 국을 이루어 남편을 극하는 팔자를 타고 났다면 거의 다 부부해로가 힘들거나 남편을 극하게 되는데, 자신의 결점을 미리 알고 말과 행동을 항상 삼가하고 상대를 존중한다면 극부팔자를 고칠 수도 있는 것이다.

또, 재다신약 사주는 돈 버는 재주가 탁월하나 풍류를 즐기고 재물을 간직하지 못하니 이런 결점을 미리 알고 동업을 하거나 재산을 타인 명의로 한다면 타고난 운명의 결점을 고칠 수도 있는 것이다.

위의 방법을 실천해서 타고난 운명을 조금은 바꿀 수 있지만 대운이나 세운의 흐름에 따른 길흉화복을 다 피해 갈 수는 없다. 왜냐하면 운명의 흐름을 알아도 그것을 바꾸기가 대부분의 사람들에겐 거의 불가능하기 때문이다. 단지 나타나는 현상을 조금 줄일 수는 있다고 본다.

2) 수행으로 팔자 바꾸기

수행이란 자신을 관찰한다는 말로 요약할 수 있는데 내 몸과 마음에서 일어나는 모든 것을 포착하는 것으로 예를 들어 열차가 빠른 속도로 달려갈 때 보통 사람은 열차가 몇 개인지 구분할 수 없지만 수행자는 몇 개의 열차가 달리는지를 알 수 있는 것이다.

즉, 눈 깜짝할 사이에 일어나는 몸과 마음속의 느낌이나 충동을 알아차리는 수행을 했기 때문이다. 보통 사람은 화가 날 때 자신도 모르게 이미 화가 나서 상대에 대한 감정을 품든가 참지 못하고 발산하지만, 수행자는 마음속에 서 불쾌한 감정이 일어나는 그 순간을 포착해서 보고 있으면 화나는 감정이 사라지게 되는 것이다.

따라서 수행자는 정도의 차이는 있지만 마음속의 변화를 스스로 조절하므로 항상 평정심을 가지게 된다. 이런 평정심을 가지고 인생을 산다면 인간사에서 발생하는 희로애락에 휘말리지 않게 되니, 사주팔자로부터 벗어나게 된다는 말이다.

즉, 수행자에게는 좋고 나쁜 게 없으니 어찌 팔자가 좋고 나쁨에 영향을 받을 수 있겠는가?

일반인이 수행자에게 자주 하는 질문은 무슨 재미로 세상을 사느냐? 세상 사람들과 어울리지 못하니 너무 염세적이거나 비관적인 사고방식이 아니냐고 하는데 수행자들은 도를 닦는 즐거움으로 산다고 답하고(도락道樂) 수행할 때 느끼는 즐거움은 이 세상 어느 것과도 바꿀 수 없다고…. 또한 하늘의 뜻을 알고 행하기에도 너무 바쁘다고….

물론 자신의 운명을 알고 바꾸는 것도 수행의 일부이며 능동적인 수행을 하는 것도 수행이다. 정도의 차이가 있을 뿐…. 모든 사람이 수동적인 삶보다는 능동적으로 수행하는 사회 분위기가 조성되어 한번 살다 가는 인생 한 단계 업그레이드되기를 바란다.

㉔ 금강승金剛乘 선관무禪觀武 유연공의 의학적 고찰

선관무는 2003년부터 심신수련을 목표로 시작한 불가무술인데 스트레칭이나 기공체조나 무술동작을 하기 전에 각 관절을 부드럽게 풀어주는 유연공이라는 동작을 한다. 글자 그대로 부드럽게 풀어준다는 뜻으로 그 의학적 효과가 매우 긍정적이라 의학적인 측면에서 살펴보기로 한다.

먼저 선관무의 역사는 삼국시대부터 내려오는 전통 밀교수행법으로 현대에 와서는 양익스님께서 복원하고 다시 체계를 세우셨고 뒤를 이어 원욱 스님께서 금강승 선관무를 계승, 발전시켜 지금에 이르고 있다.

선관무 수련의 목표는 몸과 마음과 호흡의 조화를 통하여 깨달음을 얻는데 있으며, 그 수련 내용은 다음과 같다.

1) 선禪
   (1) 유연공
   (2) 오체유법
   (3) 선호흡

2) 관觀
   (1) 영정좌관
   (2) 영정입관
   (3) 영정행관(행,주,좌,와,어,묵,동,정,반,공)

(4) 영동좌관

(5) 영동입관(호랑이,용,사슴,원숭이,곰,거북이,학)

(6) 영동행관(1승,2승,3승)

(7) 영중입관(마,전,궁,원,측,학,호,귀,기,입)

3) 무武
(1) 보법
(2) 수법
(3) 각법
(4) 낙법
(5) 연공법
(6) 특수발차기
(7) 상공

    이것을 하기 전에 가장 처음에 시작하는 것이 유연공이다. 개인적으로 약 15년 동안 허리 추간판탈출증으로 요통과 하지 방사통이 있었는데 선관무 수련을 3~4개월 정도 한 후에 의료기술로 고치지 못하였던 요통과 하지방사통의 증상이 없어지고 건강을 찾았기에 2005년부터 내가 운영하는 정형외과에서 유연공을 환자들에게 보급하여 좋은 반응을 보이고 있어 의학적인 관점에서 유연공을 분석하고자 이 글을 쓴다.

    유연공은 좌관과 선체조, 각종관법과 무술을 하기 전에 발가락부터 어깨에 이르기까지 모든 관절을 유연하게 풀어주어 몸을 이완시키는 준비운동으로 양익스님의 제자들이 만든 각 계파마다 각기 다른 형태이지만 선관무 서울본원에서는 아래 그림과 같은 유연공으로 수련을 하고 있다.

먼저 유연공의 요령은 앞서 설명하였기에 여기서는 아래의 그림으로 대신한다.

그림에서 보듯이 유연공은 발가락관절에서 시작하며 발목관절-무릎관절-고관절-허리-등-목-어깨의 순으로 우리 몸의 대관절을 아래부터 위로 올라가며 부럽게 풀어간다.

1) 동양 의학적인 관점

아래 표에서 보듯이 우리의 신체는 목, 화, 토, 금, 수 5행으로 분류가 가능하며 그중 5위位 분류법에 의거 수水에 해당하는 발부터 시작하여 목木에 해당하는 목과 머리 순으로 운동법이 만들어졌음을 알 수 있다. 또한 하지에서는 목, 토, 수에 해당하는 경락을, 상지에서는 화, 금에 해당하는 경락을 자극하며, 몸통에서는 기경팔맥을 자극하는 동작으로 한방과 기공에서 말하는 20개의 경락을 자극하는 효과가 있다고 볼 수 있다. 동양철학에서 말하는 해부학적 치료관점에도 일치함을 보여준다.

즉, 우리 몸 전체의 큰 관절을 순서대로 다 포함시켜 전신을 골고루 이완시킬 수 있는 장점이 있다. 이에 반해 대부분의 사람들이 하는 스트레칭은 일부관절에만 치중하거나 순서도 불규칙적으로 행하고, 가장 큰 문제는 스트레칭은 글자 그대로 늘려줘야 하는데 힘을 주고 하여 오히려 반동을 유발하는 것을 흔히 보게 되는데 따라서 몸을 풀어주는 준비운동을 했다고 하나 실제로는 그렇지 않은 경우가 대부분이다.

참고 5행의 속성

구분	木	火	土	金	水
5위 位	머리	어깨	몸통	팔, 허벅지	발
5체 體	근육,힘줄	혈압, 맥박	살	피부	뼈
5장 臟	간	심장	비장	폐장	신장
6부 腑	쓸개	소장, 삼초	위	대장	방광
5상 常	仁	禮	信	義	智
방위	동	남	중앙	서	북
계절	봄	여름	환절기	가을	겨울
5취 臭	노린내	탄 냄새	고소함	비리다	썩은내
5미 味	신맛	쓴맛	단맛	매운맛	짠 맛
5기 氣	風풍	熱열	濕습	燥조	寒한
5각 覺	시각	미각	촉각	취각	청각
5곡 穀	보리	수수	기장	쌀	콩

유연공을 반복적으로 장기간 하다보면 유연공만 하여도 피로가 회복되고 소화도 잘 되며, 정신도 맑아짐을 경험하는데 이는 동양의학에서 말하는 우리 몸의 경락을 자극한 효과라고 생각되며 기공에서 말하는 소주천을 자극하여 기(Energy)의 순환을 원활하게 한 결과라고 볼 수 있다. 실제로 해보면 임맥이 소통되는 느낌을 받으며 장운동이 잘 되는 것을 체험하게 된다.

2) 현대의학적인 관점

(1) 해부학적 관점

우리 신체는 뇌로부터 모든 정보를 받아 혈관, 근육, 뼈, 관절, 복강 내 모든 장기가 반응하여 움직이게 되어있으며 뇌로부터 시작된 정보는 일부는 얼굴에 있는 기관을 지배하고 나머지는 척추로 들어가 신경 가지를 쳐서 인체를 지배한다. 따라서 척추가 제2의 뇌라고 보면 된다.

척추신경이 지배하는 부위를 크게 분류하면(자율신경절 분포에 따른)

① 경추 상부(경추 1, 2, 3, 4번 신경)
② 경추 하부와 흉추 상부(경추 5, 6, 7, 8번, 흉추 1, 2, 3, 4, 5번 신경)
③ 흉추 중간부위(흉추 6, 7, 8, 9번 신경)
④ 흉추 말단부와 요추 상부(흉추 10, 11, 12번, 요추 1, 2번 신경)
⑤ 요추 하부와 천추부(요추 3, 4, 5, 천추 신경군)로 크게 5부위로 나눌 수 가 있다.(주- 신경분포는 서로 섞여있으므로 큰 가닥으로만 분류했다.)

부위별 분류에 의하면 1번군은 목과 머리를 지배하고, 2번군은 어깨와 팔과 손을, 3번군은 몸통부위를, 4번군은 허리와 골반, 허벅지를, 5번군은 무릎과 아랫다리를 지배한다. 우연히도 동양의학에서 5행으로 분류한 5위와 거의 일치함을 알 수 있다.

따라서 척추에도 음양오행이 적용되는데, 음에 해당하는 부교감신경, 양에 해당하는 교감신경, 부위별로는 위에서부터 목화토금수가 있다고 할 수 있다.

** 내부 장기의 지배를 살펴보면

1번군-눈, 눈물샘, 귀, 코, 입, 턱관절

2번군-심장, 폐, 식도

3번군-위장, 소장, 간, 담낭, 췌장

4번군-대장, 신장

5번군-방광, 생식기로 분류할 수 있다.

이 역시 동양의학 5행의 5장과도 유사점이 많음을 알 수 있다. 앞서 언급했듯이 동양의학과 서구의학은 서로 상호 보완하는 관계임을 알 수 있다.

(2) 치료관점

각 관절의 통증치료 및 내부 장기의 치료에 있어서 말초신경을 자극하여 근육의 이완과 혈류를 증가 시키는 방법이 있는데 이때 척추신경을 자극하거나, 팔 다리의 말초신경을 자극하기도 한다. 척추신경이나 팔 다리의 말초신경은 서로 연결된 구조물로서 어디를 자극하여도 위에서 언급한 신경 지배부위에 영향을 주게 되어 증상을 완화시킨다.

즉 유연공의 운동법은 말초 신경을 자극하는 현대의학의 치료원리와 일치한다.

3) 결론

금강승 선관무의 유연공은 인체의 대관절을 부드럽게 자극하여 관절을 유연하게 풀어주는 준비운동이지만 의학적인 관점에서 보면 동, 서양 의학을 모두 접목시켜 관절 통증 완화와 내부 장기의 기능 향상에 도움이 될 수 있는 좋은 운동법이라 사료된다.

㉕ 금강승 선관무에서 착안한 척추교정 운동법

 2003년부터 지금까지 선관무라는 수행운동을 하면서 정신적, 육체적 많은 변화를 경험하였는데, 개인적으로는 의학적인 치료로 고치지 못했던 만성 허리 추간판탈출증(허리 디스크)에서 해방되었고, 정형외과의사로서는 유연공이라는 운동법을 환자들에게 소개하여 좋은 반응을 얻고 있다.
 진료실에서 수많은 환자들을 진료하면서 대부분의 질병이 바르지 못한 자세로 오는 척추질환과 스트레스에서 비롯된다는 사실과 그것에 대한 근본적인 해결방법을 선관무에서 착안하였기에 소개해 보려한다.
 앞서 여러 번 지적하였듯이 현대인의 질병은 교감신경 과다 항진증으로 인한 긴장, 스트레스, 잘못된 운동법과 관련이 많으며, 그 다음이 잘못된 자세로 인한 척추질환이라고 요약할 수 있다.
 척추 안에는 뇌신경의 일부인 척수(spinal cord)가 들어 있고 그 곳에서 여러 신경가지가 나와 우리 몸을 지배하므로 척추는 제2의 뇌라 할 수 있으며 이를 보호하는 척추야 말로 두개골과 동일하다고 할 수 있다.
 그러나 대부분의 사람들은 그 중요성을 모르고 척추를 혹사시켜 스스로 질병을 유발하고, 척추가 회전변형 되거나 측만증이 되어도 그 교정법을 알지 못하여 근본적인 원인을 고치지 못하고 오로지 증상치료에만 급급한 매우 안타까운 현실이다.

1) 척추변형으로 인한 질병

관절질환으로는 단순 요통, 어깨 통증, 추간판 탈출증, 관절염, 오십견, 엘보우, 방아쇠수지, 근막동통증후군, 아킬레스 건염, 족저근막염, 관절의 무혈성괴사, 활액막염, 무지외반증, 슬개건염, 등등 거의 모든 근골격계 질환과 관련이 있다고 보면 된다.

내부장기질환으로는 원인 모르는 두통, 이명, 난청, 턱관절염, 눈이 침침하고, 안구건조증, 뇌졸중, 흉통, 소화불량, 위염, 과민성대장염, 생리통, 요실금, 만성피로, 발기부전 등등 내부 장기로 가는 모든 혈액순환 부조와 관련이 있다.

2) 척추교정의 근본원칙

대부분의 사람들은 마치 척추는 타인에게 교정을 받아야 되는 줄 알고 있으나 가장 중요한 사실은 척추교정은 본인 스스로 하는 것이다. 즉, 척추의 변형은 잘못된 자세와 운동습관 때문에 오는 것이라 몇 번의 시술로 교정되는 것이 아니고 꾸준한 노력으로 습관을 바꿔야 하는 것이다. 왜냐하면 척추의 구조를 알면 이해가 되겠지만, 척추는 수십 개의 관절이 연결되어 외부에서 몇 번 만져준다고 해서 그게 유지되지 못한다. 자세를 조금만 흩트러도 다시 원점으로 돌아간다는 뜻이다.

또한 관절주위의 마사지 통증요법을 교정술로 착각하고 있는 것도 문제이며 보조기로 치료한다고 하지만 장시간 보조기에 의지하면 척추 주변의 근육이 오히려 쇠약해져 보조기를 풀면 자세를 바로 유지 못하게 되는 부작용이 있다.

관절이 오랫동안 굳어버린 40세 이상을 제외하고 대부분의 소아나 청장년층은 자세를 바로하면 거의 교정이 되지만 다리를 꼬고 앉거나 컴퓨터, 운전, 텔레비전, 휴대폰 등을 다루다 보면 금세 다시 삐뚤어지게 된다. 결국 자세를 바르게 하는 습관이 가장 중요한 것이다

3) 척추교정에 도움이 되는 운동법

(1) 유연공

모든 운동을 시작하기 전에 반드시 긴장된 근육과 관절을 유연하게 풀어주어야 하는데 유연공은 발부터 발목, 무릎, 고관절, 허리, 등, 어깨, 목에 이르는 순서로 우리 몸의 대관절을 풀어주는 동작으로 앞서 설명한 내용과 동일하다.

(2) 영정좌관

영정좌관은 선관무수련 중에 가부좌로 앉아서 손동작과 호흡이 조화를 이루어 심신을 안정시키고 평정한 마음을 가꾸는 수련법으로 이 중에서 2가지 동작을 활용하면 쉽게 척추를 교정할 수 있다.

첫 번째, 기지개 교정법: 양 손가락을 서로 깍지 끼어 손바닥이 하늘을 향하게 하여 팔꿈치를 쭉 펴면 마치 기지개를 켜는 동작이 되는데 약 1분에서 3분간 유지하면 된다.

두 번째, 열중쉬어 교정법: 양 손바닥을 손가락이 아래로 향하게 하면서 양측 신장부위에 살며시 놓는 동작으로 약 3분 정도 유지하면 되지만 어깨관절이 굳어 동작이 안 되는 사람은 열중쉬어자세를 배꼽 뒤에 위치하게 하면 된다.

기지개교정법

열중쉬어 교정법

사슴자세

 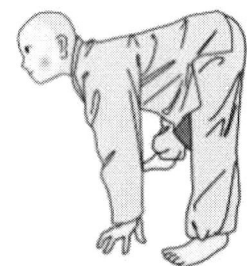 
호랑이자세와 좌관

(3) 영동입관

영동입관은 몸과 마음, 호흡을 일치시켜 긴장과 이완을 반복하여 몸 안에 힘을 불어 넣는 연공수행법으로, 2가지 동작을 활용하여 척추를 교정할 수 있습니다.

첫 번째, 호랑이 자세 교정법: 양 발을 일자로 유지하면서 어깨 넓이의 두 배 정도 벌리고 허리를 구부린 다음 양 손가락을 호랑이 발처럼 크게 벌려 엄지손가락이 엄지발가락 앞에 위치하고 고개를 떨구어 약 1분정도 자세를 유지하면 다리와 허리근육이 이완되는데 이때 호흡은 편하게 코로 쉰다.

호흡을 들이 마시면서 손가락은 땅에 유지한 채로 고개와 등을 펴서 전방을 보도록 하고 호흡을 잠시 참는다. 이때 허벅지가 댕겨도 무릎을 펴고, 구부러진 허리가 들어가도록 등을 최대한 펴도록 노력합니다.(호랑이가 기지개를 켜는 모습)

동시에 발뒤꿈치를 들어 발가락으로 지탱하면 더욱 효과적이나 이 동작은 오랜 수련을 요하므로 처음에는 발바닥을 땅에 대고 하면 된다. 숨이 차면 조용히 숨을 내쉬면서 고개를 떨구어 몸을 이완한다. 위의 동작을 3번씩 반복한다.

두 번째, 사슴 자세 교정법: 양발을 일자로 유지하고 어깨넓이로 벌린 후 고개를 떨구고 편안하게 코로 숨을 약30초 정도 쉬면 전신의 근육이 이완됩니다.

고개를 천천히 들면서 호흡은 들이마시고 뒤꿈치를 들어 앞발가락으로 서고 팔꿈치는 편 채로 양손가락을 최대한 펴고 손목을 손등 방향으로 꺾은 후 숨을 참고 이 자세를 유지한다.(마치 사슴이 전방을

주시하는 모습)

숨이 차면 조용히 숨을 내쉬면서 천천히 뒤꿈치를 땅에 내려놓으면서 고개를 떨구어 몸을 이완시킨다. 위의 동작을 3번씩 반복한다.

**영동입관의 운동법은 장시간 수련하면 척추의 교정뿐 아니라 단전에 힘을 모아 내공을 길러주는 효과가 같이 있어 일석이조라 할 수 있다.

(4) 좌관법

명상이라고도 하며 반가부좌나 결가부좌로 앉아 양손을 가지런히 모아 엄지손가락이 서로 닿도록 한다. 눈을 살며시 감고 시선이 코끝을 바라보는 느낌으로 자세를 잡은 후 코로 부드럽고 가늘게 숨을 들이마시고, 정적이고 길게 숨을 내쉰다.

처음엔 5분부터 시작하여 점차 시간을 늘리도록 한다. 머릿속으론 콧구멍을 스치는 숨을 느끼는데 집중한다.

이러한 명상법이 어떻게 척추를 교정하느냐라는 의문이 들겠지만 지속적이고 규칙적으로 하다보면 어느 시점에 가서는 척추를 늘리는 느낌으로 자세가 바로 서게 됩니다. 물론 고도의 수련법에 해당하지만 앞서 언급한 스트레스관리에 가장 효율적인 방법이라 같이 소개하는 것이다.

4) 결론

오랜 시간 잘못된 습관으로 인한 척추의 변형을 교정하는데 간단하면서도 효율적인 운동법을 금강승 선관무의 수련법에서 착안하여 간략한 설명과 더불어 소개하니 현대인들이 겪고 있는 스트레스와 척추이상으로 오는 수많은 질환들을 치료하는데 도움 되기를 바란다.

㉖ 마음 챙김의 거처

『붓다의 무릎에 앉아』

이 책은 우리나라에도 2번 방문하셨던 것으로 아는데 우 조티가 사야도라는 미얀마의 큰스님의 말씀을 모은 책으로 〈붓다의 무릎에 앉아〉라는 이름으로 2003년도에 발간되었다. 내가 수련초기에 접했던 책으로 그 내용은 심오하면서도 표현은 너무 간단명료하게 되어 있어 지금도 마음의 안정을 위해 가끔씩 접하곤 하는데 그 중에서 몇 가지 간략하게 소개하고자 한다.

1) 나의 부모는 하늘과 땅이다.
　결국 순수한 자연이 나의 부모다.
　Karma(업보)만이 나의 아버지요 어머니다.

사람들의 행위가 그들을 낳는 자궁이다.

윤회의 굴레는 끝이 없어 삶속에 친척이 아니었던 사람은 아무도 없다. 윤회적 견해를 가지면 서로 존중하고 상호이해와 용서심이 풍부해진다.

어떤 것을 행할 때 거기에는 건전하거나 불건전한 의지, 의도와 함께 건전한 업이나 불건전한 업이나 모두 자연적 법칙이다.

건전한 행위는 고귀한 마음의 자연적 현상이요, 불건전한 행위는 비천한 마음의 자연적 현상이다.

자신의 마음을 관찰하여 행복과 평화를 느낄 때 건전한 행위를 생산하고 있는 것이다.

마음을 관찰할 때 불행감, 냉혹감, 무자비함, 심술궂음을 느낀다면 불건전한 행위를 생산하는 것이다.

마음 챙김의 힘을 쌓을 수 있을 때 건전, 불건전한 행위를 알 수 있다.

정신적 번뇌가 사라진 마음의 능력이 얼마나 위대하고 아름다운지는 깊은 선정을 경험하면 알 수 있다.

지금 현재 당신 자신을 알 때 당신 마음은 강력하고 활기차고, 청정하고 고귀해진다.

2) 마음 챙김(Sati)이 나의 거처이다.

여기서 거처는 육체를 위한 물질적 거처가 아니고 정신을 위한 거처다.

마음 챙김이 없으면 탐욕, 분노, 야만으로 가득 차게 된다.

마음 챙김이 없으면 집이 없는 것과 같아 방황하게 된다.

잠에서 깨는 순간부터 들숨과 날숨을 깨달아라.

마음을 챙기면서 호흡을 하면 당신의 마음 또한 맑아지고 빈틈이 없어진다.

당신 자신을 알아차리면 평화롭고 건전한 마음이 생겨난다.

모든 동작을 알아차려야 한다.

당신 마음속의 불만과 분노를 알아차리는 순간 그 힘을 발휘 못하고 사라지게 된다.

3) 삶과 죽음은 숨의 조수潮水와 같다

들숨은 밀물이고, 날숨은 썰물과 같다. 바로 여기에 삶과 죽음이 있다.

삶의 목표와 목적은 좀 더 나은 의식주이다. 그러나 이것이 정말 인생의 가장 중요한 요소일까?

대부분의 사람들은 이기적인 본능 때문에 그들 자신을 위해 살아간다고 생각하지만 사실은 다른 사람들을 위하여 사는 것이다.

왜냐하면 다른 사람들로부터 높은 평가와 다른 사람들을 통하여 만족을 얻기 위해 살기 때문이다.

마음 챙김이 강력해지면 모든 생각이 멈추고 완전하고 고요한 상태가 된다.

그렇게 되면 물질적인 몸 안에서 일어나는 느낌이나 감각의 대상을 알아차리게 되며 그것을 알아차리자마자 사라진다는 사실도 알게 된다.

즉 이 같이 일어나고 사라짐이 태어남과 죽음과 같다.

현재의 일어남이 태어남이요, 사라짐은 죽음이다.

4) 나는 정직함을 나의 신통력으로 삼는다.

완전하게 정직해진다는 것은 어려운 일이다.

애정이나 호의를 가장하는 것은 당신의 인생을 무가치하게 만든다.

사회적으로나 명상활동에 있어서 정직함은 매우 중요하고 성장을 이룰 수 있다.

정직함이 없는 자유란 없다.

정직함이 없는 진실이란 없다

거짓말은 마음을 묶는다. 따라서 지적인 이해와 지혜가 발전하지 못한다.

자신이 거짓말을 한다는 것을 아는 순간 자신을 고귀한 사람으로 여기지 않는다.

명상 시엔 나는 완전히 정직한가? 나는 왜 명상하는가? 나는 진실로 이 몸의 정신과 물질의 자연적 현상을 알고자 하는가?

나는 무상, 무아, 고 이 세 가지 특징을 깨닫기 위해 명상하는가? 이것을 알게 되면 발전을 이룰 것이다.

정직함이 없으면 아무 것도 없다.

5) 나는 나의 마음을 나의 친구로 삼는다.

자신을 사랑하고, 스스로를 친구로 삼고, 자신의 마음을 좋은 친구로 간직하라.

어떤 사람은 자신의 마음이 적이 되는 사람도 있다

즉 자신의 마음속에 일어나는 탐욕, 증오, 자만, 질투, 갈망 등이 자신의 적이 되는 것이다.

그것들은 존재자체가 아니라 어떤 원인들로부터 일어나는 의식의 자연현상일 뿐이다.

마음을 챙겨 이것들을 꿰뚫어보라, 그것들이 일어나고 사라짐을 알게 되면 당신은 마음의 심오한 본성을 깨닫게 될 것이다.

6) 나에게는 적이 없다.

나는 부주의함을 나의 적으로 삼는다.

인생을 열등한 상태로 이끄는 것은 부주의함이다.

즉 무지, 어리석음, 방일(放逸)이다

만약 마음을 챙겨 이해한다면 깨달음, 지혜, 부방일이 있게 된다.

마음 챙김과 지혜의 결여가 가장 두려운 적이다.

인생의 가장 높은 가치로 이끄는 것은 지혜이다.

인생의 가치를 파괴하는 것은 부주의함이다.

당신이 지혜를 가지고 싶다면 마음 챙김을 개발하여야 한다.

7) 나에게는 갑옷이 없다.

나는 자비심을 나의 갑옷으로 삼는다.

인간이 다른 사람들에게 자비로워지거나 동정심을 가지게 되면 그의 마음은 완전하게 안전하고 철저하게 보호받는다.

자비(Metta)와 마음 챙김(Sati)의 부적을 지니고 다녀라.

정신적으로 다른 사람에게 의존해서는 안 된다.

마음 챙김에는 여러 가지가 있다. 당신은 반복적인 일상을 알아차리고 당신의 몸 안에서 일어나는 변화와 정신적인 현상을 마음 챙겨 알아차려야 한다. 그리고 자비심을 길러라.

자비, 마음 챙김, 집중(Samadhi)을 개발하면 당신 주변에 자비의 원을 만들게 되고 자비심의 힘으로 당신 자신이 맑고 평화로워져 주변 사람들 또한 행복하고 평화로워진다.

8) 나에게는 성城이 없다.

나는 동요하지 않는 마음을 나의 성으로 삼는다.

동요되지 않고 흔들리지 않는 마음을 참된 집중(Samadhi)이라고 할 수 있다.

당신이 강하게 집중하여 마음을 챙기면 정신적 번뇌라는 적은 당신을 침범할 수 없다.

정신적 번뇌는 외부의 적들보다 더 위험하다.

당신 마음이 당신 인생이다.

나쁜 마음은 나쁜 결과를 낳는다.

불만스럽고 증오스럽고, 악의에 찬 것들을 알아차려라. 그것들을 억지로 즐거운 느낌으로 바꾸려 하지 말라.

편한 마음으로 단지 그것들을 알아차려라.

당신이 진실로 알아차린다면 그것들은 이미 스스로 좋은 상태로 변화되어 있을 것이다.

이 얼마나 만족스럽고 희망적인가?

9) 나에게는 칼이 없다.

나는 무아(Anatta)를 나의 칼로 삼는다.
모든 것은 일어나고 사라진다.
당신이 모든 것의 무상함을 보면 아무것도 더 일어나지 않는다.
무아의 본질을 깨닫는다면 결코 놀라는 일이 없을 것이다.
마음의 무아를 유지한다면 죽음을 극복할 수 있다
정신적인 성장의 길은 전 인생에 걸쳐 배움의 길이다.
당신 마음이 순수하면 당신 인생이 순수하다.
정신적인 힘은 내부적이고 영속적이다.
통찰에서 기쁨이 온다.
최상의 정신을 개발한 사람은 삶의 전문가다.
시도하고 또 시도하라.
당신도 분명 능력 있는 사람이 될 수 있다.

불가에서는 모든 사물이나 감정 또한 사라지고 없어지는 과정을 거치므로 무상無常함이라 한다. 누구나 다 아는 단어가 있다.

색즉시공, 공즉시생….

동양철학이나 유교에서는 무無에서 유有가 창조되고, 유는 궁극적으로 무로 돌아간다는 말과 같은 뜻이다. 도가나 우리나라의 선가에서는 신神에서 기氣를 거쳐 정精이되고, 정은 다시 기를 거쳐 신으로 돌아간다고 표현하는 것도 역시 같은 맥락이다.

따라서 불가에서는 나라는 존재도 가상적인 개념에 불과하기 때문에 무아無我라 하는 것이고 그것을 깨닫지 못하면 인생은 고苦라

하는 것도 모든 종교나 철학에서 공통적으로 말하는 내용이다.

　이러한 것을 깨닫기 위하여 유, 불, 도, 선에서는 대자연의 이치를 깨닫는 수행을 통해야만 이를 알게 되고 그래야만 진정한 마음의 자유를 얻을 수 있다고 하는 것이다.

㉗ 안반수의(安般守意) Anapanasati

　현재 우리 주변에 알려진 수행법들은 이렇다.

　도가나 선가에서 하는 방법은 정精을 수련하여 기氣를 살리고, 기氣를 수련하여 신神을 살리고, 신神을 수련하여 진리의 세계와 통하면 깨달음을 얻는 것이라 할 수 있다.

　유가에서는 역易의 원리를 공부하여 자연의 이치를 깨닫는 것이다.

　불가에서 하는 방법은 위빠사나 수행법, 간화선법, 무술을 통해 깨달음을 얻는 방법 등이 알려져 있다.

　그 중에서 안반수의경은 위빠사나 수행법의 교과서라고도 할 수 있는 것으로 명상을 접하는 분들이 한번은 읽어보아야 하는 필독서이다. 호흡을 자연스럽게 하면서 의식을 호흡에 집중함을 기본으로 삼으며 이러한 호흡법이야 말로 산란한 마음을 다스리고, 깨달음을 얻을 수 있다는게 그 내용이다.

　내용을 알게 되면 간단하지만 처음 접할 때는 어렵고 복잡하게 느껴질 수도 있다. 그 중에 핵심이 되는 단어만 간추려 소개해 본다.

선사 後漢시대 안세고安世高가 번역 소개한 것으로 알려져 있으며, Anapanasati란 Ana=들숨, Apana=날숨, Sati=의식의 집중 이 세 가지를 합쳐서 만들어진 단어이다.

안반수의의 내용

1) 수식數息 - 숨을 센다는 뜻이고, 이것을 행하면 4가지 뜻을 그친다(사의지四意止)고 한다.

⑴ 수를 세는 행위에 의식을 집중

⑵ 마음과 호흡이 서로 따르게 하여 마음을 그친다.

⑶ 숨이 들어오고 나감이 코끝에 정지한다.

⑷ 숨에만 마음이 쏠려서 고요히 그친다.

**사의지四意止=사념처四念處(마음을 쓰는 4가지 방법)와 상응관계다.

(신身, 수受, 심心, 법法)

① 몸을 통해 몸의 부정함을 보고 더 이상 마음을 몸에 두지 않는다.

② 인체의 감수작용으로 고苦가 따름을 관하여 더 이상 감수작용에 마음을 두지 않는다.

③ 마음의 무상無常함(마음 역시 실체가 없이 변한다)을 관하여 마음에 마음을 두지 않는다.

④ 법의 실체가 없다(일체 사물의 존재 의식이 지속되지 않는다.)는 무아無我를 관하여 존재한다고 믿는 사물이나 행위에 마음을 두지 않는다.

**만약 신수심법을 잘못 인식하면 부정함을 청정함으로, 고통을 즐거움으로, 마음의 무상함을 항상함으로, 무아를 아我로 잘못 인식

하게 된다.(사전도)

2) 상수相隨 - 숨과 마음이 서로 따른다.(마음이 숨을 따른다.)

즉 호흡과 마음이 일치하는 단계를 말한다. 그렇게 되면 4가지 마음이 끊어진다=사의념단四意念斷

(1) 진리를 몰라 생기는 잘못된 생각

(2) 진리를 알아도 수행이 부족해서 생긴 잘못된 생각

(3) 6가지 감각기능으로부터 생긴 허물(안眼, 이耳, 비鼻, 설舌, 신身, 의意)

(4) 번뇌를 만나서 잘못된 마음

**사의념단四意念斷

몸의 부정함을 보고 색을 피하고, 감수작용에 의한 즐거움에 대한 집착에서 벗어나고, 마음의 무상함을 보고 일체가 무상함을 알게 되고, 법의 실체가 없음을 보고 모든 법이 인연에 의해 존재함을 알게 되어 아我를 끊게 된다.

사의념단을 하게 되면 아래의 사정근이 생기게 된다.

즉 사의념단은 四正勤(4가지 올바른 노력)과 상응관계다.

(四意斷=律儀斷, 斷斷, 隨護斷, 修斷 율의단, 단단, 수호단, 수단)

① 율의단 - 나타나지 않은 나쁜 습성이나 마음을 끊기 위해 애씀.

② 단단 - 이미 나타난 악행이나 마음을 끊으려는 노력

③ 수호단 - 나타나지 않은 선함을 나타내기 위하여 노력

④ 수단 - 이미 나타난 선함을 더욱 증대하기 위해 노력

즉 몸과 느낌, 마음, 사물에 대한 집착이 끊어지면 사정근이라는 힘이 생겨나게 된다.

** 여기서 인연이란 자신의 마음을 어디에 두느냐에 따라 부정함과 청정함, 고통과 즐거움, 무상無常함과 상常, 무아無我와 아我를 느끼고 아는 것이니, 마음을 고요하게 하면 그 인연을 끊게 되어 인식작용을 일으키지 않게 된다는 뜻이다.(즉 스스로의 마음이 그 원인을 제공한다는 말이다.)

3) 지止(Samata) - 마음이 한 곳에 머문다.(생각을 쉬게 함.)
모든 욕정이 사라져 마음이 움직이지 않는 상태를 말하며 그것을 얻기 위한 방법은 다음과 같다.

(1) 수식數息

(2) 상수相隨

(3) 미두지鼻頭止

(4) 식심지息心止

여의족如意足(4가지가 뜻대로 되는 수행)을 얻게 된다.
사신족四神足이라고 하는데 여러 가지 초능력이라고 이해해도 좋다.
① 욕欲 여의족-생각을 마음대로 부린다.
② 염念 여의족-마음을 마음대로 둔다.
③ 정진精進 여의족-마음대로 일을 해낼 수 있다.
④ 사유思惟 여의족-생각한 것을 마음대로 할 수 있다.
〈예〉신족통, 천안통, 천이통, 숙명통, 타심통, 누진통

4) 관觀 (Vipasyana) - 사물을 관찰하여 옳고 그름을 아는 힘이며 호흡과 정신이 하나 되어 집중하면 심안이 열린다. 이렇게 심안이 열

리면 5근(5가지 감각훈련), 5력을 얻는다.

  ** 5근根

  믿음이 생기는 힘(신근信根),

  부지런히 노력하는 힘(정진근精進根)

  올바른 것을 생각하는 힘(염근念根)

  고요히 선정하는 힘(정근定根)

  지혜로 보는 힘(혜근慧根)

  ** 5력力

  믿는 힘(신력信力)

  노력하는 힘(근력勤力)

  올바른 것을 생각하는 힘(염력念力)

  선정의 힘(정력定力)

  지혜의 힘(혜력慧力)

5) 환還 - 무상無常, 무아無我, 고苦를 관찰하여 칠악七惡을 버리고 오음五陰을 바라지 않는다.

그 단계에 이르면 7각지(7가지 지혜)를 얻는다.

⑴ 택법각지擇法覺支 - 선악을 가려서 선택한다.

⑵ 정진각지精進覺支 - 수행의 바른길로 정진한다.

⑶ 희각지喜覺支 - 마음에 선함을 얻어 기뻐한다.

⑷ 제각지除覺支 - 그릇된 번뇌를 제거하고 선한 것으로 나아간다.

⑸ 사각지捨覺支 - 밖의 세상에 집착하는 마음을 버린다.

⑹ 정각지定覺支 - 명상에 들어 망상을 일으키지 않는다.

(7) 염각지念覺支 - 생각을 가다듬어 지혜로운 생각만 한다.

6) 정淨 - 집착하지 않는 깨끗하고 청정한 세계로 삼악三惡을 버린다. 그 단계에 이르면 8정도正道(8가지 올바른 실천)를 얻는다.

(1) 정견正見 - 세상을 있는 그대로 본다.
(2) 정사유正思惟 - 바른 생각으로 결의한다.
(3) 정어正語 - 올바른 생각으로 바른말을 한다.
(4) 정업正業 - 진리만을 행한다.
(5) 정명正命 - 정당하게 살아간다.
(6) 정정진正精進 - 올바르게 부지런히 애쓴다.
(7) 정념正念 - 무상함을 생각한다.
(8) 정정正定 - 고요하고 또렷한 마음가짐을 갖는다.

7) 결론적으로 4글자로 4가지 진리가 요약된다.(고집멸도苦集滅道)
이 세상에 뜻대로 안 되는 (고苦)고통은, 그 원인이 (집集)집착에 있으며, 그 원인을 없애야만(멸滅), (도道)도에 이를 수 있다.

**들숨으로 오음五陰을 받고, 날숨으로 생긴 번뇌를 제거한다고 하는데 즉, 생, 멸을 통하여 깨달음을 얻는 것이다.

여기서 오음五陰(=오온五蘊)이란

(1) 색色-물질
(2) 수受-외부세계를 감수한다.
(3) 상想-생각하여 기억한다.
(4) 행行-또 생각을 일으키는 행위
(5) 식識-외계의 사물을 인식하는 것으로 5가지가 된다.

번뇌는 이 5가지에 대한 견해가 잘못되었을 때 나타난다.(오음을 탐내고 사랑하기에 고통이 온다. 따라서 오음을 바라지 않음이 오음을 돌려보내는 것이다.)

** 흐트러진 마음의 근본원인은 내적 외적으로 나눌 수 있는데
-내적요소(마음으로 행하는 악)
3악惡 = 질嫉, 진瞋, 의疑(미워하고 시기함, 성냄, 의혹)
3독毒 = 탐음貪婬, 진에瞋恚, 우치愚痴
-외적요소(몸으로 행하는 악)
7악惡 = 살殺, 도盜, 음婬, 양설兩舌, 악구惡口, 망언妄言, 기어綺語
(살생, 도둑질, 음행, 고자질, 욕설, 망언, 아양)
**3독을 떨쳐내는 방법
탐욕을 버리기 위해서는 그 부정함을 관찰한다.
진에(노여움)를 버리려면 사등심(자慈, 비悲, 희喜, 사捨)을 가져야 한다.
우치(어리석음)를 버리려면 그 원인을 잘 생각해 봐야한다.
**사등심四等心이란 자慈, 비悲, 희喜, 사捨로 여기서 사捨라는 뜻은 버릴 사-버리다, (불佛)마음이 언제나 평온하고 집착執着이 없는 상태를 말한다.

명상 수련을 통하여 수식, 상수의 단계에 이르면 선가仙家에서 말하는 1단 정도의 내공으로 도道에 입문한 것이고, 지止의 단계에 이르면 2단에서 3단의 경지로 초능력을 가진 도인道人이라 보면 되고, 나머지 관, 환, 정의 단계를 모두 거치면 8~9단의 경지로 석가모니나 예

수 같은 성인이 되는 것이고, 그 중간단계는 선가에서 말하는 신선神
仙으로 보면 된다.

안반수의는 낯선 단어이지만 그 내용을 보면 수행을 통해 선천의 식을 찾아내어 세상의 진리를 통찰하는 힘을 기르는 방법이라 할 수 있다. 남은 인생동안 4단~5단의 경지까지는 못 올라가도 2단까지는 한번 올라가야 되지 않나 생각해 본다.

28 호흡과 명상수련의 방해물 18가지

안반수의에서 말하는 호흡과 명상수련의 방해물 18가지
1) 탐욕(애욕): 식욕, 성욕, 재물욕, 명예욕 등 지나친 욕심
2) 노여움과 분노: 호흡과 정신집중을 흐트러뜨린다.
3) 어리석음: 삶에 도움 되지 않는 일을 생각하거나 따르는 것
4) 쾌락: 6감에 의한 관능적 쾌락
5) 오만한 마음
6) 의혹: 남을 의심하는 마음: 사실을 그대로 받아들이지 않음.
7) 호흡이 잘 행해지는 모습을 받아들이지 않음: 호흡과 마음이 조화를 이루어 청정의 세계를 이룰 수 있다는 것을 받아들이지 않음.
8) 자신을 보지 못하고 타인의 모습을 받아들임.
9) 생각하지 않음: 주의력이 없고 산만함.

10) 다른 생각: 호흡에 집중하지 않고 다른 생각을 함.
11) 생각을 끝까지 한결같이 유지하지 못함: 중도에 다른 생각이 들어옴.
12) 지나친 정진: 차근차근 단계를 밟지 않고 욕심을 내어 수행함.
13) 미치지 않은 정진: 부지런히 닦지 않음.
14) 놀람과 두려움
15) 지나친 마음의 억제: 마음은 자연의 이치에 따라 생멸하는데 억지로 억제하면 오히려 반발이 생김.
16) 근심과 우울함
17) 조바심: 산만하고 초조함.
18) 마음의 욕망을 없애지 못함.

이상 18가지로 설명하고 있다.

〈출처: 안반수의〉

29 호흡과 마음을 조절하는 방법 6가지

안반수의에서 말하는 호흡과 마음을 조절하는 방법 6가지

1) 몸과 마음의 근본을 관觀하여 안다.
몸이란 색色을 5감이 느끼고, 뇌가 움직여 생각하며, 마음이 작용하여 움직이며, 그것을 인식하는 것이다. 즉 몸과 마음이란 순식간에 있다가도 없어지는 것이다.

2) 숨을 관觀한다.
숨의 출입에 따라 마음도 생하고 멸한다는 것을 안다.

3) 숨이 나갔을 때 마음도 편안하다는 것을 안다.

4) 외부와의 관계에서 일어나는 감정을 그치게 한다.
외부의 자극도 끊고, 철저한 자기 주관을 가진다.

5) 말을 적게 한다.
말은 마음을 움직이기 때문이다.

6) 생각을 그친다.
마음의 움직임은 반드시 그 원인이 있는 법. 마음의 움직임은 호흡

의 출입과 관계가 있다. 따라서 호흡을 고요하게하면 마음도 그치게 된다.

이상 6가지로 요약하여 설명하고 있다.

〈출처: 안반수의〉

30 젊은이들에게 결혼에 대해 말한다면

 이 세상에 사는 모든 사람이 성인이 되면 결혼이란 걸 생각하게 된다. 자의에 의하건 타의에 의하건…, 인생을 수십 년 먼저 살아온 선배로서 후학들에게 결혼에 대해 한마디 한다면, 결혼이란 인생 중년에 맞이하는 가장 크고 중대한 사업이라고 말하고 싶다.
 그렇게 중대한 사업인데도 예나 지금이나 결혼에 대해서는 철저한 사업 계획서 하나 없이 너무나 막연하게 결정하는 경향이 있는 것 같다. 대부분의 사람들은 배우자 조건을 상대의 학벌, 집안, 직업, 인물, 성격 등이 자신의 입장과 맞으며, 좋은 감정이 결합되면 좋은 배우자라고 막연하게 생각한다.
 그런데 인간사가 그렇게 간단하게 결정된다면 얼마나 좋을까? 좋다, 나쁘다, 착하다, 나쁘다… 이런 1차원 식 사고방식과는 전혀 다른 복잡한 문제들이 사람 사는 세상에서 시시각각 일어나는 게 문제다.
 먼저 결혼의 목적에 대해 짚어보자.

1) 종족보존이다

예나 지금이나 자식을 낳아 종족을 유지하려는 것은 인간의 본능이다. 즉 자식을 얻기 위해 결혼하는 사람이 많다. 하지만 그 자식으로 인하여 행복해지는 사람도 있지만, 자식이 원수가 되는 경우도 그만큼 있다.

농경시대나 자영업이 주된 생활 수단이었던 예전에는 가족이 많을수록 노동력이 풍부해지기 때문에 배우자나 자식이 많을수록 부자라는 개념이 있었다. 하지만 현대 사회는 양상이 바뀌었다. 자영업보다는 직장에 몸담고 경제 생활하는 사람이 4배 정도 많다. 따라서 종족보존과 노동력을 확보하기 위한 결혼의 목적은 점차 감소하는 추세이다.

2) 경제적인 목적이다.

예전에도 그랬고 지금도 많은 여성들이 자식을 낳아주고 살림을 해주는 조건으로 배우자에게 경제적 의지를 하는 사람이 절반 이상이다.

물론 현대 사회에서 여자들의 사회진출로 남자에게 의지하지 않는 비율도 점차 늘어가지만…. 요새는 거꾸로 남자가 여자의 경제력에 의지하려는 사람 또한 증가하는 추세라 한다.

이혼하는 사람 중에 상당수가 경제적 어려움이 그 원인이 되는데 그만큼 경제력은 결혼 생활에 엄청 중요한 요소가 된다. 사랑이 없어도 돈이 있으면 돈 쓰는 재미로 살거나, 가난한 사람보다 나는 행복하다고 자위하며 사는 사람도 많기 때문이다.

3) 사랑하는 사람과 같이 있고 싶어서 하는 경우이다.

사랑이라는 단어 또한 사용하기 시작한 게 그리 오래지 않은 것으로 안다.

예전에는 연모하거나 흠모한다는 단어를 많이 사용했지만…. 사랑이란 단어의 의미는 너무 많다.

그러나 사랑이란 감정이 인생 100년이라면 70년 결혼생활 동안 변하지 않고 지속되는 사람이 얼마나 될까? 주역의 2진법으로 말하면 25%는 배우자 덕이 있다고 하고 더 세밀히 들어가면 1/8 정도가 배우자 덕이 있다고 한다.

그렇다면 대략 잡아도 75%는 원만한 사랑을 유지하기 어렵다는 결론이 나온다.

자식이 설사 애를 먹이고 나를 고통스럽게 하고, 또 경제적으로 너무 빈곤한 상황에 처하여도 사랑이 있는 부부는 잘 이겨낸다. 그러나 사랑이 없이 전략적인 결혼을 한다면 그 결과는 파탄으로 이어진다.

젊은 시절 이성의 경험이 많지 않은 사람들이 한 순간의 인연으로 만나 지내다 보면 정이란 게 생기는데, 그것을 사랑으로 착각하고 결혼을 한다면 그 결과 역시 부정적으로 갈 확률이 높다.

결혼한 사람들 중에 이혼율이 25%를 넘어서는 이유 또한 여기에 있다. 주역 이론에 의하면 대자연의 이치는 평등하여 봄, 여름, 가을, 겨울이 있듯이 결혼의 행복도를 2진법으로 4등분하여 보면

25%는 행복하고, 25%는 불행하고, 나머지 25%, 25%는 어느 한쪽에 치우치지만 극단적이지는 않은 경우가 된다. 그만큼 사랑으로 결혼생활을 이어 나가기란 아주 어려운 대 사업인 것이다. 그래서 결혼

할 때 모두들 '행복하게 잘 살아라'하는 것이다.

4) 나만의 성적 행위 대상을 얻기 위함이다.

대 자연에는 음양이란 것이 존재한다. 이 음양이 조화롭게 결합하여야 원만한 인간사도 이루어지고 세상도 돌아가는 것이 자연의 이치이다.

남녀 간의 결혼생활 중에서 음양의 성적 행위 또한 상당한 역할을 하는데, 사랑이 없이 만나도 성생활이 원만하면 정도 붙고 사랑도 생긴다. 반대로 사랑한다고 믿고 결혼하여도 성생활에 불만 혹은 만족도 저하, 불쾌감…. 여러 가지 느낌으로 멀어진다면 사랑까지도 식어 버리게 된다.

흔히 속세에서 말하는 궁합이란 것이다. 일일이 다 열거할 수 없는 변수가 많지만… 이 정도로 한다.

1)번에서 4)번까지의 목적을 요약하면 2개로 압축되는데 3), 4)번은 애정사가 되고(사랑, 성행위), 1), 2)번은 경제력을 확보하기 위함이 된다.

그렇다면 짧게는 수개월 길게는 수년을 교제하면서 남은 70년이 안정될 건지, 파괴될 건지 어떻게 알 수 있겠는가?

경제력을 먼저 보면 유명대학 유망학과를 졸업하고 대기업에서 일하는 사람이 있다 하더라도 그 사람이 언제까지 안정된 직장 생활을 할 건지 젊은 사람들이 어떻게 예측한단 말인가? 나 또한 의사로서 젊은 나이에 경제적 문제만큼은 자신이 있다고 호언장담하던 사람이었지만 막상 살아보니 그렇게 간단한 문제가 아님을 알게 되었는데…

애정사를 보면 흔히 콩깍지가 씌었다는 말을 많이 한다. 사랑의 화살이 가슴에 꽂혔다고도 하고…, 그러나 콩깍지가 언제 벗겨질지, 사랑의 화살이 언제 부러질지 살아보지도 않은 젊은 사람들이 어떻게 예측한다는 말인가?

기존세대들의 결혼 행태를 보면 서구형과 동양전통식으로 나눌 수 있는데, 서구형은 일단 살아보고 서로의 목적에 맞지 않는다 싶으면 헤어지고 다른 상대를 찾는 방법이다. 전통형은 궁합이란 걸 보고 서로 어느 정도 맞는 사람을 찾아 결혼하는 방법이다.

현대에 와서는 점차 서구형으로 결정하는 사람이 많은데, 그것의 폐단을 알고 전통형으로 돌아서는 사람들도 증가하는 게 현실이다. 즉, 초혼자보다는 재혼자가 궁합을 중시한다는 조사 결과가 그 예에 속한다.

여기서 개인적으로 선택하라면 나는 전통형을 추천하고 싶다. 인생 70년 생활을 좌우하는 중대 사업의 결정에 있어 심사숙고 없이 운에 맡긴다는 것에 나는 반대표를 들고 싶다. 왜냐하면 잘못된 만남이 인생사에 얼마나 쓸데없는 소모전을 벌이는지 이혼하는 사람들의 말을 들어보면 소름끼치고 끔찍할 정도이다. 경제적, 정신적, 육체적으로 말이다.

여기서 잠깐 자연의 법칙을 논해보자. 왜냐하면 우리 인간도 대 자연의 일부이기 때문이다.

무에서 유가 창조되고, 2진법에 의해 수많은 변화가 일어나고 궁극에 가서는 다시 무無로 돌아가는 것이 자연의 법칙이다. 그래서 죽음을 맞이하는 사람들이 한결같이 어리석게 하는 말이 "인생이 참 허무하다"는 것이다.

　대 자연은 쉬지 않고 변화한다. 즉 변하지 않은 것은 아무것도 없다는 말이다. 검은 머리가 파뿌리가 되도록 영원토록 사랑하며 살라고 하지만 자연의 법칙을 모르고 하는 소리이다. 누구나 결혼해 본 사람은 다 느끼고 살면서 겉으로는 아닌 척하는 이중성을 드러내 보이는 게 현실 세계이다.

　그러나 초현대 사회는 어떤가?

　인터넷이란 게 있어 모든 게 공유되고 노출된 사회다. 이젠 예전처럼 감추고 살기가 만만치 않은 세상이 되었다.

　자연에는 봄, 여름, 가을, 겨울이 있듯이 인생도 오르막이 있고 내리막이 있다. 주역의 음양 2진법에 의하면 4상이 나오는데 4계절과도 일치한다. 즉 잘난 사람도 있고 못난 사람도 있고 어느 한 쪽에 치우쳐 그런 경향이 있는 사람도 있는 것이다.

　결혼생활이 극도로 춥고 배고프고 공포스럽고 괴로운 사람도 있고, 어떤 문제가 생겨도 서로 잘 조화롭고 행복하게 사는 사람도 있으며, 불행한 쪽에 치우친 그룹, 행복한 쪽에 치우친 그룹이 생겨나는 게 인생사요 대 자연의 법칙인 것이다. 그러니 자신이 어떤 그룹에 들어갈지 아무도 모르고 결혼하는 것이다.

　자연에는 수많은 형태의 물질이 존재한다. 주역의 2진법 원리는 컴퓨터의 구동원리에도 적용된다. 다시 말해 그 변화의 끝은 어딘지 모른다는 말이다.

　사주팔자의 종류가 51만 8400가지가 있다고 한다. 대략 잡아도 인간사의 형태는 50만 가지가 넘는다는 말이다.

여기서 우리가 받아온 교육에 문제가 있다. 우리는 너무나 단순하고 획일화된 기준이 정상이라고 교육을 받아왔다. 따라서 다행이도 그 정상범주에 들어가면 다행이지만 그렇지 않은 사람은 불행하게 되는 것이다.

즉 다양성에 대한 교육이 안 된 것이다. 나의 삶은 남과 다른데 그것이 마치 비정상으로 느껴진다면 그 사람은 번뇌하고 또 불행해지기 때문이다.

마지막으로 대 자연은 거대하고 일정한 규칙으로 움직인다. 지구의 자전 공전주기를 보아도 알 수 있다. 한 치의 오차도 없이 일정한 규칙성을 지니고 변화하고 있다. 인생사에 적용하면 내 의지와 상관없이 일이 진행되고, 내 의지와 관계없이 인연법에 의해 만나고 헤어지는 것이다. 부모건 형제건 배우자건 말이다.

이제 마무리를 하자. 결혼이란 인생사의 가장 심오하고 큰 사업성을 띤 중대사다. 결혼해서 행복해질 확률은 대충 잡아 25%에 불과하다. 아무리 날 뛰어도 정해진 팔자를 무시할 수 없다. 정해진 팔자라 하여 그것을 알고도 그냥 그대로 살아갈 것인가? 인간은 동물과 다른 능력이 있다. 그것이 무엇이냐 하면 지혜를 얻고 노력하면 운명도 바꿀 수 있다는 것이다.

결혼에 대한 관념도 예전하고 지금하고 조금은 달라졌다고 하지만 결혼이라는 인간이 만들어 놓은 제도가 그리 좋은 일만 있는 것은 아니며 인간사의 큰 면에서 본다면 이 또한 수행의 일부라는 의식을 가지고 인생 70년을 계획하는 철저한 사업계획서 정도는 마련한 뒤에 결혼을 결정해야 할 것이다.

**우리민족의 전통사상

1. 홍익인간弘益人間
널리 인간을 이롭게 한다.(먼저 깨달은 자가 깨닫지 못한 자들을 인도하고 배려한다.)

2. 경천애인敬天愛人
널리 인간을 사랑하는 것이 진정 하늘을 받들어 모시는 것이다.
(경敬=하늘을 경외함, 항상 깨어있음, 항상 알아차림.)

3. 도덕합일道德合一
깨달음을 얻고, 진실 된 마음을 행하는 것이 하나가 된다.

우리민족의 전통사상인 홍익인간, 경천애인, 도덕합일 이 세 가지가 점차 잊혀져가는 것 같아 이글의 뜻을 다시 새겨보며 이글을 마무리 하고자 한다.

CHAPTER 03

운명이란 알면 쉬운 것이고, 알고 나면 변할 줄 알아야 한다.

몸과 마음 그리고 운명

운명(Change, 卜)

① 역易이란?

역易의 뜻을 사전에서 찾아보면 '바꿀 역, 쉬울 이'라고 되어 있으며 다른 의미에는 ㉠바꾸다, 고치다 ㉡교환하다(交換--), 무역하다(貿易--) ㉢전파하다(傳播--), 번지어 퍼지다 ㉣바뀌다, 새로워지다 ㉤다르다 ㉥어기다, 배반하다(背反·背叛--) ㉦주역(周易), 역학(易學) ㉧점(占) ㉨점쟁이 ㉩바꿈 ㉪만상(萬象)의 변화(變化) ㉫국경(國境) ㉬겨드랑이 ㉭도마뱀

ⓐ쉽다 (이) ⓑ편안하다(便安--), 평온하다(平穩--) (이) ⓒ경시하다(輕視--), 가벼이 보다 (이) ⓓ다스리다 (이) ⓔ생략하다(省略--), 간략(簡略)하게 하다 (이) ⓕ기쁘다, 기뻐하다 (이) ⓖ평평하다(平平--), 평탄하다(平坦--) (이)라고 되어있다.

가장 대표적인 뜻을 보면 바뀐다, 쉽다는 의미를 내포하며 영어로도 역을 Change라 한다. 내 나름대로 해석하면 모르면 어렵지만 알고 나면 쉬운 게 역이고, 알고 나면 바꿀 수 있는 것 또한 역易이라고 말하고 싶다.

그런데 보통사람들에게 역학공부를 한다고 말하면, 의사가 왜 그런 공부를 하냐고, 너무 그런데 푹 빠지지 말라고…. 그런 말들을 하면서도 은근히 자기운명에 대해 말해주기를 원하기도 한다. 왜? 궁금하니까, 또한 자기는 모르니까…. 다시 말하면 미신 같은 학문이라고 생각하면서도, 속으로는 뭔가 있지 않을까 하는 호기심의 대상이 역학이다.

또 다른 부류의 사람들은 역학이 학문이라는 것을 알고는 있으

나 그것을 배워서 어떻게 써야 할지를 모르는 경우이다. 단지 과거를 알아맞히고 미래를 예측하는 정도로만 알고 있는 사람이 많은 게 현실이다. 그렇다 보니 자신의 과거나 미래를 정확히 적중시키면 용한 역술가가 되는 것이고 어긋나면 돌팔이가 되는 것이다. 수많은 역술인들이 어떻게 하면 남들보다 더 정확히 알아맞히기 위하여 잘 본다는 사람들을 찾아가 이론과 비법을 배우기 위하여 지금 이 순간에도 열심히 노력을 하고 있다.

그러나 내 생각은 조금 다르다. 물론 한 사람의 사주를 보고,
- 어떤 성격의 소유자인지?
- 부귀빈천은 어느 정도인지?
- 부모 조상 덕이 있는지 없는지?
- 배우자나 자식 덕은 있는지 없는지?
- 어느 때에 좋은 일이 생기고 어느 때에 흉한 일이 생기는지?
- 건강은 좋은지 나쁜지?

위와 같은 것들을 알아내는 것도 물론 중요하다. 그렇다고 알면 어떻게 할 건데 라는 다음 단계의 의문이 생긴다. 설사 흉하다고 하더라도 피할 생각을 안 하고, 좋다고 하면 그것이 마냥 좋은 줄만 알고 절제 하지 않는다면 역학이라는 학문을 힘들게 공부할 이유도 없고 자신의 운명을 알려고 할 필요도 없는 것이다.

왜? 주어진 운명 그대로 살아갈 거라면 알아도 살고, 몰라도 사는 게 인생이라 달라질 것이 하나도 없기 때문이다.

처음에 역의 정의를 말했듯이 역이란 알아차린 후에는 변하기 위해서 하는 공부가 역학이라는 것을 까맣게 잊고 오로지 점쟁이나

무속인처럼 뭔가 정확히 알아맞히려고만 하는 게 현재의 상황이다.

 마치 의사들이 환자를 진찰한 후 진단을 내려서 당신은 고혈압, 당뇨병에 걸렸으니 죽는 날까지 혈압강하제나 혈당강하제를 먹으라고 하는 것과 똑같이, 암에 걸리지 않게 하는 방법에는 관심이 없고 오로지 암환자를 더 많이 발견하여 더 많은 수술을 하려 하는 것과 무엇이 다르냐는 말이다. 즉, 병이 걸리기 전에 미리 알아서 질병에 걸리지 않는 방법을 알려줘야 하는 게 의사의 역할이 아닌가?

 바로 이러한 문제점이 현 시대의 문제점이다. 정말 무엇이 중요한지, 정말 무엇을 추구해야 하는지를 모르고 오로지 돈, 인기, 권력만을 추구하는 물질문명의 크나큰 부작용이라고 할 수 있다.

 의사들은 질병에 걸리지 않고 건강하게 사는 방법을 연구하여 보급하여야 하고, 역술가는 진단과 더불어 운명을 개척하는 방법을 몸소 수련하고 보급하는데 노력해야 하고, 종교인들은 방황하는 영혼을 바른 길로 인도하기 위하여 몸소 수련하고 지도 하여야 하는 공통적인 목표를 가지고 있다. 이것이 의醫, 도道, 복卜을 하는 사람들이 가야 할 길인 것이다.

 역학을 공부하는 사람이든, 역술상담을 하러 다니는 사람이든 역학이라는 것의 정확한 의미와 뜻을 다시 한 번 새기길 바라는 마음에 이 글을 쓴다.

② 운명을 알면 변해야 하는 이유

대부분의 사람들이 자신의 운명에 대하여 알고 싶어 한다. 어떤 이는 무속인이나 역술가를 찾아가 상담을 하며, 또 어떤 이는 본인 스스로 역학 공부를 하여 자신의 운명을 알려고 한다.

여기서 중요한 것은 첫째, 상담을 하는 사람들이나 스스로 공부하는 사람들의 내공이다. 즉, 잘못된 이론을 정설로 알고 운명을 판단한다면 한 사람의 인생을 그르칠 수 있기 때문이다.

흔한 예로 특수격의 사주를 일반 내격으로 판단하여 사회적으로 공명을 얻을 수 있는 사람을 당신은 이 세상에서 고생문이 훤하니 차라리 절간에 들어가서 수행이나 하라하거나 남녀 간에 서로 부족한 점을 보완할 수 있는 좋은 궁합을 너희 둘 사이에는 살이 끼어 반드시 해로하지 못하니 헤어지라고 하거나, 올해 운이 흉하여 새로운 사업을 하거나 투자하면 안 되는데 마치 길운이 오고 변동수가 온다고 말하여 금전적 손해를 끼치는 경우 등이다. 마치 의사가 오진을 내려 병을 키우는 것과 다를 바 없다. 주변에서 그런 사례를 간혹 볼 때마다 섣불리 남의 운명을 논해서는 안 되겠다는 생각을 많이 했었다.

둘째, 운명을 정확히 알아도 그것을 적절히 활용해야 한다. 앞날을 미리 예측하는 것은 일기예보나, 영화의 예고편을 보는 것과 같다. 누구나 내일 아침에 갑자기 기온이 떨어진다고 하면 난방장비를 점검하고 두터운 옷을 미리 준비하여 다음날을 대비할 것이다. 역학의 활용도 이와 마찬가지다.

예를 들어 사주 용어에 식신, 상관이라는 단어가 있는데 말, 행동의 표현력이 탁월하여 남에게 좋게 작용하지만, 만약 필요 이상으로 많은 경우에는 오히려 병病이 되어 남에게 상처를 주며 그로 인하여 본인의 명예나 체면에 손상을 초래한다는 것을 알고도 말, 행동을 자제하고 고치려는 노력을 안 한다면 앞날을 미리 알 필요가 없는 것이다.

또, 역학으로 자신의 체질이 토土가 많아 혈액 순환이 안 되고 그로 인하여 고혈압, 당뇨, 신장, 방광기능에 문제가 생길 거라는 것을 알고도 식생활 개선을 안 한다면 이 또한 역학을 공부할 필요가 없는 것이다.

요약하면 수천 년 이상 역사를 지닌 역학이라는 학문을 제대로 이해하고 정통이론을 습득하여 운명을 정확히 간명한 후에는 부족함은 채우고 지나침은 자제하는 처방이 따라야 하고, 스스로도 노력을 반드시 해야 자신의 운명을 바꿀 수 있는 것이다.

병원에 가서 의사를 만나는 것은 건강의 문제점을 듣고 고치려하는 것과 같이 인생의 진단도 정확하게 하여야 하고 그에 따른 적절한 처방이 따라야 한다고 생각한다. 또한 처방을 듣고도 고치지 않으려면 굳이 진단을 받을 필요도 없지 않을까 하는 생각을 해본다.

③ 의사가 왜 역학을?

지천명이라는 나이 50. 과연 나는 무엇 때문에 살고 나의 인생은 앞으로 어떻게 살아가는 것이 잘 사는 것일까? 스스로 질문해 본다. 답이 안 나온다. 그럼 지난 50년은 어떻게 살아왔는가를 뒤돌아본다.

아버지가 의사라는 집안환경에서 태어나 별다른 어려움 없이 공부하고 운동도 하면서 성장했고 대학 졸업 후 가족을 부양하며 매일 매일 진료실에서 반복된 일을 하면서 경제적 안정과 사회적 공인으로 살았지만 내면에는 인생이나 직업에 대해 항상 무언가 공허하고 반복되는 불만족이 내재되어 있음을 알게 되었다.

일반적으로 이 세상은 5욕7정에 집착해서 그것이 이루어지면 성공한 인생이라고 한다. 도대체 누가 이런 터무니없는 기준을 정한 것일까? 바로 속세의 인간들과 나 자신인 것이다. 이런 황당한 기준이 수많은 사람들을 실의에 빠지게 하며 좌절하고 불행하게 만든다.

인간 마다 태어난 환경이 다르고 그에 따라 생육과 성장이 다르며 성격이나 두드러지는 특성이 다 다를 뿐 아니라 음양 5행의 조화를 잘 갖추고 태어난 사람도 있지만 그렇지 못한 사람도 많다.

물론 정보화와 다양한 문화의 변화에 따라 성공 기준 또한 다양해졌다고 하지만 세속적인 가치 기준에 행복을 대입한다면 과연 얼마나 많은 사람들이 행복하게 산다고 말할 수 있을지 의문이다.

의사가 역학에 관심을 가지게 된 첫째 동기는 도대체 나란 인간은 어떤 인간인가 하는 것이다. 좀 더 자세히 말하면 내가 노력하면 다 얻을 수 있었던 인생이 어느 날 노력하고 실력을 더 쌓아도 진보하지 못하는 인생사에 대한 해답이 궁금했다.

2002년경부터인가? 그때부터 역학공부를 시작하였는데, 그 해답은 산이 오르막이 있으면 내리막이 있고, 어떤 사람은 가파르게 오르고 가파르게 떨어지며, 어떤 사람은 완만하게 오르고 완만하게 내려오며, 어떤 인생은 그 정상이 넓은 반면 정상에 한 번도 못 오르는 인생도 있다는 것이며, 내 인생도 40대에 정체기를 맞이한다는 것도 알게 되었고 또한 이러한 운을 이겨내는 방법도 알게 되었다. 즉, 내 주제를 알고 삶의 지혜를 얻게 되었다는 말도 된다.(자신의 인생 항로를 알고 미리 대비하는 지혜)

둘째 동기는 이러한 학문을 질병으로 고생하는 사람들에게 적용하여 질병을 이겨 내는데 활용이 가능하다는 생각이 들었기 때문이다.

즉 운로가 순행할 때는 병도 안 걸리며 운로가 역행할 때 질병에 걸리며, 어떤 질환에 노출 가능성 또한 예견이 가능하며 개운법을 잘 활용하면 질병도 고칠 수 있음을 알게 되었다. 또한 현재 시행중인 의술은 원인치료는 없고 단지 증상 치료에 급급하며 사람마다의 개인차를 인정하지 않는 결정적인 단점이 있기에 사람마다의 체질을 미리 알면 보다 적극적인 치료와 예방이 가능하다는 생각도 들었다.(의명학과 현대 의학과의 접목)

세 번째 동기는 의술과 역술은 일맥상통한다는데 그 매력이 더 있다. 의술은 눈에 보이는 질병을 진단하고 그 증상과 원인을 해결하는 반면 역술은 눈에 안 보이는 마음과 인생항로의 문제점을 진단하고 그 해결방안을 제시한다는 점에서 공통분모가 있고 이 두

가지에 도술(수행법)까지 접목하면 진정한 웰빙을 이룰 수 있다는 생각도 들었기 때문이다.(의醫, 도道, 복卜의 결합)

네 번째 동기는 비즈니스 모델인데 예를 들면 산업 현장에서 안전사고 예견시스템이나, 성장기 학생들의 적성과 진로 상담, 기업체에서 직원채용시스템에 적용하는 등등 무궁무진하게 활용도가 많다는 생각도 가지게 되었다.

위의 이유가 의사인 내가 역학 공부에 매달리게 된 동기다. 의학, 역학, 수행 이 세 개는 모두 단 시간 내에 성과를 올릴 수 없다는 공통점이 있으며, 우리 인간사에 아주 밀접한 영향을 주며, 잘 만하면 인간의 행복에 기여할 수 있다는 공통점이 있다.

오랜 시간 진료실에서 현대의학으로 답을 얻지 못하는 현상들을 무수히 경험하였는데, 장고한 역사를 지닌 동양철학이나 수행법에서 그 해답을 찾을 수 있기를 바라며 언제 끝날지 모를 공부를 지금도 하고 있다.

④ 의사와 역술가는 종이 한 장 차이?

대대로 사람을 구제하는 직업은 의사, 종교지도자, 역술가가 있는데 이 셋을 활인업이라고도 한다. 의사는 사람의 신체를 진단하고 그에 따른 처방과 시술을 하는 자요, 종교지도자는 도를 닦는 사람을 포함해서 사람의 영혼을 구제하는 자요, 역술가는 인생항로를 진단하고 해결안을 제시하는 자다.

예전에는 역술가가 되려면 서당에서 4서3경 공부의 마지막 단계인 역경을 공부해야 비로소 세상을 보는 재주가 생겼다고 한다. 지금으로 말하면 인문, 철학분야의 대가들이 하는 직업이었다.

항상 지도자의 측근에서 국가의 정책을 조언하는 책사들이 그들이었는데, 물론 모든 직업에는 그 등급이 있듯이 하 등급의 역술가도 있었을 것이나 어쨌든 학문을 하는 사람들이 했던 직업임에는 틀림이 없어 보인다. 옛날에는 의사보다는 더 귀한 직업이었던 것 같다. 현대와 비교하면 역전현상이 일어난 것이다.

현재의 제도 하에 의사가 되려면 의과대학 6년과 전공의 과정 4~5년을 거쳐야 비로소 한 분야의 전문인으로 인정받는 반면, 역술가는 사설 학원에서 배우거나, 알려진 선생을 찾아가 전수받던가, 그도 아니면 독학으로 공부하는 사람도 있으며, 다행히 일부 대학에서 역학강의를 하는 곳도 있으나 체계적이지 못하다는 게 역술인들의 평가이며 그 흔한 고시 하나도 없이 간판을 걸고 상담을 하는 게 현재의 실정이며 그러다 보니 역술인을 점쟁이나 무속인으로 착각하는 사람들도 상당수이다.

그러나 희망적인 것은 최근 들어 고학력자들이 역학공부를 하는 추세가 점차 증가하고 있다는 사실이며, 교양과정으로 강의하는 곳도 늘어나 역술인들에 대한 인식이 조금씩 바뀌어 간다는 사실이다.

나 역시 2002년 역학에 관심을 가지고 책을 스승삼아 공부도 하고 명성 있는 선생님을 찾아서 직접사사도 받아보았는데 놀란 사실은 그분들 모두 20년 이상 역학을 깨우치기 위하여 엄청난 시간과

정열을 쏟았다는 사실이다.

좀 더 체계적인 공부를 하며 깨달은 사실은 역학으로 한 사람의 성격부터 마음가짐, 인생의 목적, 적성 및 직업까지 알 수 있으며, 의학적인 체질과 어떤 질병에 걸릴 확률까지 예견이 가능하다는 것이다.

또 개개인의 인생항로, 즉 순탄한 운로인가 아니면 험난한 운로인가를 알아 움직일 때와 복지부동할 때를 구분하며, 대인관계에서도 상대를 이해하고 나 자신을 파악하는데 엄청난 지혜를 얻을 수 있다는 것이다.

그러기 위해서는 정확한 진단이 필수조건이며 엄청난 노력과 경험을 요한다는 것이고 잘못된 지식으로 간명했다가는 한 사람의 인생을 망칠 수 있다는 사실이다. 의술, 복술, 도술 이 세 가지 업에 종사하는 사람은 인간 구제의 직업의식으로 행하여야지 만약 부를 목적으로 사술을 행한다면 당대뿐 아니라 후대까지 그 죄 값을 치른다는 것이다.

의사도 안목이 낮으면 눈앞에 보이는 증상치료에만 매달리고 원인치료에는 관심이 없듯이 역술가도 내공이 낮으면 눈앞에 일어나는 일에만 매달리고 인생 전반의 흐름파악이나 방향제시를 못한다는 것이다.

마지막으로 활인업에 종사하는 사람은 자기 인격이나 인생관에 따라 설명하는 내용이 좌우된다는 것이다. 따라서 올바른 마음가짐과 수련이 필요하다는 말이다. 의술도 인술을 강조하듯이 역술이나 종교도 인성이 매우 중요함을 알게 되었다.

이렇게 보면 의사나 역술가는 사람의 어떤 분야를 진단하고 처방하느냐만 틀리지 종이 한 장 차이임을 알 수 있다.

현재 우리나라에서 활동하는 역술가가 20만 명이 넘고 무속인까지 하면 40만 명에 이른다고 하는데 앞으로 체계적인 공부를 배울 수 있는 대학과 그에 걸맞은 교육내용, 교수진 확보가 시급하며 국가에서 인정하는 자격시험도 만들어 인간을 구제하는데 있어 거짓됨이 없도록 해야 된다고 생각하고 곧 그럴 날이 오리라 믿어 의심치 않는다.

⑤ 남녀궁합에 대한 고찰

상담 내용 중에 상당 부분을 차지하는 것이 바로 남녀궁합이다. 그도 그럴 것이 인생사 돈과 애정문제를 빼면 즐거울 일도 슬플 일도 거의 없다고 해도 과언이 아니기 때문이다.

가진 자들이 흔히 하는 말이 있다. 돈으로 해결할 수 있는 일이라면 크게 걱정할 필요가 없다고 하지만 그놈의 돈이 뭔지, 없는 사람에게는 가장 큰 번뇌요 고민이고 심지어 자살까지 이어지는 게 돈 문제다.

그 다음이 남녀 애정사다. 역학적으로 접근해 보면 궁합을 보는 이론도 여러 가지다. 천간 음양의 조화, 지장간의 합충, 원진살 같은 각종 신살, 용신 이론, 조후이론 등… 이렇게 이론이 많다는 것은 한 가지 이론만으로는 정답이 없다는 것이다.

개인적으로는 위의 사항을 모두 종합적으로 고려해서 판단하는데 그 결과가 흥미롭다. 부부 10쌍 중 1/4 정도만 원만한 궁합이 나오며 1/4은 흔히 말하는 상극끼리의 만남이고, 1/4은 서로의 만족도는 떨어지나 큰 충돌이 없는 경우이고, 나머지 1/4은 잦은 충돌과 문제점을 가지고 있으나 윤리나 경제적인 문제로 어쩔 수 없이 사는 경우라고 판단된다.

이 수치를 뒷받침하는 것이 이혼율인데 이혼율이 25%를 상회하는 것을 보아도 맞아 떨어진다고 생각한다.

이 세상에는 무형의 법칙이 존재한다. 첫째로 주역에서 음양과 사상四象이란 개념이 나오는데, 남과 여가 존재하고, 나와 같은 생각을 하는 사람과 반대의 생각을 가진 사람이 항상 존재하며 봄, 여름, 가을, 겨울이 존재하듯이 잘난 놈이 있으면 꼭 못난 놈이 나오게 마련이고 그 중간 계층이 또 존재한다는 사실이고, 그 확률은 1:1:1:1 즉 1/4씩 차지한다는 법칙이다. 따라서 이 우주의 법칙대로라면 결혼생활이 행복해질 확률도 1/4에 불과한 것이다.

그러나 우리는 누구나 평등하고 누구나 다 잘 살수 있다고 교육을 받는다. 그런데 현실은 그렇지 않으니 항상 남과 비교하게 되고 그 결과 불행해 질 수밖에 없다.

또 다른 법칙은 우주 만물은 항상 변화한다는 것이다. 봄에서 여름으로 여름에서 가을로… 모든 물질은 시간이 흘러감에 따라 변화하는 게 자연의 법칙이다. 따라서 사람의 마음도 변하는 게 당연한 것이다. 그런데 우리는 한번 부부관계를 맺으면 죽을 때까지 변하지 말아야 한다고 교육받는다. 이 역시 자연의 법칙에 어긋난 교육이다.

또 하나는 인간의 유형은 수십만 가지에 이를 정도로 나와 같은 생각을 하고 같이 느끼는 사람은 거의 찾기 힘들다. 그런데 우리는 부부는 일심동체라고 교육받는다. 결혼을 해본 사람은 다 알 것이다. 과연 일심동체가 되는지?

애당초 처음부터 행복해질 확률이 1/4에 불과하고, 사랑하는 마음도 항상 변하고, 아무리 가까운 사람일지라도 사람의 마음이 같을 수 없다는 것을 안다면 결혼에 대해 지금보다는 더 신중하게 결정할 것이라 생각한다.

통계학적으로 전체 부부 중 50% 정도는 그럭저럭 살고, 50%는 불만과 고통 속에 부부관계를 유지하는 것이다. 그렇다면 이런 의문점이 생긴다. 그럼 연애를 하거나 교제를 할 때 자기와 맞는지 안 맞는지를 왜 모를까? 역학적으로 보면 결혼이 이루어지는 때를 보면 대체로 운이 좋을 때 하는 경우가 대부분이다.

운이 좋을 때란 그 사람의 장점이 최대로 드러나는 때를 말한다. 그러나 결혼을 하고 나서 운이 나빠지면 그 사람의 단점이 드러나게 된다. 그러니 살아보지 않고는 상대방을 다 알 수가 없게 된다. 거기에 더해서 흔히 말하는 속궁합이란 것도 작용하는데, 이 또한 살아보지 않고는 알 수가 없는 것이다.

그렇다면 사주를 미리 대입해 보면 만족도를 높일 수 있지 않을까 하는 것이다. 물론 어느 정도는 가능하다고 본다. 만약 모든 젊은이가 사주를 대입해서 결혼한다면 독신자가 엄청 증가할 것이다. 왜 그럴까?

그 이유는 이렇다. 사주상의 배우자를 나타내는 관성이나 재성이 힘이 있고, 그것이 용신이나 희신으로 작용하거나, 좌하(배우자 자리)가 희심일 때 배우자 덕이 많다고 하는데 그런 사주는 그리 많지 않은 게 아니라 아주 보기 드물다. 그럼 배우자 덕이 없는 사주란 어떤 것일까?

아에 사주에 배우자를 상징하는 재성이나 관성이란 글자가 없거나, 아니면 배우자를 나타내는 글자가 쓸데없이 여러 개인 경우, 또 내가 너무 강해서 상대를 억압하거나, 내가 너무 약해서 배우자를 감당하지 못하는 경우라 할 수 있다. 다시 말해, 균형 잡히고 조화로워야 배우자 덕도 있는데 이 세상에는 중화를 이룬 사주보다는 불균형 된 사주가 훨씬 많다.

또 결혼하는 사람들의 궁합을 보면 서로 비슷한 사람끼리 하는 경우가 많은데, 어떻게 보면 좋을 것 같지만 집이라는 한 공간에서 살 때는 비슷한 성질의 사람보다는 내가 가지지 못한 성분을 상대방이 가지고 있는 사람과 만나는 것이 좋은 궁합이라고 본다.

왜냐하면 남녀의 만남은 음양의 조화가 맞아야 하기 때문이다. 다시 말해, 양기가 많은 사람은 음기가 많은 사람과 살아야 조화롭고 서로의 부족한 점을 보완해줄 수 있기 때문이다.

결국 인간들의 남녀관계는 타고 나기를 그렇게 좋게 태어난 사람이 많지 않다는 말이고, 만약 대부분이 좋은 사주를 타고 난다면 사람들이 행복한 결혼 생활을 그리 열망할 이유도 없을 것이다.

결론은 이 세상에 인간들이 말하는 행복이란 그만큼 얻기 힘들다고 보면 된다. 그런데 이 세상의 제도는 원만한 25%를 중심으로 만들어져 있어 과반수가 넘는 75%가 속병을 앓으며 살고 있다는 게 문제다.

여기서 나는 딜레마에 빠진다.

1) 현재의 일부일처의 결혼제도는 누가 만들었고 언제부터인가?
2) 이상적인 결혼제도는 어떤 것일까?
3) 인간은 이렇게 힘든 결혼을 꼭 해야만 하는 것일까?
4) 사회구성원을 유지하고 국가를 지키기 위해 혼인이란 제도 하에 인류번식을 계속해야만 하는 것일까?
5) 결혼도 안 하고 자손도 출산하지 않으면 이 세상은 어떻게 될까?
6) 배우자 복이 없는 사람은 전부 수도승처럼 살아야 하나?

75%에 달하는 대다수의 사람들을 위하여 우리 모두 심도 있게 고민해 볼 만한 일이라고 생각한다.

6 남녀궁합(2)

앞서 말했듯이 결혼생활을 하는 사람들의 50%는 불만족 속에 팔자타령하면서 살고 나머지 50%는 배우자에 만족하거나 그냥 살고 있다고 했는데 그렇다면 해결방안은 없는가?

세 가지 접근법을 생각해 본다.

1) 제도 개선을 통한 접근법

예전엔 내 팔자려니 하면서 참고 살았던 사람들이 현재는 자기주장을 펼치면서 이혼율이 급증하는 게 현실인데 그에 따른 부작용을 해소하기 위한 방안들이 많이 나오고 있다. 예를 들면 호적제도의 개선이나, 엄마의 성을 따를 수 있게 한다던가, 재혼을 알선하는 업체들이 생기면서 한번 결혼하면 죽는 날까지 살아야 한다는 개념도 점차 바뀌어 가고 이혼한 사람들에 대한 편견 또한 바뀌면서 그들의 아픔을 이해하는 방향으로 제도가 변화하고 있다.

여기서 의사의 관점으로 보면 1950년대 초반에 평균수명은 50 정도였다. 현재는 80에 이르는 고령화 시대가 되었는데 그렇다면 예전엔 보통 사람들은 20대 초중반에 결혼해서 25년에서 30년 정도 결혼 생활을 유지했다는 말이고 현재는 30에 결혼해도 50년을 같이 살아야 한다는 결론이다. 이런 추세라면 지금의 젊은이들은 100세까지 살 것으로 예상 되는바 30에 결혼하면 70년을 같이 살아야한다는 결론에 도달한다.

최근 결혼하는 젊은이들에게 질문해 보았다. 둘이 몇 년이나 살 것 같냐고?

모두 구체적으로 대답을 못한다. 즉, 60년에서 70년을 같이 산다고 생각하고 결혼하는 사람이 거의 없다는 말이다. 인생의 가장 중요한 결정을 수개월에서 수년간의 교제를 하고 그 당시의 감정 상태로만 결정한다는 것이다. 문제가 안 생길 리가 없다. 그렇다고 50%의 사람들이 불만이 있을 때마다 이혼과 재혼을 밥 먹듯이 한다면? 아무튼 골치가 아프다.

2) 수행 측면에서의 접근법

서로가 불만을 가슴에 품고 서로를 원망하고 상처주고 상처받으며 결혼생활을 유지하거나 무조건 참고 살아야 하는가? 아니다.

누구는 좋은 팔자와 좋은 배우자를 만나고 누구는 그렇지 못한가? 이 세상은 불공평하다는 말을 하는데 사실은 공평하다. 왜? 종교에서 말하는 원죄와 전생의 업이 있기 때문이다. 전생이 있건 없건 따질 것 없이 선조들이 선업을 쌓았다면 후대에서 그 덕을 받을 것이고 악업을 쌓았다면 후대에서 상응하는 대가를 치르는 것은 너무나 당연한 것이다.

나는 젊은이들이 결혼한다고 나에게 인사 오면 하는 말이 있다. 결혼 생활은 사랑으로 하는 것이 아니라 도道로 하는 것이라고. 남편은 남편 된 도리를 다하고 아내는 아내 된 도리로, 자식을 생산하면 부모 된 도리로 살아야 한다고 말한다. 사랑이란 피어오르는 불과 같아서 뜨거워진 후에는 꺼지는 게 당연하다고, 그래서 사랑이 변했느니 식었느니 하면서 사랑타령하지 말라고, 사랑타령하면 반드시 결혼생활에 파탄을 초래한다고….

인생에서 불행의 씨앗은 남에게 바라는 것과 남과 비교하면서부터 시작된다. 이 2가지를 버리지 못하면 인생은 불행해 질 수밖에 없다. 상대방에게 아무것도 바라지 말고 상대방도 하나의 개체로 인정하고 각자의 생활에 충실하면서 상대의 행복추구권을 인정하고 남과 비교하지 않으면 마음이 평화로워진다.

과반수에 이르는 50%에 해당하는 사람들이여, 내가 위에서 말한 도道를 생각하면서 살아라. 만약 그렇게 했는데도 상처 받고, 상처

준다고 판단되면 그 인연은 거기서 정리하는 것이 좋다. 그렇지 않으면, 또 다른 악업을 쌓게 되어 더 많은 고통 속에서 살게 되며, 후대에까지 영향이 간다는 말이다.

악연을 좋은 인연으로 바꾸는 것은 자기에게 달린 것이지 남의 탓이 아니다. 허나 그 악연으로 상처받고 원망하고 사는 것보다는 악연을 정리하고 자신의 과오를 되돌아보고 자기 자신을 찾는 수행의 길을 찾는 것이 더 바람직하다는 말이다. 만약 그렇게 하지 않는다면 또다시 다른 사람을 만난다 하더라도 악연의 고리는 끊을 수 없다는 게 내 생각이다.

3) 역술적인 접근법

남녀문제로 상담하는 사람들을 보면 배우자로 인해 극을 당하는 경우와 자신이 배우자를 극하는 경우로 나누어진다. 결국 서로에 대한 이해가 부족해서 발생된다는 말로 이해하면 쉽다. 해결방안은 수행측면에서 언급한 것으로 대신한다.

현세에 남녀문제로 고민하는 사람들에게 이 한마디로 이 글을 마무리 한다.

이 세상 사람이 살아가는 유형은 가지각색으로 다양하며, 그러니 남과 비교하지 말고 상대방에게 바라지도 말고 나란 인간을 돌이켜 보는 수행법을 한번쯤은 해보기를 바란다.

⑦ 가족제도와 궁합

　현대사회가 될수록 핵가족제도가 확산될수록 이혼율이 증가하는 이유가 뭘까? 가족제도에 원인이 있다. 궁합과 가족제도가 무슨 연관이 있나하지만 이론적으로 살펴보면 그 해답이 나온다.
　앞서 언급했듯이 이상적인 배우자를 만나기란 그리 쉽지 않으며, 또한 이상적인 궁합이란 서로 부족한 것을 보완해 줄 수 있는 사람이라 하였다. 따라서 본인 스스로도 조화롭지 못한데, 또 그것을 보완해 주는 사람을 만나는 것도 어려운 게 현실이다.
　예전에 대가족 제도 하에서는 부족한 것을 보완해 줄 수 있는 사람이 가족 내에 배우자 외에도 존재하였기에 완충작용이 이루어졌었지만, 현대의 핵가족 제도는 자식 이외에는 보완해 줄 요소가 없어진 것이다. 그래서 자식이 성장한 이후 황혼이혼이 급증하는 이유도 설명할 수 있다. 그나마 자식이 없거나 자식마저도 나에게 도움이 안 되는 구성요소가 된다면 조기이혼으로 이어진다고 보면 된다.
　예전엔 부부간에 문제가 생겼을 때 시부모나 친척 중에 문제를 중재하거나 완화시키는 사람이 누군가는 있었다는 말이고, 현대는 자식이 그 역할을 하는데, 자식마저 성장하여 나가면 아무도 중재할 사람이 없어지니 두 사람의 갈등이 더 깊어질 수밖에 없는 것이다.
　그러니 현대사회에서 남녀가 만나 원만한 결혼생활을 하기가 점점 어려워질 수밖에 없다. 서구에서는 이미 오래전부터 핵가족제도를 시행하였기에 우리보다 먼저 이혼율이 높았다고도 설명할 수 있다.

따라서 결혼을 앞둔 젊은이들은 예전보다 더욱 신중하게 결정을 내려야 한다는 결론이 나오는데, 실제로는 그렇지 않은 게 더 큰 문제다. 젊은이들이 지금의 할아버지나 부모세대를 보고 결혼을 결정한다면 실패할 확률이 많아진다는 것을 명심해야 한다.

왜냐하면 예전과는 전혀 다른 환경으로 바뀌었기 때문이다. 또 하나 말하면 사람 사이의 소통방법이 Off-Line에서 On-line으로 바뀐 것도 커다란 환경의 변화라 할 수 있다. 불과 20년 전만 해도 통신수단이 유선전화밖에 없었지만, 현재는 인터넷에 스마트폰에 각종 통신수단이 범람하여 이성간에 접촉할 기회가 예전하고는 비교가 안 되는 상황이 되어버렸다. 즉, 한 사람만 바라보고 살기가 더욱 어려워진 것이다.

앞서 언급하였듯이 결혼이란 인생 초중반에 결정해야 하는 가장 크고 중대한 사업이라는 것을 강조하면서 이글을 마무리 한다.

⑧ 부귀富貴에 대하여

인생을 살면서 모든 사람들의 관심사 중에 제일 으뜸이 부귀라고 할 수 있는데, 여기서 부와 귀란 경제적인 안정과 남에게 대우받으며 살고 싶어 한다는 뜻으로 받아들이면 되고, 이것을 위하여 20년간을 학교를 다니고 공부를 한다. 똑같은 시간을 학교를 다녀도 졸업 후엔 각자의 길이 달라지는 게 인생사다.

우리는 꿈을 가지고 노력하면 언젠가는 이룰 수 있고, 누구나 다 평등하다고 교육을 받지만 문제가 많은 교육이다. 왜냐하면 사람은 누구나 각각의 얼굴이 있듯이 생각도 다르고 성품도 다르고 개개인 마다 특성이 다 다르기 때문이다.

다시 말해, 내가 잘할 수 있는 것이 있고 잘 못하는 것이 있다. 아무리 돈을 많이 벌고 싶어도 돈 버는 재주와 머리가 뒷받침 안되면 돈을 벌수가 없다. 공부를 아무리 잘 하려 하여도 공부에 타고난 재주를 가진 사람과 경쟁하면 이길 수가 없는 것과 같다.

이렇게 잘못된 교육을 받아온 우리는 남과 비교하고, 자기가 노력한 만큼 기대심리가 발동되어 불만과 불행감이 생겨나게 된다. 남의 인생과 나의 인생은 다르고, 각자의 재능이 있음을 안다면 남과 비교하여 생기는 상대적 열등감과 불만들이 좀 덜할텐데….

역학적으로도 설명이 가능한데, 여기서 역학적인 이론을 잠깐하면 사주(四柱)란 년, 월, 일, 시 4기둥을 말하며 이것의 조합이 50만 개가 넘는다고 하는데 여기서 좋은 사주란 격을 잘 갖추고 태어난 사람과 운을 잘 타고난 사람으로 구분한다.

좋은 격이란 모든 게 잘 중화를 이루어 그 짜임새가 안정됐다는 말이고 그런 사람은 그 마음 또한 조화를 잘 이루었다는 뜻이다.

명리학의 교과서라고 할 수 있는 적천수라는 고서에 보면 부富는 재성을 논하고, 귀貴는 관성을 논하라고 하였다. 부를 얻으려면 사주 내에서 내가 힘이 있으면서 재성의 세력도 빵빵해야 하며, 귀함을 얻으려면 관성이 빵빵해야 하는 것이다. 또한 돈 버는 재주나 비상한 머리회전을 타고난 사람은 식신생재격이라 하고, 남을 구제하거나 관리하는 재주를 타고난 사람은 관인상생격이라 하는데…, 이와 같이 사람마다 각자의 특성이 다양하게 있는 것이다. 좋은 격이란 그만큼 다른 사람보다 유능함을 타고 났다는 말도 된다.

좋은 운이란 비록 사주에 흠이 있더라도 그 흠을 보강하는 운으로 짜져 어떤 일을 하더라도 귀인들의 도움으로 잘 풀려가는 사주를 말한다. 고서에 보면 좋은 사주가 좋은 운을 못 따라간다고 하는데 그 말은 아무리 좋은 사주를 타고나도 운이 따라주지 못하면 큰 인물이 될 수 없고 고생도 많이 한 다는 말이다. 예를 들면 경기고에 서울법대를 나와도 고시에 낙방함은 물론이고 취업도 안 되어 독수공방하는 경우가 그 예다.

좋은 격의 예를 들면 엄동설한의 신금辛金일주가 임수壬水로 세척하고 병화丙火로 조후하면 금백수청이라 하여 그 보석의 진가가 발휘된다.

또 좋은 운의 예는 엄동설한에 한습한 격을 가지고 태어났지만 대운에서 목화木火동남방운으로 간다면 추운 겨울에 따뜻한 햇빛과 난로를 가지고 있어 겨울을 따뜻하게 지낼 수 있음이니 어찌 격과 운을 무시할 수 있겠는가?

대운이란 태어난 달을 기준으로 10년마다 운이 바뀌게 됨을 말하고 보통 30년 단위로 큰 흐름이 바뀐다. 즉 봄, 여름, 가을, 겨울이 120년에 걸쳐 바뀐다는 말이다.

사람들이 말하는 운이 좋다는 게 위에 언급한 대운을 뜻함이다. 어떤 사주는 60년간 좋은 운이 와서 평생을 편안하게 가는 사람도 있고, 60년간 운이 거꾸로 행하여 평생을 고생만하다 가는 사람도 있는 것이다. 또 초년 30년 좋다가 갑자기 후반에 무너지는 경우와 그 반대의 경우도 이놈의 대운의 영향인 것이다.

역학의 목표는 인생의 격과 운로를 의사가 환자를 진단하듯이 정확히 진단하여 올바른 처방을 내려 이 세상 중생들을 구제하는 데 있음이니 어찌 어렵지 않겠는가?

물론 격이란 큰 틀과 운로를 판단하지 못하고 육친과 신살을 대입하여 그 당시에 사사로운 일들만 보고 말한다면 마치 암으로 진행하는 환자를 보고 감기라고 진단하는 것과 무엇이 다르겠는가?

역학을 공부하는 자는 이러한 대의에 목표를 두고 정진하여야 하며, 일반인들은 큰 틀을 볼 수 있는 역학자를 만나야만 자기 인생의 틀과 운로를 정확히 알고 인생사 큰 실패나 흠이 없이 살아나가는 지혜를 얻을 수 있는 것이다.

자기의 격과 틀을 모르고 산다는 것은 자영업에 맞지 않는 사람이 장사를 해서 큰돈을 꿈꾼다던가, 배우자 덕이 없는 자가 죽을 때까지 좋은 배우자와의 사랑만 추구한다면 인생을 낭비하고 상처만 남는 결과가 되는 것과 같음이니라.

여기서 너무 운명론적이라고 생각할 수 있지만 현명한 자는 자기 자신의 소질과 능력을 잘 판단하여 모든 일을 추진하는 것과 같이 종교나 수행이나 공부가 자신의 주제를 파악하고 개발하듯이 역학 또한 같은 맥락으로 받아들이면 된다.

결론적으로 자기 자신의 틀과 운로를 알아 잘 적응하고 대처하면 부와 귀를 다 얻지는 못하더라도 그 중 하나는 얻을 수 있고 큰 실패의 좌절을 피해 갈 수 있다고 믿어 의심치 않는다.

9 사주가 같으면 똑같은 인생을 사나요?

결론부터 말하면 아니다. 하지만 비슷한 양상을 보이며 성격 또한 아주 흡사하다고 말할 수 있다.

전 세계에 같은 사주를 타고나는 사람은 1만 명이 조금 넘고, 우리나라에는 100명 정도가 같은 날 같은 시에 태어난다.(통계적으로)

또한 사주를 년, 월, 일, 시로 계산하면 51만8천4백가지가 나온다. 즉 인생의 종류가 그 정도로 많으니 같은 인생을 사는 사람을 만나기란 쉽지 않다. 같은 사주라도 제각각의 인생이 조금씩 틀리다고 가정하면 인간사에서 일어나는 일들이 얼마나 복잡한지 알 수 있다.

마치 진료실에서 수십 년간 같은 증상의 환자를 수만 명 똑같은 진료를 하여도 그 결과는 제 각각 다른 것과 비유할 수 있다.

그렇다면 같은 사주라도 인생이 틀린 이유는 뭘까? 사주팔자나 운명에 회의를 가진 사람들이 가장 많이 하는 질문이다. 현대 역학자 중에 정통 명리학의 대가였던 도계 박재완 선생님께서는 환혼동각幻魂動覺이라는 단어로 그 이유를 설명하셨다.

환幻: 길흉화복은 짐승과는 달리 인간에게만 일어나며 인간으로 태어난 것이 철학의 주제라고 하였다. 이 말은 인간은 스스로 생각하고 판단하고 행동하는 능력을 가지는 존재로 변화할 수 있다는 말이다. 즉, 마음먹기에 따라 운명도 바꿀 수 있다고 이해하면 된다.

혼魂: 인간은 그 조상으로부터 이어져 내려오므로 할아버지나 아버지가 선업을 행한 자와 악업을 행한 자와는 그 후손들에게까지도 영향을 미친다고 보는 것이다. 즉, 각자의 조상들이 어떻게 살아왔는가가 후손에 영향을 준다는 뜻으로 누구나 각자의 업보가 있다고 이해하면 된다.

동動: 동적인 요소, 즉 출생지역에 따라 같은 시간이라도 다른 기운을 받고 태어나는 개념이다. 즉 열대지방에서 태어난 경우와 극한지역에서 태어난 경우가 틀리고, 화창한 날씨에 태어난 경우와 천둥 번개가 치는 날에 태어난 경우가 틀리고, 좁게 말하면 서울생과 부산생과도 틀리다는 말이다.

각覺: 인생을 살면서 얼마만큼 노력해서 깨닫느냐에 따라 운명도 달라질 수 있다는 뜻이 된다.

이와 같이 같은 날 같은 시간에 출생하여도 인간이라는 특성상 달라질 수 있는 요소가 있으며, 사주에서는 하루 중 시간을 12개로 나누어 보기 때문에 2시간 중에도 초, 중, 말이 있어 이 또한 변동 사유의 하나로 고려해야 하는 것이다.

그러나 사주가 같으면 성격도 아주 유사하며 직업의 양상도 매우 흡사한 것을 볼 수 있는데, 즉 Trend(경향)가 비슷하다고 이해하면 된다. 예를 들면 같은 사주라도 외과 의사를 하는 사람도 있지만 미용사나 정육점에서 일하는 사람도 있으며, 아파트 경비를 하는 사람도 있지만 인천공항의 수문장을 하는 경우가 있음이 그 예이다.

결론하자면 운명은 정해져 있고 조상은 바꿀 수가 없더라도 본인이 인생을 살면서 얼마만큼 공부하고 깨달음을 위한 수행이나 좋은 일을 하며 사느냐에 따라 정해진 운명도 바꿀 수가 있다는 말이다. 사람들의 사주를 보면 부귀를 다 갖추고 인품 또한 뛰어난 사주를 보기란 매우 드물다. 즉 완벽한 사람은 없다는 말이다. 재물 복이 있으나 천한 일을 하는 사람, 권력은 가지고 있으나 가정이 파탄 나거나 처자에 흉사가 있는 경우, 사람은 청아한데 돈은 없는 경우 등등….

결국 사주가 같더라도 자신의 마음을 어떻게 먹고 행동하느냐에 따라 각기 다른 길을 갈 것이고, 노력 여하에 따라 팔자도 바꿀 수 있다는 것을 알고, 주어진 환경과 능력 안에서 최선을 다하며, 남과 비교하지 말고, 지나친 기대감도 버리고, 인간사 모든 희로애락이 다 내 마음에 달린 것이니 자신을 한시도 게을리 하지 않고 성찰하는 노력을 하며 사는 것이 진정한 행복이 아닌가 생각한다.

10 사주팔자와 건강

역학공부를 하면서 의사 입장에서 가장 관심 있는 분야가 사주팔자와 건강 분야이다. 어떤 사람은 평생 병원 신세 안지고 산다는 사람도 있고 어떤 사람은 평생을 골골하면서 병원을 드나들거나, 어릴 적에 몹쓸 병에 걸려 중증 난치성 질환을 앓거나, 잘 살다가 갑자기 암 말기 진단을 받고 죽을 만큼 힘들게 투병생활을 하는 사람도 있다.

또한 죽는 순간도 아무런 질병 없이 단순 노환으로 깨끗한 육신을 보존한 채 이 세상을 마무리하는 사람도 있고, 온 몸에 링거주사 바늘을 꽂거나 인공호흡을 하다가 병든 육체로 세상을 떠나는 사람도 있다. 또 어떤 사람은 평생을 찢어지거나 골절상, 교통사고 없이 지내는가 하면, 일 년에도 수차례 사고로 몸을 다치는 사람도 있다.

과연 이런 것도 사주팔자에 정해져 있을까?

역술 이론에 의하면 태어난 사주팔자에 이미 정해져 있다고 한다. 그럼 사주란 무엇인가? 사주를 이해하려면 우리 인간도 대자연의 일부분이라는 것을 인정해야한다. 식물이나 동물과 마찬가지로….

크게 보면 열대지방에 자라는 식물과 동물이 있고 반대로 아주 추운 곳에 사는 동, 식물도 있고, 사막지대에 있는 동, 식물도 있고, 바다 밑에서 사는 동, 식물이 있는 것이다. 작게 보면 어떤 나무는 숲이 우거지고 비옥한 땅에서 뿌리를 내리고 한 평생을 사는가 하면 어떤 나무는 도로 옆에서 평생을 매연을 마시며 살다 죽는 나무도 있는 것이다.

그런데 모든 생명체는 이 세상에 모습을 드러내는 그 순간 자연의 기운을 받게 되는데 그 출생 순간 자연의 기운을 글자로 표시한 것이 사주라고 이해하면 된다. 같은 날 같은 시간에 출생하여도 온대기후에서 태어난 사람과 열대기후에서 태어난 사람과는 기운이 다르다는 것을 알아야한다.

다시 본론으로 가서 무병장수하고 아무런 사고 없이 노후를 보내고 깨끗한 몸으로 세상을 마무리하는 사주란 음양5행의 기운이 균형이 잘 갖추어 있고 5행이 순행하여 서로 상생을 하면서 형, 충이나 흉살이 없는 사주라고 보면 되는데 그런 사주를 보기란 매우 드물다. 따라서 거의 대부분의 사람은 크고 작은 질병과 사고를 겪다가 세상을 마무리하게 된다.

반대로 어릴 때부터 난치성질환에 걸리거나 아주 흉한 사고를 당하는 사주는 대체로 편고한 사주가 그런데 즉 5행이 편중되어 한쪽으로 치우쳐 있고 대운마저도 치우친 5행으로 갈 때 그 흉한 기운을 감당하지 못하여 질병에 노출되거나 흉칙한 사고를 당하는 것이다.

환자들 중에 생후 1년도 되기 전에 뇌염을 앓아 지능도 떨어지고, 말도 못하는 상태가 되어 평생을 장애인으로 사는 환자가 있는데 그런 경우는 편고한 사주가 초반 대운마저도 편고함을 부추길 때 그렇게 나타남이 그 예이고, 30대 중반부터 고혈압, 당뇨를 앓다가 40대 후반에 대운이 용신운으로 오면서 먹던 약을 끊었는데 질병이 호전되는 사례도 있고, 40대 초반인데 온몸이 무력하고 신경통에 오줌소태까지 마치 80대 노인의 증상을 보이는데 현대의학의 검사상에는 정상으로 나오는 경우가 있다. 이 경우는 편고한 사주가 그나마 대운이 받쳐주어 버티는 경우지만 이런 경우는 대운이 편고함을 부추기게 되면 그때서야 암이나 난치성질환 진단을 받을 것이다.

이렇게 사주와 건강이 밀접하게 관련이 있다면 미리 예방하고 치료할 수는 없는 걸까? 만약 가능하다면 왜 그럴까?

첫째, 사주를 보면 그 사람의 체질을 알 수 있다. 아주 극단적인 경우는 5가지로 분류가 가능하다.

목이 왕한 목형은 간이나, 담낭, 근육이나 힘줄, 그리고 위장질환에 걸릴 확률이 아주 높고, 화가 왕한 화형은 심장, 소장, 그리고 폐나 호흡기, 피부질환 및 고혈압, 심혈관질환에 걸릴 위험이 아주 많다. 토가 왕한 토형은 위장, 비장, 신장, 방광 질환 및 당뇨병에 걸릴 위험이 많으며, 금이 왕한 금형은 호흡기, 피부, 간 기능 질환에 걸릴 위험이 많으며, 수가 왕한 수형은 신장, 방광, 심장기능저하 및 심근경색증에 걸릴 위험이 아주 높다.

체질을 좀 더 자세히 살피면 25가지로도 분류가 가능한데 이는 앞서 설명하였기에 생략한다. 이와 같이 사주 여덟 글자만 보아도 어떤 질환에 고위험군인지를 알 수 있기 때문에 예방도 가능한 것이다. 그러기 위해서는 사주 국세의 청탁을 잘 가려야하고 병이 된 요소와 약이 된 요소를 잘 판단해야 한다.

둘째, 사주를 보면 질병이나 사고의 치료와 예방함이 가능하다. 그러기 위해서는 사주의 병적인 요소에 대한 효율적인 처방이 필요한데, 그 방법으로 질병은 음식이나 운동을 체질에 맞게 처방하면 질병으로부터 벗어날 수가 있으며, 교통사고 등 불의의 사고는 흉한 기운이 들어올 때 복지부동함으로써 피할 수 있게 된다.

다른 방법으로는 체질에 맞게 기후조건이 좋은 지역으로 이동하는 풍수지리적인 처방을 하거나, 정신계통에 문제가 있다면 스트레스를 조절하는 명상법을 한다던가, 운이 역행할 때는 불필요한 과로를 피하거나 흉한 기운이 있을 때 여행이나 자동차운전을 피하는 것 등의 방법으로 질병과 사고로부터 미리 예방도 가능하고 치료도 가능하다.

여기서 문제점이 생기는데, 얼마나 정확한 진단을 내리느냐가 첫째 문제고, 과연 이러한 처방을 사람들이 얼마나 실천할 수 있느냐가 둘째 문제다.

진료실에서 건강에 좋은 운동을 알려주고 추천해도 그것을 실천에 옮기는 환자는 10퍼센트 미만이다. 사회적인 분위기가 걸림돌이 되고 있다. 음식문화는 언론에서 많이 홍보를 하여 2000년 이후 그나마 많이 개선되고 있으나 올바른 운동법이나 명상수련만 하여도 건강을 많이 개선시키고 흉한 기운을 감소시킬 수 있는데도 의사를 비롯한 교육자나 언론인들이 너무나도 무관심 하다는 게 문제다.

단지 병에 걸린 후가 아니면 사고로 인해 장애인이 된 후에 그들을 위한 복지정책 운운하니 소 잃고 외양간 고치는 격이다. 또한 이런 역술적인 이론에 대한 불신감 또한 문제가 된다. 물론 이런 불신감에는 역술인의 책임이 있다. 지금까지 정확한 이론을 바탕으로 정확한 진단을 내리지 못하였기에 사람들의 인정을 못 받은 것이라고 생각한다.

물론 운명적인 요소를 다 바꿀 수는 없어도 각자 자신의 체질과 운명을 안다면 자신의 적성을 최대한 개발하고 장, 단점을 보완하여 보다 낳은 인생을 추구하고 나아가 건강도 지킬 수 있다고 믿어 의심치 않는다.

⑪ 운명을 바꾸는 법(개운법開運法)

측근의 사람들과 상담을 하다보면 자주 묻는 질문이 있다. 사주 팔자가 정해져 있다면 그것을 바꾸는 방법은 없느냐고? 그것에 대한 답은 정해진 그릇(틀, 격)은 바꿀 수 없다는 것이다.

그러나 좋은 것은 더욱 발전시키고 나쁜 것은 피하거나 그 강도를 줄일 수 있다고 말한다. 인생은 동전 같아 양면성이 있다. 역학을 공부해 보면 역학용어에도 양면성이 있다. 즉 음양이 있다는 말이다.

예를 들어보면, 정관이란 용어가 있는데 이 정관이 한 개 있고 그 뿌리가 단단하면 하는 일이 잘 되고, 정리정돈도 잘 하며, 명예도 있고 여자는 남편복도 있지만, 2개 이상 지나치면 편관이라는 칠살로 그 성격이 바뀌어 나 자신을 해치게 되어 한 가지 일에 집중하지 못하고 피해망상이나 주제 넘는 욕심으로 자신을 망치고 남을 피곤하게 하여 남까지 피해를 줄 수 있다.

화개살이란 용어가 있는데 반복 수행의 의미와 주색을 좇아가는 경향이 있는데 이 특성을 알고 자기개발의 공부를 하거나 인격수양을 쌓으면 그 방면으로 많은 발전을 할 수 있지만 주색을 좇는다면 패가망신할 수도 있다.

본론으로 돌아가 자신의 인생이 뜻대로 안 풀릴 때 대입할 수 있는 방법에는 첫째, 풍수지리를 활용한다. 지리적인 환경을 바꾸어 피하는 방법이다. 예를 들면 조상의 묘 자리가 나쁠 때 산소를 옮기고 집안의 일이 잘 풀린다던가, 사주가 조열(건조하고 열이 많다)할 때

기후가 선선한 곳으로 이주한다든가, 한국에서 공부하면 대학도 못 갈 아이가 외국으로 가서 공부를 마친다든가…, 등등의 예가 있다.

둘째, 인연법을 활용한다. 내가 접하는 사람과의 궁합을 활용하는 방법이다. 사업파트너가 나를 극剋할 때 나에게 귀인이 되는 사람으로 바꾼다든가 배우자나 자식 친구 직원 등 나와 연관 있는 사람들과의 生剋을 따져 상대방을 이해하고 충돌을 피하는데 활용한다.

셋째, 개명이나 부적, 이름을 바꾼다는 건 나 개인적으론 큰 의미는 없다고 보는데 키가 작은 사람이 굽이 높은 신발을 신는다는 정도로 이해하면 될 듯하다. 부적은 일종의 종교적인 진언과도 같아 일종의 자기 암시효과와 주변의 기운? 신? 기도?…, 아무튼 나는 정신적인 위로 정도로 이해하고 있다.

넷째, 도(道)를 닦는다. 내가 가장 비중을 두는 방법이다. 쉽게 말하면 좋은 덕을 베풀고 욕심을 줄이고 자기반성을 끊임없이 하면 내 주변의 나쁜 기운이 좋은 기운으로 바뀌어 흉함이 줄고 나뿐만 아니라 자손에게도 좋은 영향이 간다는 것이다.

도를 닦고 행하는 방법으로 첫째, 어떤 기대효과나 사심 없이 순수한 마음으로 봉사를 한다. 둘째, 종교서적이나 철학 등 자기 발견에 도움이 되는 공부를 한다. 옛 성인들의 말씀을 듣고 자신에게 대입하여 생활하는 방법이다. 셋째, 풍수지리나 역학을 공부한다. 즉, 우주의 생성원리를 알고 자연의 이치, 즉 왕함이 있으면 쇠함이 있고, 생과 사가 존재하듯이 이 세상에는 항상 나와 반대 입장의 사람이 공존하며, 이 우주는 큰 틀 안에서 끊임없이 변화한다는 자연의 이치가 인간사에도 적용되며 나 자신에게도 영향이 있음을 깨우쳐 늘 자기성찰의 자세를 유지하는 것이다. 넷째, 육체적인 수행이나 자신의 부족한 점을 깨우쳐 줄 수 있는 명상을 한다든가 좋은 운동을 하여 항시 내 육체와 마음을 관(觀)하여 부족함도 없고 지나침도 없는 중용의 상태, 정중동, 동중정의 상태를 유지하는 방법이다.

위에 열거한 방법들이 하나같이 다 어려운 일이다. 즉, 자신의 운로를 바꾼다는 건 자신을 지배하는 뇌와 영혼을 바꾸는 것과 같이 힘들다. 다시 말하면 죽을 운이라면 죽도록 힘들게 노력해야 이겨낼 수 있다는 말이다.

아래의 글로 개운법을 정리한다.

四柱而 不如觀相이요, 觀相而 不如心象이니라.

(사주이 불여관상이요, 관상이 불여심상이니라.)

사주보다는 그 사람의 겉으로 드러나는 관상이 중요하고, 관상보다 더 중요한 것은 그 사람의 마음이니라.

12 음식으로 운명을 바꾸는 법(개운법2)

사주팔자라 하면 운명을 먼저 떠 올리는데, 운명이란 정해진 것 같으면서도 바꿀 수 있는 것이 바로 운명이라고 생각한다.

운명이란 전생의 씨앗, 전생의 업, 조상의 업이라고 하는데 이렇게 대대로 내려오는 운명은 본인이 노력하면 한 단계 Up-grade가 가능하다. 물론 완전히 그 틀을 바꿀 수는 없다 하더라도….

운명을 바꾸는 방법을 개운법이라고도 하는데 풍수지리를 활용, 인연법을 활용, 개명, 부적을 사용, 도를 닦는 법, 봉사, 공부, 수행 등은 앞서 거론하였다. 여기서는 하나 더해서 섭생을 추가하고 싶다.

결국 개운법이란 흉함을 피하기 위함인데, 인간사에서 흉함이란 경제적 문제, 건강상 문제, 각종 사고, 가족관계 문제, 남녀 간의 문제가 주가 된다고 할 수 있다.

역학적으로는 흉한 운이 오면 본인 신체에 질병이 생기거나 아니면 해당 가족에 흉액이 발생한다고 요약하는데, 그렇다면 사주팔자에 나타난 건강상 취약점을 미리 알고 취약점을 보안하는 섭생을 꾸준히 하여 질병 발생을 예방한다면 이 또한 개운법이 된다고 생각하여 섭생을 추가한 것이다.

질병이란 사주에서 가장 약한 오행이나, 가장 강한 오행에 해당하는 장기에 병이 생기는 것이다. 예를 들어 사주팔자에 金이 지나치면 폐와 피부 및 호흡기에 질환이 생기거나 목木이 파극 당하여 간이나 담낭의 기능이 저하된다. 또 토土가 극왕하면 비장, 위장에 병이 생기거나 토가 수水를 억압하니 신장, 방광에도 문제가 생기고, 화火또한 약하게 하여 심장에까지 연쇄반응이 일어나게 된다. 따라서 토가 지나치게 많은 체질은 당뇨병이 먼저오고, 결과적으로 신부전증이 따라오며, 심근경색증까지 이어지게 된다.

또한 사주로 체질을 알면 우리가 두려워하는 암 발생 고위험군을 미리 알 수 있다. 암은 주로 금수金水가 왕한 한습한 사주에서 빈발하며, 그 다음으로 목화木火가 왕한 조열한 사주가 그 다음이다.

이럴 때 대운이라고 하는 운마저 편중됨을 조장하게 되면 암이 발병하게 된다. 이와 같이 사주만 보아도 어떤 병에 잘 걸릴 수 있는지를 미리 예견할 수가 있다.

인간사의 측면에서 예를 들면 신목甲木일간이 신약한데 금金의 살성이 강하면 살중신경이라 하여 의심과 경계심이 많고 피해의식 속에 살아가며, 정서가 불안하고 몸을 크게 다치거나 죽도록 고생해도 결실이 없는 결과가 된다. 이럴 때 금의 살성을 줄이고 신약한 일간을 보신하는 수, 목운이 오면 그때는 흉함이 감소하게 된다.

의역학에서도 같은 원리가 적용된다. 위와 같이 목木이 약하면 간, 담낭에 질병이 생기는데 이때에도 금金의 음식(매운 맛)을 피하고 목木에 해당하는 음식(신 맛)으로 목을 보충하고 왕한 금을 억제하는 화火에 해당하는 음식(쓴 맛)을 같이 처방하면 간이나 담낭의 기능부전 증상을 완화하거나 치료할 수 있다. 그렇다면 섭생으로 체질을 개선하여 건강도 지키니 결국 사주팔자도 바꿀 수 있다는 결론에 도달한다.

난치병이라 알려진 아토피나 젊은이들의 마음을 아프게 하는 여드름은 그 기전에 따라 5가지 종류로 분류가 가능한데, 모두 금이 왕하거나 금이 취약한 경우로 금에 해당하는 음식(매운 맛)을 섭취하면 증상이 호전됨을 여러 번 경험하였다.

가장 흔히 앓는 감기도 음식으로 치료가 가능하다. 감기의 종류도 크게 세 가지로 나눌 수 있는데 입맛이 없으며 콧물이 나는 코감기는 매운맛과 단 맛을 섞어 먹으면 되고, 몸이 으슬으슬 떨리며 목이 붓고 아픈 목감기는 떫은 요구르트와 신 맛 음식을 먹으면 되며, 뼈마디가 쑤시는 몸살감기는 쓴맛과 짠맛을 먹으면 된다.

여기서는 그 기전에 대해서는 전문적인 내용이라 생략한다. 흔히 감기 걸리면 소주에 고춧가루 타 먹으라는 말이 있는데 이 경우는 몸살과 코감기에 걸린 경우에 해당하는 처방이 될 수 있다. 물론 경험에서 비롯된 것이라 정확한 처방은 아니지만 이론적으로는 근접하였다 볼 수 있어 재미있고도 의미 있다 할 수 있겠다.

이와 같이 음식으로 체질에 따른 치료가 가능한데, 내과질환뿐 아니라 이비인후과나 치과, 정형외과에 이르기까지 거의 모든 과에 해당하며, 이 이론은 음양오행학에서 비롯된 것으로 앞으로 의료인을 비롯한 일반인들의 관심이 꼭 필요하다고 생각하며, 학계에서도 동양철학의 활용에 지대한 관심을 기울여 주었으면 한다.

최근에 섭생을 바꾸면 인간의 유전자도 바뀐다는 결과가 있듯이 섭생으로 음양오행을 조절한다면 이거야 말로 힘든 세상살이에 지친 사람들에게 희소식이 아닐 수 없다고 생각한다.

물론 임상적 연구와 결과가 더 필요하지만 나 개인적으로는 가능하다는 의지를 가지고 있어 지속적으로 홍보하고 결과를 지켜볼 생각이다.

13 사주팔자는 전생의 씨앗이다

전생을 살다가 죽음에 달하면 열매를 맺게 되고 씨앗을 남기는데 그 씨앗이 이생의 사주라는 생각이다. 전생을 인정하는 사람도 있고 부정하는 사람도 있으나 물론 전생이 있다는 가정 하에 이야기다.

기氣라는 것이 아직은 현대과학으로 증명하지 못하지만 기라는 관점에서 보면 우주만물은 하나의 기에서 시작하여 천지인天地人셋으로 나누어지고 거기에 음양이 생기고 또 5행이 생겨 물질과 생명체가 생겨났다가 그 형체가 사라지면 다시 본래의 하나의 기로 변화하고 그러한 변화는 끝이 없이 진행한다고 한다.

결국 불가에서 말하는 윤회설과 흡사한 점이 있다. 물론 내가 기의 형체를 보지는 못했고 전생이라는 것도 보지는 못했지만 막연하게 느낀 적은 많이 있다.

의학 단어 중에 기지감既知感, 데자부Deja Vu라는 단어가 있는데 그 말은 실제로는 체험한 일이 없는 현재의 상황을 전에 체험한 것처럼 똑똑히 느끼는 현상인데 의학에서도 그것을 현상으로 보지만 병적인 환상이라고 판단하지는 않는다.

이러한 데자부 현상도 전생을 뒷받침하는 것이 아닐까 한다. 즉, 의학과 과학은 끊임없이 발전한다고 하듯이 현재의 의학과 과학은 아직은 결점이 많은 미완성이기 때문에 아직 밝혀지지 않은 현상을 무조건 비과학적이라고 하는 것보다는 미래에 언젠가는 밝혀질 수 있다는 생각을 가지고 있어야 한다.

전생이 있다고 가정하면 지금의 우리 인생은 또 다른 열매를 수확하기 위하여 살아가는 것이다. 다시 말하면 사주라는 운명(전생의 씨앗) 같은 정해진 틀에서 산다고 볼 수도 있지만 어떤 환경에서 어떤 노력을 하느냐에 따라 결실을 크게 할 수도, 작게 할 수도 있다는 말이 된다.

내 전생의 씨앗을 보고 그 씨앗을 잘 길러서 흉작이 아닌 풍작이 되는 노력을 해야 한다고 생각해본다. 그래야 좀 더 나은 품종으로 다음 생을 맞이할 것이 아닌가?

⑭ 사주팔자는 마음이요, 기운氣運이다

사주팔자, 즉 운명을 인정하는 사람도 있고, 인정하지 않는 사람도 있지만, 일단 운명이라는 게 있다는 가정 하에 보면, 문헌상으로는 하늘에서 어느 황제에게 천간 10개, 지지 12개를 알려준 후부터 60갑자라는 게 생겼다고 한다. 인간이 이 세상에 처음 출생하는 시점의 하늘과 땅의 기운을 글자 8로 표시한 것이 사주팔자라는 것이다.

일반적으로 사주팔자대로 인간사의 일이 발생하는 것으로 알지만, 실제로는 일치하지 않는 게 사주팔자다. 왜냐하면 사주팔자는 그 사람의 마음을 표현하는 것이기 때문이다.

인간이 이 세상에 오는 기전을 보면, 기氣를 중요시하는 도가道家

나 선가仙家에서는 눈에 보이지 않은 기氣가 모여 인간의 몸과 정신을 만들고, 시간이 지나면 하늘과 땅으로 흩어졌다가 다시 인간으로 태어나는 것을 반복한다고 한다.

역학이나 유가儒家에서는 무극無極이라는 것에서 태극으로 나뉘고, 다시 4상, 8괘…, 이렇게 무한대로 분화하고 다시 무극으로 되돌아가고를 반복한다고 한다.

불가佛家에서는 후천적으로 만들어진 성품이나 업에 의해 만들어진 자아의식에 의하여 윤회를 반복한다고 하는데, 여기서 공통점으로 주장하는 것은 인간이 보고 알고 있는 자신의 몸과 마음이라는 것은 후천적으로 자신이 만들어낸 일시적인 것에 불과하고, 눈에 보이지도 않고 느껴지지도 않고, 과학적으로 증명되지도 않는 참자아=원신元神=참의식=우주의식=내 마음속의 하느님=선천의식이라는 것이 영원히 존재하며 이것을 찾아야 진정한 자유를 누릴 수 있다고 한다.

그러나 사주팔자는 후천적으로 이 세상에 머무는 동안의 천지天地의 기운만을 표시한 것이다. 인간이 자기 자신이라는 개체의식을 만들어내는 것은 출생 후 오감(눈, 귀, 코, 입, 신체)이 느끼는 것을 환경이나 교육을 통하여 개념화하면서부터다.

즉, 이름이나 단어를 통하여 나라는 존재를 의식하게 되고, 좋다, 싫다, 옳다, 그르다는 개념도 교육이나 감각기관의 작용으로 만들어지는 것이다.

따라서 어떤 환경 속에서 어떤 교육을 받느냐에 따라 나라는 존재 의식도 바뀌며, 생각이나 윤리의식도 결정되는 것이다. 바로 사주팔자라는 것은 이러한 환경을 나타내기도 하며, 이러한 환경 속에서 만들어진 나의 마음이며 기운氣運이라는 것이다.

그러면 인간이 이 세상에서 어떻게 활동하느냐를 생각해보면 위에서 언급한 나라는 개념이 형성된 후, 외부의 환경이나 자극에 대하여 주관적인 마음이 발생하게 되며, 이 마음은 생각을 하게 되고, 생각을 한 후에는 행동을 하게 된다. 마음이 생각을 한다고 해서 모두 행동에 옮기는 것은 아니므로 사주팔자와 인간사에 일어나는 것이 다 일치하지 않는 것이다.

즉, 마음속에 어떤 충동의 기운이나 마음이 생겨나더라도, 의식의 수준에 따라 행동을 옮기거나, 자제하거나 할 수 있기 때문에 겉으로 볼 때는 사주대로 나타나지 않을 수가 있다는 말이다. 그러나 마음속에서는 그러한 충동이나 기운을 느끼게 된다. 왜냐하면 인간도 우주의 부속물에 불과하기 때문에 천지의 기운을 벗어날 수는 없다.

사주팔자를 보고 예측 가능한 것은 네 가지로 개념화 할 수 있는데 첫째가 마음, 둘째가 나의 일이나 행동, 셋째가 몸의 건강변화, 넷째가 인간관계다.

시시각각 변화하는 하늘과 땅의 기운이 나의 마음에 어떻게 작용하느냐를 공부하는 것이 사주 명리학인 것이다.

따라서 사주팔자를 공부하는 사람이나, 이것을 상담하는 사람이나 양측 모두 이 점을 명심하여야 한다.

운명을 바꿀 수 있다는 말은 바로 나의 마음을 바꾸면, 생각이 바뀌며, 행동도 바뀌게 되므로 사주팔자 또한 바꿀 수 있다고 하는 것이다. 물론, 마음을 바꾸기가 무척 어렵다는 것 나도 인정한다.

그러나 한번 사는 이 인생 어렵다고 포기하지 말고 꾸준히 노력하여, 참다운 진리나 자유를 찾지는 못하더라도 그 근처에라도 가봐야 할 것 아닌가 하고 나는 생각한다.

⑮ S-Line에 대 자연의 이치가 있다

S라인을 좌우를 뒤집고 다시 좌측으로 90도 회전하면 태극의 문양이나 정규분포곡선과 유사한 모양이 된다.

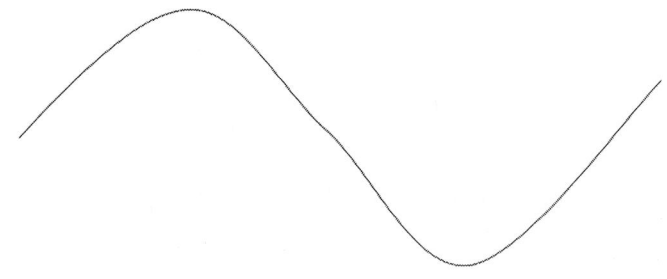

좌측의 위로향한 곡선은 양陽의 시간대가 되고, 우측 하방곡선은 음陰의 시간이다. 결국 대 자연의 이치는 음양이 변화하는 것인데 이해하기 쉽게 2차원으로만 이해를 해본다.

짧게는 하루 24시간 중에도 자시에 1양陽이 시작하여 巳시에는 6양陽이 되고, 오후시에는 1음陰이 시작해서 해亥시에는 6음陰이 된다.

길게는 사시사철 12개월 역시 자월子月부터 해월亥月까지 양의 기운과 음의 기운이 번갈아가며 나타나며 순환하는 것이 불변의 자연법칙이다.

아침에 해가 뜨면 저녁엔 해가 지고, 봄이 오면 가을이 오고, 이 세상에 탄생해서 젊음을 누리다가 노년에 죽음을 맞이하고, 아무리 새로운 물건을 만든다 하여도 시간의 흐름에 따라 낡은 물건이 되며, 인간의 희로애락 역시 극점이 있으면 쇠퇴하는 것이 자연의 법칙인 것이다. 주역에서 말하는 사상四象역시 같은 개념이다. 소양, 태양, 소음, 태음… 봄, 여름, 가을, 겨울….

이런 간단한 상식은 누구나 다 알고 있다. 하지만 막상 인간의 생활에 대입하면 쉽게 받아들이지 않으려 하는 것이 대부분의 보통 사람이다.

이 도표에서 생각해야 할 것은 전체 사회를 놓고 보면 항상 최상위층이 존재하는가 하면 최하위층이 존재하고, 이런 경향은 공부나, 경제력, 부부간의 애정사나 기타, 다른 분야에서도 공히 적용된다는 점이다. 대 자연의 법칙에서 인간이라고 벗어날 수는 없다.

그러나 개인의 입장에서 보면 이 사실을 받아들이지 않으려 한다. 어떤 사람은 평생을 잘 먹고 잘사는데 어떤 사람은 평생을 고생하며 사는 사람도 있고, 누구는 부부간에도 만족을 느끼며 잘 사는데 누구는 불평과 불만족으로 살아가는 사람이 있기 때문이다. 다시 말해, 평등하지 못하다는 생각을 가지고 사는 사람들이 많다. 그러나 이 문제는 타고난 운명이나 사주팔자, 윤회를 인정 하느냐 안하느냐 하는 문제까지 거론되므로 여기서는 생략하기로 한다.

수많은 사람들이 더 잘 살아 보려고 공부도 하고, 직장에 나가서 일도 하고, 행복을 추구하기 위해 좋은 배우자를 찾아 결혼도 한다. 그러나 그 결과는 천차만별이고, 결국 이 S-Line 커브에서 보여주는 것처럼 그 결과 역시 자연의 법칙에 국한된다는 것이다.

　작은 범주에서 생각하면 나 하나의 인생 중에도 S-Line의 곡선을 그리는 삶이 존재할 것이고, 큰 범주에서 보면 전체 인구 중에 나는 어디에 해당하느냐 하는 현실적인 문제도 이 S-Line에서 인식해야 할 필요성이 있다.

　한 사람의 인생 중에서 운이 좋은 때를 양陽의 시대라 하면, 운이 나쁘고 일이 안 풀릴 때를 음陰의 시대라 할 수 있다.

　전체 범주 안에서 나의 위치를 아는 것도 중요하지만, 나 개인의 작은 범주 안에서도 양의 시대인지 음의 시대인지를 아는 것 역시 중요하다. 어차피 정해진 운명이라 할지라도, 작은 범주 안에서 지금 내가 처한 상황이 음의 시대라면 다가올 양의 시대를 위해 꾸준히 준비하고 노력하는 지혜가 필요하며, 반대로 지금이 양의 시대라면 다가올 음의 시대를 준비하는 지혜가 필요하기 때문이다.

16 우리가 받은 교육의 문제점

앞서 여러 차례 언급하였듯이 우리가 지금까지 받아온 교육에는 많은 문제가 있음을 알았다. 그것을 잠시 요약해 보면 우리가 받은 교육은, 누구나 다 노력하면 목적한 바를 이룰 수 있다. 아무리 어려워도 꿈과 희망을 가져야 한다. 인간은 누구나 다 평등하다. 부부는 일심동체. 남녀가 한번 결혼하면 죽는 날까지 변치 않는 마음으로 서로 아끼고 살아야 한다. 내가 받은 교육이나 경험으로 얻은 판단력이 옳다고 믿는다.

그러나 실제 현장에서 나타나는 현상은, 아무리 노력해도 안 되는 사람이 있다. 아무리 원대한 꿈과 희망을 가져라 하여도 생각이 미치지 못하는 사람이 있다. 똑같은 교육을 받아도 잘하는 사람이 있고 못하는 사람이 있다. 부부는 이심이체다. 세월이 흐름에 따라 사람의 마음이 변하지 않는 사람은 없다. 어떤 환경이나 교육 여건에 따라 자신의 의견과 반대되는 사람이 항상 존재한다.

그렇다면 어떤 점이 교육의 문제점일까?

첫째, 자연의 이치를 먼저 살펴보자. 대자연은 무無라는 시점에서 빅뱅이라는 원인이 작용하여 유有라는 물질이 세상에 출현하고, 하나에서 둘로, 둘에서 넷으로, 넷에서 여덟로 끊임없이 분화하다가 어떤 정점에 도달하면 다시 쇠퇴하기 시작한다. 봄에서 여름, 여름에서 가을, 그리고 겨울로….

즉, 시작이 있으면 정점이 있고 말로가 있다는 것이다. 사람이 잉태하여 출산하고 성장기를 거쳐 장년기를 거쳐 다시 노년으로 가고 결국 다시 흙으로 돌아가듯이…. 또한 음이 있으면 양이 있다. 낮이 있으면 밤이 있듯이….

봄, 여름을 양의 시대라 하면 가을과 겨울은 음의 시대인 것이다.

요약하면, 음陰과 양陽, 즉 항상 반대되는 성질이 공존하고, 활동기가 있으면 쇠퇴기가 있게 마련이고, 생生이 있으면 사死가 있듯이 시간의 흐름에 따라 끊임없이 변화하며, 또한 끊임없는 분화에 의해 셀 수 없는 다양성이 공존한다는 것이 대 자연의 법칙인 것이다.

둘째, 어떻게 교육을 해야 하는가?

양의 시대를 맞이한 사람은 노력한 만큼 성과를 얻을 것이고 음의 시대를 맞이한 사람은 아무리 노력해도 양의 시대를 맞이한 사람을 이길 수 없다는 것이다. 그렇다면 음의 시대를 맞이한 사람은 좌절하지 말고 자신이 처한 상황에 맞게 실력을 쌓아가며 양의 시대가 오기를 기다리며 힘을 축적해야 한다고 교육해야 한다.(사람마다 음양이 변화하는 주기가 각각 다르다.)

사람마다 그릇의 크기가 있다. 먼 미래를 볼 줄 아는 사람과 눈앞의 현실만 바라보는 그릇이 있는 것이다. 미래를 볼 줄 아는 사람은 가르치지 않아도 자신의 능력을 알고 미래를 찾아 나아가지만, 그릇이 작은 사람은 아무리 먼 미래를 보라고 교육하여도 말을 듣지도 않으며 알아듣지 못한다. 그러니 무작정 꿈을 가지라고 교육하는 것보다는 개인의 특성을 먼저 발견하고 그것을 개발하도록 도와주는 교육이 되어야 한다.(다양성)

사람마다 자신이 잘하는 재능과 소질이 있다. 즉, 인간의 존엄성으로 보면 평등하지만 개인의 소질과 성향은 천차만별이다. 공부나 학문에 소질이 있는 사람도 있고, 예술이나 운동에 소질이 있는 사람도 있으며, 또한 사업적 재능이 뛰어난 사람도 있으며, 교육적 재능이 뛰어난 사람도 있는데 그것을 무시하고 단편적인 잣대로 사람의 능력을 평가해서는 안 되는 것이다.

인간의 다양성에 대해 교육하고 남과 비교하지 말고 자신의 재능을 발굴하여 그것에 맞는 노력을 해야 한다고 교육해야한다.(다양성)

부부란 서로 다른 개체이며 각기 다른 생각과 목적으로 필요에 의해 결합한 사이라는 것이다. 애정을 중요시하여 만난 사람도 있을 것이고, 경제적인 안정을 위하여 배우자를 선택한 사람도 있을 것이다.

따라서 같은 공간에 거주한다 해서 하나의 생각을 가져야 한다는 생각은 잘못된 것이다. 즉 서로의 입장을 존중하지 않으면 부조화가 일어날 것은 자명하다.(음과 양의 관계다.)

시간에 흐름에 따라 모든 사물이 변하듯이 사람의 마음 역시 변하는 것이 자연의 이치인 것이다. 20대에 결정한 마음이 10년 가는 사람도 있을 것이고, 30년 가는 사람도 있을 것이고, 1년도 가지 못하는 사람도 있다는 것을 알아야 하며 또 그렇게 교육을 해야 하는 것이다.(자연은 늘 변화한다.)

나와 전혀 다른 생각을 가진 자들과 항상 같이 공존한다는 것을 알면 흥분할 일도 없고 싸울 일도 없게 된다. 따라서 교육이나 언론 매체에서도 항상 반대 세력의 공존성을 공평하게 알려주어야 하는 것이다. 음과 양은 항상 공존 한다는 것을….

몇 가지 교육의 문제점을 살펴보았는데, 결론은 인간도 자연의 일부이므로 자연의 법칙에서 벗어날 수 없다는 것을 알아야하며, 교육도 그렇게 시켜야 이 험한 세상 살아가는데 좀 편하지 않을까 생각한다.

17 주역周易 계사하전繫辭下傳(오장五章)에서 말하는 소인小人과 군자君子

자연의 법칙은 이미 수천 년 전에 사서삼경 중의 하나인 역경易經에서 언급이 되었고, 그 뒤로 지금부터 2500년 전에 공자가 그것에 주석을 디하여 주역이 탄생하게 되었다. 현대화가 지속되면서 물질문명의 패악이 점점 극에 달하고 있는 지금 세상에 옛 성인이 생각했던 인간의 도리를 잠깐 들여다보자.

子曰 小人 不恥不仁하며 不畏不義라
자왈 소인 불치불인하며 불외불의라
不見利면 不勸하며 不威면 不懲하나니
불견리면 불권하며 불위면 부징하나니

小懲而大誡 此 小人之福也라
소징이대계 차 소인지복야라
善不積이면 不足以成名이오

선부적이면 부족이성명이오

惡不積이면 不足以滅身이니

악부적이면 부족이멸신이니

小人이 以小善으로 爲无益而不爲也라

소인이 이소선으로 위무익이불위야라

以小惡으로 爲无傷而弗去也라

이소악으로 위무상이불거야라

故로 惡積而不可掩이며 罪大而不可解

고로 악적이불가엄이며 죄대이불가해

공자께서 말씀하시되

소인은 어질지 못해도 부끄러워하지 않으며

의롭지 못해도 두려워하지 않는다.

어떠한 이득이 없으면 남에게 권유하지 않으며

위엄으로 다스려야 깨닫는다.

착한 것을 쌓지 않으면 이름을 얻지 못하고

악한 짓을 안 해야 몸을 보존할 수 있다.

소인은 작은 선업이 별로 큰 이득이 없다고 안 하며

작은 악업은 자신에게 별로 큰 해를 주지 않는다고

이를 버리지 않는다.

고로 악업이 쌓여 헤아릴 수 없게 되고

죄가 커져 해결할 수 없게 된다.

子曰 危者는 安其位者也 亡者는 保其存者也오

자왈 위자는 안기위자야 망자는 보기존자야오
亂者는 有其治者也니 是故로 君子 安而不忘危하며
난자는 유기치자야니 시고로 군자 안이불망위하며
存而不忘亡하며 治而不忘亂이라
존이불망망하며 치이불망란이라
是以身安而國家를 可保也
시이신안이국가를 가보야

공자 왈,
위태로움을 걱정하는 자는 그 자리를 편안하게 하고
망함을 걱정하는 자는 그 자리를 보존하며
어지러움을 걱정하는 자는 다스림을 잘한다.
이런 까닭에 군자는
편안하여도 위태로움을 잊지 않고
존재하여도 망함을 잊지 않으며
다스려도 어지러움을 잊지 않는다.
이렇게 함으로서 몸을 편안케 하고
국가를 보존하는 것이다.

君子 知微知彰知柔知剛 萬夫之望이라
군자 지미지창지유지강 만부지망이라

군자는 미미한 것도 알고, 밝게 드러난 것도 알고

부드러운 것도 알고, 강한 것도 아니
온 천하 남자들이 우러러보는 것이다.

子曰 君子 安其身而後 動하며
자왈 군자 안기신이후 동하며
易其心而後 語하며, 定其交而後 求하나니
이기심이후 어하며, 정기교이후 구하나니
君子 脩此三者故 全也하나니
군자 수차삼자고 전야하나니

공자 왈 군자는 몸을 편안히 한 뒤에 동하며
마음을 편안하게 한 뒤에야 말하며,
사귐을 정한 뒤에야 구하나니
군자는 이 셋을 닦는 까닭에 온전하나니.

18. 주역의 괘로 설명한 인간의 성장과 죽음의 과정

주역에서는 대 자연의 현상을 64개로 표현하고 각각의 변수를 384가지로 분류하였다. 그 중에서 12개는 가장 기본적인 괘로 12라는 숫자가 순환을 상징하듯이 12개의 괘로 인간사의 흐름을 표현한 글이 있어 옮겨본다.

1) 출생한 갓난아이

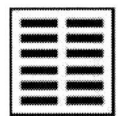

중지곤괘重地坤卦

6개의 효가 모두 음으로 구성되고, 정精이 지극한 상태로 아무리 큰 소리로 울어도 목이 쉬지 않으니 기의 조화로움이 지극하다.

2) 1세~3세

지뢰복괘地雷復卦

맨 아래 효만 양효, 나머지는 음효. 몸속에 으뜸이 되는 기운이 64수(1수銖=1냥의 1/24에 해당)가 자라나 1의 양陽이 형성된다.

3) 3세~5세

지택임괘地澤臨卦

아래 2효가 양이고 나머지는 음효. 또 64수가 자라나 2의 양陽이 형성된다.

4) 5세~8세

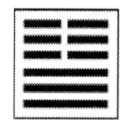

지천태괘地天泰卦

아래 3효는 양, 위의 3효는 음으로 구성. 또 64수가 자라나 3의 양陽이 형성된다.

5) 8세~10세

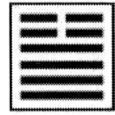

뢰천대장괘雷天大壯卦

아래 4효는 양, 위의 2효는 음으로 구성. 또 64수가 자라나 4의 양 陽이 형성된다.

6) 10세~13세

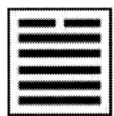

택천쾌괘澤天夬卦

아래 5효는 양, 위의 1효는 음으로 구성. 또 64수가 자라나 5의 양 陽이 형성된다.

7) 13세~16세

중천건괘重天乾卦

6개의 효가 모두 양陽으로 구성. 또 64수가 자라나 6의 양陽이 형성됨. 이렇게 하여 하늘과 땅의 바른 기운 360수를 훔치고, 원래 부모에게 받았던 24수를 합쳐 384수를 얻어 하늘의 괘도를 완전히 한 바퀴 도는 우주변화와 같은 원리를 이루어 한 근近이 되는 셈이다.

8) 16세~24세

춘풍구괘天風姤卦

위의 5개 효는 양陽이고, 아래 1효는 음陰으로 구성. 탐욕의 감정이 움직여 으뜸되는 기운 64수를 써서 없앤다. 만물이 모두 드러나 보이지만 순박함이 얇아지고 흩어진다. 이때 부지런히 단련하면 순수한 양陽으로 돌아갈 수 있다.

9) 24세~32세

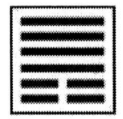

천산돈괘天山遯卦

위의 4개 효는 양陽이고, 아래 2효는 음陰으로 구성. 욕심과 염려가 치고 올라와 참된 근원이 흘러 나간다. 그러나 힘쓰는 기운은 굳세어지고 의지력은 과감해진다. 부지런히 보수하고 단련하면 단의 기틀을 세울 수 있다.

10) 32세~40세

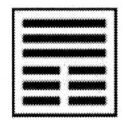

천지부괘天地否卦

위의 3개 효는 양陽이고, 아래 3효는 음陰으로 구성. 하늘과 땅의 기운이 서로 갈라져 음 양이 각각 제자리로 돌아간다. 부지런히 보수하고 단련하면 위태로움을 면할 수 있고, 없어지려던 것을 보존할 수 있다.

11) 40세~48세

풍지관괘風地觀卦

위의 2개 효는 양陽이고, 아래 4효는 음陰으로 구성. 또 64수를 넘애니 양의 덕은 가볍고 음이 위로 치고 올라온다. 부지런히 보수하고 단련하면 왕성해 지려는 음의 기운을 누르고 양의 기운을 부축할 수 있다.

12) 48세~56세

산지박괘山地剝卦

위의 1개 효는 양陽이고, 아래 5효는 음陰으로 구성. 부지런히 보수하고 단련하면 마치 땔 나무가 다 떨어져 갈 때 불을 살려내는 것과 같고, 시들어버린 어린 싹에 비를 뿌리는 것과 같다.

13. 56세~64세

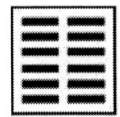

중지곤重地坤

6개의 효가 모두 음으로 구성. 하늘과 땅 부모로부터 받은 384수 모든 기운을 소진하고 다시 곤坤으로 돌아간 상태. 전부 음으로만 가득차고 양은 보이질 않는다. 부지런히 보수하고 단련하여 몸속의 선약을 캐내어 새순을 접붙여 나가면 양을 생기게 할 수도 있고 부드러운 것을 바꾸어 굳세게 바꿀 수 있다.

만약 이때 단련하지 않으면 오로지 음식의 정에만 힘입어 후천의 기를 길러 살아가는 것이며, 선천의 기운은 다시 찾을 수 없다. 어찌 오래 살아 갈 수 있겠는가?

이와 같이 텅 빈 상태에서 신神이 나오고 기氣로 변화하고 육신(精)으로 변했다가 다시 기氣로 진행하고 신神으로 가듯이 우리 인간의 삶은 텅 빈 상태에서 갓난아이가 나오고 어린아이를 거쳐 어른이 되고 늙음이라는 노화를 거쳐 죽음에 이르고 다시 텅 빈 상태로 가는 것이며, 이런 식으로 끊임없이 굴러가는 것이다.

따라서 죽음이 어디서 오는지를 알면 태어나는 곳을 알게 되고, 태어남이 어디로 가는지를 알면 죽는 곳을 알 것이다.

〈발췌: 활인심방/성명규지〉

19 주역으로 보는 도道

주역에서는 도道와 관련된 괘가 많지만, 도를 닦는 과정을 설명한 52번 중산간重山艮괘와 그 과정을 거쳐 도를 이룬 26번 산천대축山天大畜괘가 있어 간략하게 살펴본다.

1) 52번 중산간重山艮괘

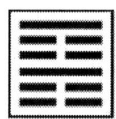

간艮괘는 음효 2개 위에 양효 1개가 있는 것으로 위아래로 간괘가 중첩된 괘를 중산간괘라 한다. 간괘는 산을 뜻하는데 산위에 또 산이 있는 모양으로 첩첩산중을 연상하면 된다. 산꼭대기에 다다라 더 이상 갈 곳이 없다. 큰 장애를 만난 경우에 해당하니 복지부동하고 심사숙고하여 분수를 지키며 조용히 살아야 하는 때이다. 소인은 이를 몰라 경거망동하여 대흉하게 되지만, 대인은 그때를 알고 도를 닦아 다음을 기다리는 지혜를 발휘한다.

시간적 측면에서 보면 간방은 동북방으로 아침 해가 솟아오르는 방향이며, 계절로는 이른 봄에 해당한다. 즉 만물이 태동하는 때를 상징한다. 도의 측면에서 보면 어려운 상황에 직면하여 제 위치에 머물며 본분을 지키고 때를 알아 처신하니 그 도가 광명하다고 볼 수 있다.

괘卦 전체의 뜻을 보면 천지만물의 기운이 고요히 그치는 곳에 모여 삼매의 경지에 들어선 것과도 같다. 잡된 생각도 없고 외부에 이끌리지 않으니 허물이 없다고 본다. 즉, 어려운 상황에서는 그 위치를 알고 그칠 줄 알아야 한다는 교훈을 주는 괘이다.

각각의 여섯 효의 뜻을 살펴보면 마치 기수련 과정을 연상하는데 아래부터 발꿈치, 장딴지, 허리, 몸통, 얼굴, 정수리까지 도의단계별 상승과정을 기술하였다.

다시 말해, 어려운 상황에 직면하여도 수행을 하여 도를 닦으며 자신의 역량을 키워나가면 큰 공을 얻을 수 있다는 가르침이다.

2) 26번 산천대축山天大畜괘(크게 쌓는다)

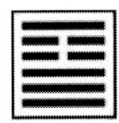

산천대축괘는 도를 이루어 하늘과 통하는 도통한 단계를 말하며, 뜻으로 보면 하늘 위에 산이 있는 모습이지만, 어찌 산이 하늘보다 높을 수 있을까? 산이 아주 높다는 말이다. 산 속에 하늘의 기운을 간직한 모습이라고도 할 수 있다. 도와 덕이 안에 가득한 모습이다. 전체 괘상을 축약해서 보면 불을 상징하는 이괘離卦와 같으니 밝은 문명의 상으로도 볼 수 있다.

따라서 하늘의 힘으로 큰일을 이룰 수 있는 모습이다. 풍작을 이루어 창고에 곡식이 산과 같이 가득차고, 덕과 재주가 많고 하늘의 기운이 모여 있는 상이다. 그러나 외롭고 힘든 과정이 내포되어 있다.

이와 같이 주역에서는 그때그때 상황에 따라 최선의 가르침을 우리에게 알려주며, 항상 군자의 도리와 삶을 강조하는 내용으로 구성되어 있다.

20 주역으로 보는 색즉시공 공즉시생

주역에는 우주의 시작점과 끝점을 상징하는 괘가 있는데

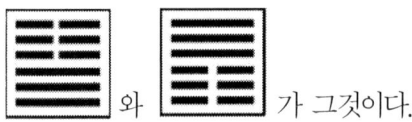 가 그것이다.

그림으로만 보아도 위아래가 서로 바뀐 모습으로 뜻도 반대라는 것을 짐작할 수 있다.

1) 11번 지천태괘地天泰 크다, 편안하고 자유롭다.

모습을 살펴보면 땅이 위에 있고 하늘은 아래에 있는 모습이다. 하늘의 기운은 위로 향하고 땅의 기운은 아래를 향하니 무언가 새로운 출발을 위해 대기하고 있는 상태로 볼 수 있다. 또한 위와 아래가 서로 마주하는 상이니 서로 협력하는 뜻이 되어 태평성대를 이룰 수 있는 가능성을 암시한다.

  안으로는 양이고 겉으로는 음이라 안으로는 굳세고 밖으로는 순한 외유내강의 모습이다. 군자는 안에 거하고 소인은 밖에 있어, 군자의 도는 자라고, 소인의 도는 사라지는 뜻도 된다. 잠재된 에너지가 가장 크고, 태초의 빅뱅과도 같이 공^空의 개념과 만물을 일으키는 시작의 개념도 있다. 마음이 지극히 고요하여 조금도 흔들림 없이 안정된 상태며, 생명현상의 근원까지 깨달은 상태다.

  신체적으로는 아주 건강한 상태로 수승화강이 원활히 이루어진 상태를 뜻하기도 한다. 아래로는 강건함이 부드러운 것을 받들고 있으며, 강한 것과 부드러운 것이 서로 마주보고 있는 것이다. 즉, 서로 통한다는 뜻이다.

  천지가 거꾸로 된 것 같지만 이것이 만물의 시작이 되며, 겉으로는 드러나는 것이 없는 공^空의 상태 같지만 내면으로는 막강한 에너지를 잠재하고 있다. 이처럼 반대로 되어 있기 때문에 하늘의 기가 상승하고 땅의 기가 하강해서 양자가 합쳐지고 거기서 만물이 태어난다.

  천지의 작용은 음양의 화합으로 이루어지는 법이니 큰 기운의 교환을 상징한다. 천지간에 이보다 큰 작용은 없다. 인간관계에서 말하자면 상사와 부하, 남편과 아내, 어버이와 아들, 강자와 약자가 화합 일치해서 만사가 순조롭게 이루어지게 하기 위함이 제시되어 있다. 태라는 것은 안정되고 편안한 것이다. 괘의 형을 보아도 튼튼한 기반 위에 세워진 건축물을 연상하게 한다.

  그러나 대길은 흉으로 돌아오는 것이므로 방심하면 안 된다. 공^空

이란 이런 것이다. 없는 것 같아도 실제로는 모든 것을 다 포함하는 것이 바로 공이다. 공즉시색空卽是色인 것이다.

2) 12번 천지비天地否 아니다, 막히다

모습을 살펴보면 하늘은 위에 있고 땅은 아래에 있다. 언뜻 보면 자연스러운 세상의 모습을 보는 것 같다. 그러나 뜻을 보면 하늘은 하늘대로, 땅은 땅대로 각자 놀고 소통하지 않고 막혀있는 상태다. 즉 상하가 서로 사귀지 못해 천하에 나라가 없는 것과 같다.

겉으로는 강한 것 같지만 속은 허약하다. 안으로는 소인의 도가 점차 자라나고, 밖으로는 군자의 도가 사라지는 것이다. 안정될 리가 없다. 괘상으로는 강한 것이 약한 것을 억누르는 모양이다. 인간의 도리가 아닌 것이다. 무슨 일이나 엇갈리고 배반되어 잘 들어맞지가 않는다. 괘의 형태도 빈약한 기반에 강한 것이 올라타 있어 사상누각沙上樓閣과 같다.

음과 양이 괴리되어 있는 상태로 화합이 이루어지지 않고 제자리에서 바라만 보고 있을 뿐, 만남을 위해 나서지 않는 최악의 상태다. 우주의 종말 같은 상태, 즉, 막혀있는 상태다.

색色이란 이런 것이다. 겉으로는 화려하고 멋있어 보이지만 실제로는 텅 빈 것과 같은 것이다. 색즉시공色卽是空인 것이다. 이렇게 보면 불가의 이론 역시 자연의 현상에서 비롯된 것임을 알 수 있으며,

이 세상의 진리는 모두 자연의 섭리에서 벗어날 수 없는 것이다. 하물며 인간이야….

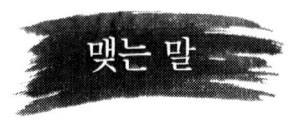

맺는 말

몸도 편하고, 마음도 편하고 인생살이도 편하게 살고 싶은 것은 이 세상사람 모두의 바람이라 할 수 있을 것이다. 물질문명 속에서 태어나고 50여년 시간이 흐른 지금 세상은 과거와는 다르게 급속도로 변하고 있고, 80년대 후반부터 아마도 3배 이상 빠른 속도로 변하는 것 같다.

어찌될지는 모르겠지만 인생의 절반을 넘어선 지금의 시점에서 내가 지금까지 알고 행해왔던 의학적인 지식과, 마음과 인생을 바라보는 관점에 대해 약 10년 가까이 새로운 관점에서 수련하며, 책으로 몸으로 마음으로 경험하고 알게 된 지식을 한번쯤 정리하고픈 생각이 들어 이렇게 글을 쓰게 되었다.

대자연의 이치는 쉽고도 간단하다.
1) 한시도 쉼 없이 시간의 흐름에 따라 변화한다는 점
2) 무한대의 다양성이 존재한다는 점
3) 음과 양이 있듯이 항상 대립하는 또 다른 실체가 있다는 점
4) 그럼에도 변하지 않는 커다란 규칙이 존재 한다는 점

몸과 마음 그리고 운명이라는 명제에 대한 해답은 의외로 간단하고 쉬웠다. 그러나 환경적으로 뒷받침이 없으면 이 또한 매우 어려운 난제가 된다. 이제 우리는 주사위의 한 면만 바라보는 우를 더 이상

범하지 않기 위하여 세상을 바라보는 관점을 한 단계 올려야 할 때
라고 생각한다. 그래야 끝없이 반복되는 질병과 마음의 고통, 인생사
번뇌에서 조금이라도 벗어날 수 있다고 생각하며 이글을 마무리 한다.

도움을 준 책들

1) 주역입문 - 김수길 외
2) 대산주역강해 - 김석진
3) 주역원론 1 - 6 김승호
4) 주역과 몸 - 김승호, 백진웅
5) 주역사주 - 윤봉윤
6) 적천수천미 - 예광해
7) 자평진전평주 - 심효첨
8) 궁통보감평주 - 여춘태
9) 조화원약평주 - 서락오
10) 명리요강 - 박재완
11) 붓다의 호흡과 명상 - 정태혁
12) 붓다의 무릎에 앉아 - 우 조티카 사야도
13) 마음의 지도 - 우 조티카 사야도
14) 담배가게 성자 - 라메쉬 발세카
15) 선도공부 - 정재승
16) 선도체험기 8, 9, 10 - 김태영
17) 오행생식요법 - 김춘식
18) 활인심방 - 이황
19) 윤홍식의 용호비결 강의 - 북창 정렴
20) 성명규지 - 이윤희